OEUVRES COMPLÈTES

DE MESDAMES

DE LA FAYETTE,

DE TENCIN ET DE FONTAINES.

TOME IVe.

IMPRIMERIE DE GUIRAUDET,

RUE SAINT-HONORÉ, N° 315.

Claudine Alexandrine Guerin
DE TENCIN
Née en 1681 Morte en 1749.

OEUVRES COMPLÈTES

DE MESDAMES

DE LA FAYETTE,

DE TENCIN
ET DE FONTAINES,

PRÉCÉDÉES

DE NOTICES HISTORIQUES ET LITTÉRAIRES,

PAR

MM. ÉTIENNE ET A. JAY,

MEMBRES DE LA CHAMBRE DES DÉPUTÉS.

Nouvelle Édition,

ORNÉE DES PORTRAITS DE MESDAMES DE LAFAYETTE ET DE TENCIN.

Tome Quatrième.

PARIS,

P.-A. MOUTARDIER, LIBRAIRE,

RUE GIT-LE-CŒUR, N° 4.

—

1832.

NOTICE

SUR

MADAME DE TENCIN.

C'est un usage aujourd'hui consacré d'imprimer les OEuvres de madame de Tencin à la suite de celles de madame de La Fayette. Jamais, cependant, deux femmes n'eurent moins d'analogie par leur caractère, par leur conduite et par leurs habitudes sociales. Il y a pour ainsi dire, entre elles, la même différence qu'entre les beaux jours du siècle de Louis XIV et les temps scandaleux de la Régence. Autant madame de La Fayette était douce, réservée, ennemie de toute cabale, autant madame de Tencin était passionnée pour le bruit, le plaisir et l'intrigue. L'une fut l'amie de madame de Sévigné et de l'illustre auteur des Maximes ; l'autre fut la familière de l'abbé Dubois, et la créature de Law.

Jamais un soupçon ne s'éleva sur la vertu de l'auteur de *la princesse de Clèves*, et la vie de madame de Tencin ferait à elle seule un roman qui pourrait être agréable, mais qui à coup sûr ne serait pas très-moral. On a prétendu qu'elle avait raconté ses propres aventures dans *les Malheurs de l'amour*: c'est une erreur ; il peut bien s'y trouver quelques détails puisés dans les souvenirs des orages qui ont agité sa jeunesse ; mais très-certainement elle n'a pas tout dit. Il est fâcheux qu'elle n'ait pas écrit ses mémoires, ce serait aujourd'hui une bonne fortune pour l'éditeur qui les publierait, dans le cas où elle aurait été sincère, mérite rare dans les femmes d'esprit qui écrivent leur histoire. On a dit des mémoires de mademoiselle Delaunay qu'elle ne s'était peinte qu'en buste ; les femmes célèbres de nos jours ne vont pas même jusque-là. Elles ne nous donnent plus que des têtes de fantaisie.

Aujourd'hui, il y aurait dans des mémoires fidèles de madame de Tencin tous les élémens possibles de succès, car on y trouverait tous les genres possibles de scandale. Ils seraient une histoire secrète de la politique et des mœurs de la Régence, ainsi que de la première partie du règne de Louis XV, et s'ils ne formaient pas un recueil très-édifiant, ils offriraient du moins des détails instructifs pour les hommes qui aiment à expliquer les effets par les causes; ils prouveraient d'ailleurs que la corruption des mœurs ne vient pas des idées philosophiques; que malgré ce déluge de pieux écrits qui nous accusent de valoir moins que nos pères, nous sommes encore loin de la dépravation de ces temps si regrettés par nos moralistes rétrogrades. Si nous y retournons, c'est que nous aurons pris la même route où s'étaient égarés les hommes qui nous ont légué tant de scandales et tant de malheurs. C'est l'hypocrisie qui les y avait conduits, elle seule pourrait nous y ramener encore.

Madame de Tencin fut mêlée, dans toutes les affaires d'amour, de religion, de finance et de littérature. Elle a présidé aux cabales de cour et aux cabales académiques ; elle fut ambitieuse et jolie, ultramontaine et galante ; elle unit tous les secrets de l'intrigue à toutes les séductions de la flatterie ; elle fit des cardinaux et des ministres, des généraux et des académiciens ; enfin elle fut la maîtresse de Dubois et la mère de d'Alembert.

L'éducation des femmes ne se faisait alors que dans les couvens ; c'est là que furent cultivées toutes les vertus qui brillèrent à la cour galante de Louis XIV et à la cour voluptueuse du régent ; c'est là que se formèrent les Fontange, les Montespan, les Parabère ; et, plus tard, les Mailly, les Châteauroux et les Pompadour ; c'est aussi là que fut élevée Madame de Tencin. Fille d'un conseiller au parlement de Grenoble, peu favorisé de la fortune, elle naquit dans cette ville en 1681. Il convenait à ses parens qu'elle fût religieuse, ils décidèrent qu'elle le serait ; on s'occupa peu de savoir si le sacrifice de sa liberté serait agréable au ciel. Née avec une imagination vive, une âme ardente, un cœur passionné, elle avait peu de penchant pour la vie austère et monotone du cloître; mais on consultait bien plus alors les convenances de la famille que la vocation des novices ; quand il était nécessaire d'assurer la fortune d'un aîné, il était plus facile de donner un voile qu'une dot aux sœurs qui auraient pu amoindrir l'héritage, et l'on croyait faire une chose sainte en réglant une affaire toute mondaine. Il y a encore aujourd'hui beaucoup de gens qui regrettent ces dévotes spéculations, et qui ne trouveraient rien de mieux que d'amoindrir la famille pour concentrer la propriété; mais les unions forcées portent tôt ou tard des fruits amers, la contrainte ne dicte que de faux sermens; on se promet à Dieu et l'on reste attaché au monde. La vie n'est alors qu'une longue captivité ; l'infortunée qui supporte des liens contre nature meurt dans une lente agonie, ou ne rêve qu'aux moyens de les briser. Madame de Tencin aima mieux les rompre que de les subir, et préféra le scandale d'une rupture ouverte au crime d'un parjure de tous les instans.

Il paraît que le relâchement des mœurs s'étendait jusqu'aux asiles de la piété et de la pénitence ; le cloître où elle avait pris le voile n'avait pas des règles très-austères ou du moins le joug s'en était singulièrement affaibli. La beauté, l'esprit, les grâces piquantes de la jeune religieuse faisaient grand bruit dans toute la province ; son couvent était le rendez-vous de toute la jeune noblesse qui allait s'y sanctifier par partie de plaisir. Le duc de Saint-Simon, écrivain un peu morose, mais qui, né avec des principes d'honneur et de vertu, se trouvait au milieu des saturnales de la Régence aussi dépaysé qu'un Spartiate l'eût été au milieu des voluptés d'Athènes, raconte des particularités passablement scandaleuses sur le couvent des Augustines de Montfleuri, où mademoiselle Guérin de Tencin avait prononcé ses vœux. Le cardinal Lecamus s'éleva en vain contre cette vie mondaine de chastes filles qui avaient juré de ne songer qu'à leur salut. Il se trouvait là, sans doute, quelques-unes de ces abbesses compatissantes, de ces tendres victimes des passions, qui aimaient à tempérer la sévérité des règles par la facilité des relations, et à retrouver au sein de la pénitence l'image de ce monde, où leur cœur était resté. On recevait nombreuse compagnie dans le cloître des Augustines : aussi était-il plutôt situé comme une maison de plaisance que comme un lieu de retraite. Il se trouvait au bout d'une longue promenade où affluait toute la jeunesse de la ville. Il n'était guère de famille un peu considérable qui n'y eût quelque religieuse ou quelque pensionnaire ; il ne faut pas dès lors s'étonner qu'on eût une grande dévotion au couvent des Augustines, de brillans pèlerins ne cessaient de le fréquenter ; on couronnait une cavalcade par une pieuse visite ; mais tant de frères qui allaient voir leurs sœurs y rencontraient les sœurs de leurs amis, l'amour était au parloir et finissait par se glisser à travers les grilles.

Mademoiselle de Tencin était la religieuse à la mode ; on ne s'entretenait de toute part que des charmes de sa figure et des grâces de son esprit; chacun voulait la voir ou l'entendre : elle avait subjugué son abbesse, elle séduisit bientôt jusqu'à son confesseur. On avait souffert d'abord qu'elle reçût des visites, on finit par lui permettre d'en faire; mais elle ne se trouva pas encore assez de liberté ou plutôt elle en prit trop. *Saint-Simon* assure que les suites de ses tendres imprudences devinrent si évidentes, qu'il fallut, de toute nécessité, pour l'honneur du couvent, qu'elle trouvât le moyen d'en sortir. D'après Duclos, qui l'a beaucoup connue et qui a même vécu dans sa société intime, dès le moment même où elle prononça ses vœux, elle ne songea qu'au moyen de les rompre. « Son » directeur, dit-il, fut l'instrument aveu- » gle qu'elle employa pour ses desseins. » C'était un bon ecclésiastique, fort borné, » qui devint amoureux d'elle sans qu'il » s'en doutât le moins du monde. La péni- » tente ne s'y trompa nullement, profita » habilement du faible du saint homme, » en fit son commissionnaire zélé, en tira » tous les éclaircissemens nécessaires, et,

» lorsque les choses furent au point où elle
» les désirait, elle réclama contre ses vœux,
» réussit enfin à passer de son cloître dans
» un chapitre de Neuville, près de Lyon,
» en qualité de chanoinesse, et bientôt elle
» devint aussi libre qu'elle pouvait le dési-
» rer. Je tiens tout ceci d'elle-même. »

Il est possible que madame de Tencin ait mis quelque réticence dans ses aveux; il en est qu'une femme ne fait pas, surtout à un homme qu'elle sait écrire l'histoire; elle connaissait assez l'humeur caustique de Duclos pour ne pas hasarder indiscrètement une confidence aussi délicate : une demi-franchise est souvent un moyen adroit de taire ce que la vérité a de plus fâcheux.

Ce qui est certain, c'est que dans presque tous ses romans, madame de Tencin place ses héroïnes dans des cloîtres, et qu'elle ne fait retentir les voûtes de ces demeures saintes que de brûlantes ardeurs et de soupirs étouffés; on y aime toujours, et on n'y prie guère que pour son amant.

Dans *les Malheurs de l'amour*, le chevalier Barbasan est constamment établi dans le parloir, il y passe des journées entières avec sa maîtresse. Ce sont à chaque page des entretiens passionnés, de tendres confidences et des lettres amoureuses. Ses épisodes mêmes retracent des scènes semblables; le marquis de La Valette se déguise en valet de chambre pour pénétrer dans le couvent de mademoiselle d'Essey, il se jette à ses pieds, il lui répète cent fois qu'il l'adore, et celle-ci, à la suite d'un mariage-secret dont l'abbesse reçoit la confidence, porte dans son sein le triste gage d'une union qu'elle forma sans amour.

Dans *le Siége de Calais*, Milord Arondel s'introduit aussi dans le couvent où mademoiselle de *Roye* est sur le point de prendre le voile; il gagne le jardinier, la tourière; il se déguise en tapissier, et, sous le prétexte de porter des meubles, il s'introduit jusque dans la chambre de sa maîtresse. Bientôt, malgré toutes les recommandations d'une implacable tante, les entrevues deviennent de plus en plus fréquentes; celles de la grille ne suffisent plus : à l'aide d'une échelle de corde, l'amoureux lord escalade les murs du couvent, les remonte en portant sa maîtresse dans ses bras, et la mène à une église peu éloignée, où il avait fait venir un prêtre. Il la remet ensuite dans le jardin, et il y revient de la même manière les nuits suivantes. Cet enclos sacré devient le théâtre de leurs mystérieuses ardeurs, et il en résulte une grossesse comme dans *les Malheurs de l'amour*.

Il serait injuste de conclure de ces singuliers rapprochemens que, dans tous ses ouvrages, madame de Tencin, involontairement préoccupée de ses souvenirs, plaçait ses héroïnes dans une situation qui avait été la sienne ; mais cette peinture de la vie des cloîtres cause du moins quelque étonnement à une époque où il régnait une dévotion si austère et presque si farouche, car c'était dans les dernières années du règne de Louis XIV, sous la toute-puissance de madame de Maintenon et du père Letellier, au moment où l'on détruisait

Port-Royal, comme un repaire d'hérésie, qu'il régnait une liberté si édifiante dans le cloître où mademoiselle de Tencin feignait d'aimer son confesseur, pour qu'il l'aidât à rompre les vœux qu'elle avait faits au ciel.

Il se peut que la malignité publique, qui se plaît à grossir tous les scandales, ait attribué l'évasion de la jeune religieuse à des motifs peu honorables pour sa vertu. Il est si aisé de passer de la médisance à la calomnie ! Madame de Tencin a d'ailleurs joué, dans la suite, un assez grand rôle, pour que la méchanceté et l'envie ne l'aient pas épargnée. Elle leur avait fait si beau jeu, qu'une faiblesse de plus ou de moins ne pouvait pas tirer à conséquence. Il n'y a rien de tel pour les gens qui ont de l'intrigue et de l'ambition que d'entrer dans le monde avec une mauvaise réputation toute faite. Rien ne surprend de leur part, aucune faute ne peut ternir leur vertu. Le moindre écart, qui suffirait pour perdre un honnête homme, n'effleure pas même leur tranquillité. Il semble que le public ait pris son parti envers eux, comme ils l'ont pris envers le public. On ne s'étonne que du bien qu'ils font; il a tout le mérite, toute la vogue de la nouveauté; il y a plus, on admire dans eux ce qu'on ne remarque pas même dans les autres. C'est une spéculation qui réussit assez bien dans les temps de corruption; on a de l'éclat sans estime, on arrive à la fortune sans passer par la considération; c'est la route la moins longue et celle que prennent tous les gens pressés. Il y a encore aujourd'hui beaucoup d'hommes, et même quelques femmes, qui s'y jettent et qui n'ont pas mal fait leur chemin.

Quoi qu'il en soit des raisons vraies ou supposées de l'escapade de madame de Tencin, sa petite négociation avec son directeur annonce qu'elle était faite pour briller dans la carrière de l'intrigue; elle préludait par ce premier succès à tous ceux qui l'attendaient sur un plus grand théâtre.

La nouvelle chanoinesse usa largement de toutes les douceurs de la liberté, mais elle était loin d'être parvenue à son but. Il lui fallait de l'éclat, du bruit; bientôt elle se trouva aussi gênée dans sa province que dans son cloître: toutes ses pensées se dirigeaient vers Paris; cette grande ville fut toujours le point de mire des esprits aventureux. En province on a besoin d'estime, si l'on veut y être quelque chose; à Paris on s'en passe aisément pour jouer un rôle. Le scandale, soutenu d'un peu d'audace, aide même à la fortune; madame de Tencin se trouva tout ce qu'il fallait pour y réussir.

Elle avait un frère abbé, qui l'avait devancée dans la capitale, et qui y était venu avec les mêmes espérances et avec les mêmes moyens de succès. Il n'avait pas plus de vocation pour l'état ecclésiastique que sa sœur n'en avait pour la vie religieuse. Ils avaient même morale, même piété, et le petit collet allait à peu près au frère comme le voile à la sœur. S'il eût été un obstacle à sa fortune, il aurait répudié tout aussi aisément l'un qu'elle avait quitté l'autre; mais il sentit qu'avec lui il pouvait arriver à tout et il le garda. La religieuse et l'abbé, dit Duclos, s'aimaient avec passion ; indépendamment des liens de famille, il faut convenir que jamais sympathie ne fut plus parfaite. Doués tous deux d'une jolie figure et d'un esprit insinuant, faux, ambitieux, flatteurs, aimant la fortune et le plaisir, ne se rebutant d'aucun obstacle, ne reculant devant aucun scrupule, ils semblaient avoir été créés l'un pour l'autre. Supposez que la nature eût fait la sœur du frère et le frère de la sœur ; leur destinée eût été la même, le cardinal aurait joué le rôle de la religieuse et la religieuse le rôle du cardinal. Quelques mémoires du temps disent que ce fut l'abbé qui attira madame de Tencin à Paris ; il sentait qu'elle serait utile à sa fortune, et, de son côté, elle avait deviné qu'il était indispensable à la sienne. Après l'éclat qu'avaient fait ses aventures, il lui était difficile d'en couvrir le scandale sous le nom d'un mari ; elle pensa qu'il était plus sage de mettre ses faiblesses à l'abri d'un caractère sacré. Son frère était dans les ordres ecclésiastiques, elle vint s'établir chez lui, et ils ne tardèrent pas à tenir une assez bonne maison. L'abbé courait depuis long-temps les bénéfices, et cherchait partout des protecteurs; d'abord il s'était enveloppé de tous les dehors d'une piété austère. Louis XIV vivait encore et il crut indispensable de faire relever sa sœur de ses vœux. Fontenelle, qui avait probablement quelque crédit en cour de Rome, sollicita et obtint le rescrit qui dégageait madame de Tencin de toute espèce de lien religieux. Madame de Tencin avait su lui inspirer un vif intérêt, et c'est une preuve de l'empire de ses charmes et de son esprit, car on sait que Fontenelle ne s'enflammait pas aisément pour rendre un service. Il fut bientôt reconnu que le rescrit avait été rendu sur un exposé peu exact des faits, et il ne fut point fulminé; mais madame de Tencin s'en passa et n'en demeura pas moins libre. Le vieux roi n'était plus, la Régence avait commencé, le moment de la fortune était arrivé pour les Tencin.

On se figure sans peine le succès que devait avoir à cette époque une jolie femme sortie de son couvent avec tant d'éclat. Elle était jeune, charmante, passionnée, il n'en fallait pas tant pour avoir la vogue : la sienne fut promptement décidée. Il y avait dans sa position quelque chose de piquant pour la curiosité publique et pour ce libertinage d'esprit, dont ne sont pas exempts ceux-là même qui paraissent les plus sages; aussi ne parlait-on à la cour et à la ville que de *la religieuse Tencin*, c'est le nom qu'on lui donnait dans le monde. On pouvait la voir sans se compromettre, la demeure d'un ecclésiastique sanctifie tout, et les gens les plus scrupuleux venaient chez le frère, dans l'intention secrète de faire leur cour à la sœur.

L'abbé, qui n'avait que l'ambition de son état sans en avoir les mœurs, réussissait auprès des femmes, et la religieuse, avec ce genre de beauté qui séduit et de réputation qui ne décourage pas, était l'idole de tous les hommes. Elle ne désirait que la grandeur de son frère, c'était un refuge qu'elle s'assurait pour le temps où l'on se souviendrait moins de ses grâces que de ses faiblesses ; aussi comblait-on l'abbé pour s'avancer auprès de la sœur : chaque bénéfice, chaque faveur de plus était un moyen de succès, et l'abbé devint ambassadeur, archevêque, cardinal et ministre d'état ; alors on se mit à flatter la sœur pour gagner la bienveillance du frère, et, comme ils mirent toujours en commun leur crédit, leur intrigue et leur savoir-faire, ils arrivèrent à toute la fortune qu'ils pouvaient espérer et même à tout le bonheur dont on peut jouir, quand on est heureux sans l'estime d'autrui et sans l'estime de soi-même.

On se trouvait alors dans la chaleur des débats de la bulle Unigénitus, guerre ridicule où se jetèrent tous les brouillons et tous les ambitieux, et que soutenaient au nom de la religion les prélats qui en avaient le moins contre les membres les plus pieux du clergé. Née sous la vieillessse austère et bigote de Louis XIV, elle fut un malheur pour la France ; continuée sous le gouvernement voluptueux et impie du régent, elle devint un scandale. La bulle était un moyen de fortune, et Tencin s'en fit un des plus intrépides défenseurs; il était sans foi et sans scrupule, il se fit jésuite.

Sa sœur, qui n'était pour ainsi dire que lui-même, devint une zélée *constitutionnaire*. Menant de front les intrigues religieuses et les intrigues galantes, elle recevait tour à tour les évêques et ses amans, et faisait à la fois de la théologie et de l'amour. Ce qui était remarquable dans madame de Tencin, c'est qu'avec un esprit de calcul qui suppose de la froideur, elle portait le goût de la volupté jusqu'à la passion. Aussi Duclos dit-il qu'elle a aussi souvent employé la galanterie pour ses plaisirs que pour ses succès. Ce fut dans un de ces momens où l'ambition même s'oublie, qu'elle s'éprit très-vivement du chevalier Destouches, fort joli homme qui ne pouvait assurément rien pour l'avancement de son frère. Cette liaison clandestine devint bientôt d'une évidence embarrassante; il fallut en cacher les suites. L'enfant qui en naquit en

1717 fut déposé par des mains inconnues sur les marches de l'église St.-Jean-Lerond; cet enfant devint un grand homme, ce fut d'Alembert. Recueilli par un commissaire du quartier qui, au lieu de l'envoyer aux enfans trouvés, lui donna pour nourrice la femme d'un pauvre vitrier, il trouva dans le triste réduit de sa mère adoptive, des soins plus tendres et de meilleurs exemples qu'il n'aurait pu en recevoir dans la demeure brillante de sa véritable mère. Cette action n'est certes pas la plus belle de la vie de madame de Tencin; mais telle était la situation où elle était placée, qu'il devenait un peu difficile d'accoucher publiquement d'un enfant illégitime dans la maison d'un prêtre qui était prieur de Sorbonne et qui voulait devenir cardinal. Quelque relâchée que fût l'époque, il y aurait eu, dans l'ostentation d'une telle impudeur, un cynisme qui eût révolté les moins difficiles en fait de mœurs. Dans les temps de la plus profonde corruption, le scandale a toujours besoin d'une sorte de voile, car il n'est que dans la publicité. Madame de

Tencin, toute à son frère, aima mieux être mère dénaturée que sœur imprudente, et l'ambition fit taire dans son cœur le cri de la nature. On dirait que le souvenir de cette triste époque l'agitait encore, lorsqu'elle écrivait son roman du *Siége de Calais*. Dans un de ses nombreux épisodes, il est question d'un enfant déposé sur la voie publique, sans doute avec des circonstances moins odieuses ; mais un tel incident dans un ouvrage de madame de Tencin semble prouver qu'il est des souvenirs auxquels la pensée ramène toujours le cœur qui veut les fuir. Dans le cours de ses prospérités, elle se rappela cependant qu'elle était mère, mais il est fâcheux pour sa mémoire que ce soit son orgueil qui ait réveillé sa tendresse. On sait que d'Alembert, enfant sans berceau, élevé au sein de la douleur et de la misère, annonça de très-bonne heure ce génie qui devait le placer un jour parmi les hommes illustres de son pays ; le bruit de ses premiers succès dans les hautes sciences retentit jusqu'à madame de Tencin, il fit battre son cœur.

Elle désira voir le jeune géomètre, le fit venir chez elle, le combla de caresses, et lui ayant révélé le mystère de sa naissance, elle lui tendit les bras. *Que me dites-vous là, madame*, s'écria d'Alembert avec une noble chaleur, *c'est la vitrière qui est ma mère!* et il courut presser la bonne femme contre son sein. Il resta près de trente années dans cette humble demeure où son enfance abandonnée avait trouvé un abri, et ne revit plus le séjour de l'opulence, où la honte l'avait dévoué en victime à l'ambition. Quelle scène pour une mère! Dans ses romans, où abondent les situations et les coups de théâtre, madame de Tencin n'a rien imaginé d'aussi fort et d'aussi dramatique.

Jetée dans un tourbillon d'intrigues, livrée au mouvement d'une société désordonnée, et à cet enivrement des plaisirs du monde auquel on se laisse si doucement aller, quand la vertu n'est pas un moyen de succès, Madame de Tencin s'étourdit sans peine dans le tumulte des passions, et au milieu des triomphes nouveaux qu'obtenait chaque jour sa beauté. Elle fit, selon Duclos, une conquête plus illustre et plus importante que celle du chevalier Destouches. Le prince voluptueux qui gouvernait alors la France parût épris de ses charmes : elle dut se croire au comble de tous ses désirs; déjà son ambition se berçait des rêves les plus doux, mais elle se pressa trop; elle crut avoir allumé une passion, elle n'avait inspiré qu'une fantaisie, elle eut l'imprudence de parler d'affaires à un prince qui ne venait chercher que des plaisirs, et l'abandon le plus froid succéda soudain au feu des premiers empressemens. Duclos rapporte, dans toute sa crudité un mot du régent au sujet de cette intrigue passagère; il est en tout digne de lui, et il le caractérise à merveille; mais il est d'une énergie qui répugne trop à la délicatesse d'un goût sévère, pour qu'il soit convenable de le répéter dans cette notice. Tous les historiens s'accordent à dire que le duc d'Orléans ne confondit jamais les secrets de l'état avec les mystères des petits appartemens. Il ne se livrait à demi ni aux soins du gouvernement ni aux désordres d'une vie licencieuse ; le matin c'était le chef du gouvernement, le prince dans tout l'éclat de sa dignité : le soir ce n'était plus que l'égal de tous les débauchés, au niveau desquels il était descendu.

Son premier ministre Dubois était partout le même ; ce trop célèbre personnage savait fort bien allier le cynisme des mœurs à la gravité des affaires ; et la conspiration de *Cellamar* prouve que la débauche même était un moyen de sa politique. Il ne fut pas aussi scrupuleux que son maître : il permit à madame de Tencin tous les genres de conversation. La maison de la belle chanoinesse devint le rendez-vous de tous les courtisans du pouvoir ; on y distribua les grâces, on y donna les bénéfices, il paraît même qu'on les y vendit. Ce n'est malheureusement pas une calomnie historique, on verra bientôt qu'il y a preuve légale de l'accusation.

On éprouve un sentiment qui a quelque chose de triste et même de douloureux, lorsqu'on voit une femme jeune, brillante et spirituelle, s'abaisser jusqu'à devenir la favorite d'un être aussi dégradé que Dubois; mais cette femme était ambitieuse, et Dubois était tout-puissant. On ne réfléchit pas d'ailleurs que la justice historique n'a commencé pour lui que le jour de sa mort; jamais Sully et Fénélon n'obtinrent, de leur vivant, plus de louanges, plus d'hommages que ce colosse de fortune et de vices. Les gens de cour lui prodiguèrent l'encens, les poëtes célébrèrent ses vertus, il osa s'asseoir sur le siége de Cambray, et le précepteur du Régent y porta la pourpre romaine qui n'avait pas décoré le mentor du duc de Bourgogne. L'assemblée générale du clergé le nomma son président; l'Académie française lui donna le fauteuil, dont elle avait exilé le vertueux abbé de Saint-Pierre; l'Académie des belles-lettres se crut heureuse de lui décerner les palmes du savoir, et l'Académie des sciences humilia le brevet de membre honoraire en le mettant à ses pieds. Tout ce qu'il y avait de grand s'abaissa devant son pouvoir, tous les premiers hommages du royaume se prostituèrent à sa fortune. Est-il donc si étonnant qu'une femme, qui avait peu de réputation à perdre et peu de bienséances à garder, n'ait pas dédaigné la conquête d'un homme devant lequel s'évanouissaient les plus hautes résistances!

Il faut du reste se souvenir que madame de Tencin aimait passionnément son frère, que son élévation était pour ainsi dire le rêve de sa vie toute entière. Qui, mieux que le premier ministre, que le dispensateur de toutes les grâces, pouvait combler ses désirs ambitieux? La maison des Tencin convenait parfaitement à Dubois; il y trouva tout ce qui convenait à ses goûts et à sa politique : de la volupté et de l'intrigue, point de scrupule et beaucoup de dévouement. Le frère devait lui être aussi utile que la sœur lui était agréable ; l'un n'était pas de moins bonne composition que l'autre ; leur conquête fut pour lui une double bonne fortune. C'était le règne des aventuriers. Le royaume était épuisé par les profusions de la guerre et par les prodigalités de la paix. Comme dans toutes les positions désespérées, on eut recours aux charlatans ; il s'en présenta un, qui promit des richesses à une cour avide et corrompue, et il fut pris au mot. C'était l'écossais Law ; son système ayant fait tourner toutes les têtes, il voulut être ministre; Dubois l'était bien, aucune ambition ne devait se décourager. Mais Dubois était évêque et Français, Law était Anglais et protestant. Il fallait, pour devenir contrôleur-général, qu'il fût naturalisé ; et, depuis la révocation de l'édit de Nantes, pour être naturalisé, il fallait d'abord être converti. Dubois s'en chargea ; et il n'eut pas de peine à faire de Law un aussi bon Français et un aussi bon catholique que lui.

Il avait besoin, pour cette opération, d'un théologien discret, facile, expéditif; il ne le chercha pas long-temps : il voyait tous les jours l'abbé de Tencin; il savait que le frère et la sœur ne faisaient, comme dit Duclos, qu'une âme et qu'un cœur, et il avait dû juger que l'abbé n'était pas un casuiste bien rigoureux; ce fut à lui qu'il confia cette honorable mission; Law, comme on le pense bien, se laissa aisément persuader, que le trésor public valait bien une messe. Si on l'eut exigé, il était homme à se faire jésuite pour être ministre; d'autres, en pareil cas, seraient d'aussi bonne composition que lui. Ce fut à Melun que se fit l'abjuration; on pensa prudemment qu'elle serait un sujet trop riche de ridicules pour le public malin de la capitale, car les conversions, à propos de finances, ne réussissent guère à Paris.

Law catholique ne fut point ingrat; le duc de Saint-Simon prétend qu'il fit pleuvoir les billets de banque et les actions sur la maison Tencin. Le frère et la sœur aimaient beaucoup l'argent, non par avarice, mais par ambition. Ils y voyaient un moyen de parvenir à tout, et ils croyaient n'en avoir jamais assez. Une telle opulence donna lieu aux plus mauvais bruits : on accusa l'abbé du trafic des choses saintes ; on répéta partout que la conversion n'avait été qu'un marché, et, par malheur pour lui, une affaire scandaleuse, qui le couvrit de ridicule et de honte, acheva de donner une fatale vraisemblance aux soupçons élevés contre lui. Il fut prouvé légalement qu'il faisait commerce de bénéfices. Un certain abbé de Vaissière lui intenta un procès en simonie, et l'accusa d'avoir dérobé une partie du marché fait d'un prieuré.

Avec la moindre pudeur il se fût empressé d'étouffer cette honteuse affaire ; mais soit que la vanité de la faveur lui fît illusion, soit qu'il connût assez bien son indigne patron pour ne pas s'effaroucher d'un scandale de plus, il osa paraître en personne à la barre du parlement. Il nia effrontément le marché ; la partie adverse, ayant paru faiblir sur les preuves, Tencin demanda que le serment lui fut déféré par la cour. Déjà il s'apprêtait à le prononcer, quand l'avocat de l'abbé de Vaissière s'écrie : Arrêtez ; voici le marché écrit de la main que vous levez pour en nier l'existence ; et à l'instant il le fait passer sous les yeux du parlement indigné. Qu'on juge de l'effet d'un pareil coup de théâtre ! Tencin, foudroyé, veut en vain balbutier quelques mots ; il est publiquement admonesté par le premier président, et se retire au milieu des huées qui s'élèvent sur son passage. La sentence était flétrissante ; elle devait le perdre ; mais elle prouvait qu'il était capable de tout, et Dubois jugea que c'était le seul homme qui pût le faire cardinal. Ce fut avec de pareilles lettres de crédit qu'il l'envoya à Rome pour acheter la pourpre que rêvait son insatiable ambition. Le marché n'était pas moins honteux que l'autre, mais il fallait à Dubois un homme aguerri, et il venait d'avoir une preuve flagrante du savoir-faire de son envoyé. Déjà le jésuite Lafiteau, évêque de Sisteron, se trouvait dans la capitale du monde chrétien pour négocier la première dignité de l'Église, au profit de l'homme le plus immoral peut-être de la chrétienté. Dubois se défiait de lui, et lui avait cependant promis le chapeau s'il parvenait à le lui faire obtenir. Ce brocantage de toutes les choses saintes excite le dégoût, et n'est certes pas une des causes les moins puissantes des catastrophes qui ont affligé le clergé. L'histoire lui a fait plus de tort que la philosophie.

Lafiteau regarda Tencin comme un surveillant plutôt que comme un aide, et ces deux prêtres se haïrent bientôt cordialement; ils se dénonçaient mutuellement à Dubois comme des hommes sans mœurs, sans conscience, et ils ne mentaient ni l'un ni l'autre. C'est à sa sœur la religieuse que l'abbé envoyait tous ces petits bulletins scandaleux, dont les subalternes et les chefs mêmes de la diplomatie amusent les ennuis des rois et des premiers ministres.

Madame de Tencin était l'intermédiaire

de toutes ces honnêtetés diplomatiques. Le cardinal Fabroni entretenait une correspondance avec quelques ecclésiastiques de Paris, et il remettait ses lettres à l'ambassade française, comme étant la voie la plus commode et la plus sûre. Tencin, au lieu de les faire parvenir à leur adresse, les envoyait à Dubois ; dans une lettre datée du 20 janvier 1722, il s'exprime ainsi : « Nous
» n'avons pu ouvrir ces lettres, parce que je
» n'ai pas le secret pour lever les cachets,
» qu'il serait bon que vous eussiez la bonté
» de m'envoyer. Quand votre éminence en
» aura fait l'usage qu'elle jugera à propos,
» elle aura la bonté de les envoyer, sans
» perdre de temps, à madame de Tencin,
» à qui j'ai donné mes instructions pour
» les faire rendre à leur adresse. » On voit que la violation du secret des lettres remonte assez haut, et ce sont deux ministres de l'Évangile qui faisaient cet honnête commerce. Faut-il s'étonner qu'il répugne si peu à la dévotion mondaine des politiques de nos jours?

Madame de Tencin paraissait peu se soucier de l'estime de l'avenir ; dans sa vieillesse, elle communiqua la correspondance secrète de son frère à Duclos, qui en a publié de curieux extraits. Tencin écrit à sa sœur que l'évêque Lafiteau est un débauché, un indigne fripon ; qu'il n'a ni religion, ni honneur, ni sentimens ; qu'il est parti de Rome pour la campagne, et qu'il va se guérir d'une maladie honteuse : confidence tout-à-fait édifiante de la part d'un prêtre à une ancienne religieuse.

Dubois devint enfin cardinal, et Tencin n'était pas encore évêque que déjà il aspirait à la pourpre romaine. Avant de quitter la France, il y avait pensé, car il écrivait à sa sœur, au mois de janvier 1723, que le roi d'Angleterre (Jacques II) lui avait parlé de manière à lui faire voir qu'il lui donnerait de tout son cœur sa nomination. « La chose, ajoute-t-il, sera bientôt
» faite quand une fois je serai évêque, si
» M. le cardinal Dubois le veut un peu.
» Mon chapeau serait plus sûr que n'a été
» le sien, j'ose le dire, avant que je ne
» m'en sois mêlé.

Tencin n'attendit pas long-temps; il fut fait archevêque d'Embrun. C'est dans cette dernière ville qu'il présida une espèce de concile où l'évêque de Sénez fut déposé comme coupable d'hérésie. Ainsi, après avoir fait un catholique d'un étranger dont la foi était très-équivoque, il fit un schismatique du prélat le plus croyant et le plus vertueux du royaume. Tandis qu'il procédait à cette religieuse exécution, sa sœur échauffait à Paris le zèle des constitutionnaires. Son boudoir était devenu un autre concile où elle rassemblait des évêques; l'ardeur de son zèle finit par inquiéter le gouvernement. Elle reçut l'ordre secret de quitter Paris, et se retira dans les environs d'Orléans. Le séjour de la province était le supplice le plus cruel qu'on pût infliger à une femme de ce caractère; mais elle resta peu dans son exil. Son frère était devenu un homme assez important pour la protéger à son tour. Cette disgrâce passagère n'arriva d'ailleurs qu'après la mort de Dubois. Le pacifique Fleuri ne pouvait s'accommoder d'une ardeur sans mesure, il lui fallait un genre d'intrigue plus souple et moins bruyante ; mais les Tencin étaient gens à prendre toutes les teintes de la politique du moment ; Fleuri jugea qu'ils seraient toujours dangereux s'ils n'étaient pas utiles. Il aima mieux les avoir pour auxiliaires que pour ennemis ; il sacrifia sa rancune à sa politique ; il ne les aima point, et il s'en servit.

On sait qu'à la mort du régent, M. le Duc fut fait premier ministre. Le royaume tomba sous le sceptre d'une courtisane, et les grands, qui s'étaient humiliés devant le cynisme de Dubois, fléchirent le genou devant les volontés capricieuses de madame de Prie. M. le Duc et sa maîtresse haïssaient Fleuri ; précepteur du jeune roi, ils craignaient qu'il ne devînt le mentor de son gouvernement ; et les Tencin, toujours à l'affût de la faveur du jour, prirent parti pour le prince du sang, premier ministre, contre le timide évêque de Fréjus. En juillet 1723, l'abbé écrivait à sa sœur : « Ce que vous me mandez rela-
» tivement au premier ministre (M. le

» Duc), est très-important : je me suis heu-
» reusement conduit à merveille; je n'ai
» témoigné aucun empressement pour la
» promotion de l'évêque de Fréjus, parce
» que je n'en avais aucun et que je la regar-
» dais comme une folie. J'ai représenté
» qu'elle était impraticable. Je n'exilerais
» pas l'homme en question (toujours l'é-
» vêque de Fréjus), je le mépriserais et
» lui donnerais des dégoûts qui l'oblige-
» raient de lui-même à prendre le parti de
» fuir comme il fit l'année passée (1). »

M. le Duc fut disgracié peu de temps après; *l'homme en question* le remplaça, et l'abbé de Tencin fut à ses pieds. Cette souplesse, qui survit à toutes les disgrâces et qui s'accommode de tous les pouvoirs, n'appartient pas seulement à l'époque de la régence, c'est la religion de tous les courtisans; mais il est fâcheux que ce soit celle d'un prince de l'église. Tencin y mettait,

---

[1] On se rappelle qu'au moment de l'exil du maréchal de Villeroi, gouverneur du jeune roi, l'évêque de Fréjus avait disparu un moment, et qu'il s'était retiré à Saint-Sulpice.

pour ainsi dire, du luxe ; en général, les hommes ne font point parade de leurs vices, et les moins vertueux cherchent à se faire illusion sur les bassesses de leur caractère ; il est des choses qu'on ne s'avoue pas à soi-même, et Tencin les écrivait naïvement à sa sœur.

Après avoir, dans une de ses lettres, traité de sot, d'ignorantissime, le pape Benoît XIII, pontife doux et vertueux, qui ne s'associait pas en aveugle à toutes les fureurs des constitutionnaires ; après avoir dit qu'il était aussi incapable de gouverner qu'un laquais, il ajoute : « J'eus hier une » première audience du Saint-Père; je puis » dire, en vérité, que j'ai le vol de ces » messieurs-là. Je fus reçu comme un » ange, loué, caressé, et m'étant déjà fait » jour à la confiance ; il est vrai que j'ai » un talent singulier pour leur dire des » douceurs avec un air de candeur et de » vérité auquel je sens moi-même qu'il est » très-difficile de résister. »

Toutefois, au milieu de ses prospérités diplomatiques, il avait toujours la fâcheuse

aventure du parlement sur le cœur; il disait à sa sœur : « Je fais un château en
» Espagne; n'y aurait-il pas un moyen
» de revenir sur mon procès? Consultez
» si on peut faire reprendre l'instance par
» mon chapitre, et trouver le moyen
» qu'elle fût jugée par écrit et non pas à
» l'audience, où la grande chambre ne voudrait pas se démentir publiquement. Ce
» diable de procès est celui des événemens
» de ma vie qui me fait le plus de peine. »

Madame de Tencin elle-même fut jetée dans une procédure beaucoup plus sérieuse. Lafresnaye, conseiller au grand conseil, se tua chez elle d'un coup de pistolet. Cette catastrophe, on le pense bien, produisit une grande sensation; le bruit courut qu'il s'était donné la mort dans un accès de jalousie. Madame de Tencin fut arrêtée et conduite au Châtelet, où elle subit un interrogatoire. Un voile épais couvre cette tragique aventure. Il n'en existe aucune trace dans les archives du Châtelet et du grand conseil; toutes les minutes, tous les registres de l'année 1726 ont disparu ; il est probable que Tencin, devenu ministre, eut l'art de les soustraire. D'après un mémoire du temps, imprimé dans la collection des OEuvres du duc de Saint-Simon, l'archevêque eut le crédit d'ôter au Châtelet la connaissance de cette affaire, de faire transférer sa sœur à la Bastille, et d'évoquer la procédure au grand conseil, qui condamna la mémoire de Lafresnaye, et qui déchargea madame de Tencin de l'accusation.

Ce fut le 12 avril 1726 qu'elle fut mise à la Bastille. Elle y entra cinq jours avant Voltaire. On ne trouve sur les livres originaux de la Bastille [1] que l'indication suivante : « La dame Tencin, entrée à la Bas-
» tille le 12 avril 1726. L'ordre contre-
» signé *Maurepas*. »

Les évocations de ce temps ressemblaient beaucoup aux *conflits* de nos jours. Quand on voulait cacher un scandale, on dépouillait la magistrature de ses préroga-

---

[1] Ils font partie de la bibliothèque de M. Guilbert-Pixérécourt, qui a bien voulu me les communiquer.

tives. C'est une remarque bien honorable pour les tribunaux français, que toutes les fois qu'on a eu besoin de soutenir l'arbitraire ou d'assurer l'impunité au crime heureux, on a presque toujours décliné leur juridiction. Mais si les archives du Châtelet et du grand conseil ont disparu, on n'est point parvenu à soustraire le testament du malheureux Lafresnaye. Par quelle insouciance de la vérité, ou par quelle faiblesse les divers hommes de lettres qui ont écrit la vie de madame de Tencin, ont-ils gardé le silence sur cette pièce historique? Se croyaient-ils donc encore sous le poignard des hypocrites défenseurs de la bulle *Unigenitus?* Nous publions textuellement, à la suite de cette Notice, le testament qui précéda de quelques jours le suicide du conseiller [1]. Si les faits qu'il contient sont exacts, il flétrit la mémoire de madame de Tencin. En ne voulant même y voir que la fureur d'un jaloux, il est difficile de penser que tout

---

[1] Voir la fin de la Notice.

soit calomnieux dans les terribles accusations que renferme cette pièce accablante. A une époque où l'on parlait tant de religion, et où l'on avait si peu de mœurs, on n'aurait fait que rire des infortunes galantes de l'amoureux conseiller, mais le tromper et le ruiner tout à la fois, ajouter l'escroquerie à l'infidélité, c'était abuser même de la licence du temps.

Si l'on pense d'ailleurs à toutes les précautions qu'on a prises pour envelopper cet odieux procès des ombres du mystère, et pour en faire disparaître tous les vestiges, il est impossible de ne pas croire que l'affaire était excessivement grave, et les plus terribles soupçons deviennent en quelque sorte légitimes.

Les amis de madame de Tencin prétendirent que Lafresnaye, en déclarant dans son testament qu'il n'écrivait ses dernières volontés que parce qu'elle l'avait plusieurs fois menacé de l'assassiner, et en se tuant lui-même quelques jours après dans l'appartement de sa maîtresse, n'avait obéi qu'au sentiment d'une vengeance cruelle et raffinée qui veut immoler dans sa réputation la femme vertueuse qu'il n'a pu séduire, ou la maîtresse qu'il n'a pas su conserver.

Il paraît certain que madame de Tencin elle-même n'allégua pas d'autre moyen de justification, et cette manière d'échapper aux poursuites de la justice, laissa subsister contre elle les plus fâcheuses préventions ; car, disait-on, si elle est réellement innocente, pourquoi a-t-elle recours à un acte d'autorité arbitraire, au lieu de se justifier par les voies légales ?

Ce qu'il y a de plus piquant dans le testament de Lafresnaye, c'est le passage qui est relatif à Fontenelle. Il paraît que ce philosophe insensible n'avait pas résisté aux séductions de madame de Tencin, et l'on n'est plus étonné des démarches qu'il avait faites dans le temps pour ravir à Dieu un cœur qui s'était donné à lui.

Lord Bolingbroke, qui avait long-temps vécu à Paris dans la société de madame de Tencin, et qui passait même pour

avoir été l'un de ses nombreux amans, parle de cette tragique aventure dans une lettre qu'il adressait de Londres à l'abbé *Alari*, le 20 mai 1726. « La mort de ce La-
» fresnaye, lui dit-il, a fait du train, même
» dans ce pays-ci. Le gentil Fontenelle me
» paraît jouer le beau rôle dans cette tra-
» gédie. Il a donc été pris sur le fait, comme
» il nous assure dans ses ouvrages que les
» philosophes prennent la nature. »

Cette aventure extraordinaire occupa long-temps Paris, et donna lieu à de malins vaudevilles, seule justice qui atteignit alors les coupables protégés [1].

Quelques biographes de cette femme célèbre prétendent que ce fut l'époque où elle renonça aux agitations des intrigues politiques, pour se renfermer dans le cercle plus paisible des jouissances littéraires; c'est une erreur dans laquelle ils sont tombés. La fortune de Tencin n'était pas faite; il n'était encore qu'archevêque, il fallait qu'il fût cardinal; il le devint, et ne fut

---

[1] Voir la fin de la Notice.

point satisfait. Dubois avait été premier ministre, et madame de Tencin rêvait pour son frère toute la fortune de son ancien amant. L'évêque de Fréjus était parvenu au timon des affaires, à cet âge où l'on pense déjà à les quitter; les années s'amassaient sur sa tête, et l'abbé de Tencin était aussi impatient qu'un héritier présomptif. Jamais il ne se montra plus patelin, plus obséquieux qu'envers l'homme dont il pressentait que la dernière volonté serait encore une loi pour le monarque. Il ne négligea ni soins, ni caresses, ni flatteries pour qu'il l'instituât le légataire universel de son pouvoir. Il lui semblait tout simple qu'un cardinal en remplaçât un autre, et dans le fait il était, de tous les princes de l'église, celui qui avait remué le plus d'affaires, et qui paraissait le plus apte à en avoir le maniement. La correspondance des deux prélats est extrêmement curieuse; on y voit d'une part toute la finesse d'un vieux homme d'état, qui semble fatigué d'un pouvoir qu'il ne veut pas quitter, et de l'autre toute la fausse bonhomie d'un ambitieux qui cache ses espérances sous le voile du désintéressement. Tencin perdait patience; soudain il conçoit l'idée de faire un pape du premier ministre, bien certain qu'il succédera dans le conseil à toute la puissance du nouveau pontife. Le cardinal de Fleuri, qui ne s'y méprend pas, répond en souriant qu'il ne peut prendre la chose au sérieux; puis, pour montrer qu'il a bien pénétré le but de cette singulière insinuation, il ajoute : « Ma santé » s'affaiblit tous les jours, mon estomac » ne fait plus ses fonctions, et je songe » très-sérieusement à me retirer. Votre » éminence connaît trop depuis long-temps » le cas que je fais de ses talens et de ses » lumières, pour être surprise que je pense » à l'avoir pour successeur. Votre émi- » nence est dans la maturité de l'âge, et » elle a toute la vigueur de son esprit; on » se doit tout entier à son maître et à sa pa- » trie. » Tencin, jugeant qu'il était deviné, se garda bien de se laisser prendre à l'amorce de si douces paroles. Il refusa en homme qui a renoncé à toutes les vanités terrestres, et qui veut prouver qu'il n'y avait aucune arrière-pensée d'ambition personnelle dans le dessein qu'il avait conçu de placer le premier ministre sur le trône de Saint-Pierre; à la vérité, le cardinal de Fleuri lui avait proposé, comme pour le soulager du poids et du détail des affaires, de lui adjoindre M. d'Argenson le jeune, qui n'était pas d'un caractère à jouer le second rôle dans l'administration, et dont on verra bientôt qu'il fut le plus ardent ennemi.

Après de longs pourparlers, Tencin parut se laisser vaincre. Il entra au ministère, mais sans portefeuille; c'était beaucoup : avec l'aide de Rome et de sa sœur, il ne doutait pas qu'il n'en fût bientôt le chef. D'Argenson étant nommé le même jour que lui, le cardinal, dit Duclos, voulut se faire un mérite d'avoir contribué à son élévation, et il lui communiqua une copie de la lettre du premier ministre Fleuri, dont il a été question plus haut, ainsi que de la réponse qu'il y avait faite; mais, par une petite supercherie fort peu édifiante, il y ajouta un article qui n'était pas dans l'original, et qu'il se serait bien gardé d'y insérer, dans la crainte de rendre son refus suspect de dissimulation au cardinal, tout détail étant inutile quand on a la ferme intention de ne pas accepter.

Voici l'article qu'il eut la précaution d'ajouter à sa réponse : « Au reste, si la vue » de votre éminence avait lieu, elle ne » pourrait me proposer un secours plus » conforme à mon inclination et à mon » goût que M. d'Argenson. »

Celui-ci, qui avait le regard perçant, ne fut point dupe de cette hypocrisie. Après la mort du cardinal de Fleuri, Tencin fut pour ainsi dire annulé dans le conseil, et ne pouvant y avoir d'influence, n'y porta que de l'esprit d'intrigue. Soit que le cardinal qui le ménageait, mais qui au fond ne pouvait guère l'estimer, eût inspiré contre lui des préventions défavorables à son royal élève; soit que le monarque lui-même fût fatigué d'un joug qui commençait à lui devenir pesant, et qu'il ne voulût pas se donner un nouveau maître dans un prélat qui, comme Fleuri, ne l'avait pas guidé depuis le berceau jusqu'au trône, Tencin n'eut jamais entièrement sa confiance, et il l'écarta avec soin de tous les postes où il aurait pu prendre un ascendant marqué dans les affaires.

Peut-être aussi la politique du cabinet de Versailles repoussait-elle alors l'influence de Rome des conseils de la France? Le souvenir des querelles ignobles de la constitution, qui avaient si long-temps troublé la paix de l'état et la paix de l'église; les misérables intrigues, les scandales diplomatiques par lesquels la régence avait acheté le chapeau de Dubois, et la part trop manifeste qu'y avait prise le cardinal de Tencin, contribuèrent sans doute à l'éloigner de cette haute direction des affaires que rêvait son insatiable ambition et surtout celle de sa sœur, qui eût gouverné la France, si Tencin eût été premier ministre. Ce fut alors qu'elle déploya ce génie de cabale et d'intrigue qui a rempli sa vie toute entière. Le repos lui était mortel; il fallait qu'elle remuât des passions. L'instant où se développèrent celles du jeune roi ralluma toute son énergie.

Le caractère pacifique de l'administration du cardinal de Fleuri, la douceur, la sagesse de ce ministre avaient enchaîné l'activité turbulente de madame de Tencin; tous les manéges de la coquetterie et de l'intrigue échouèrent devant un politique octogénaire, comme les traits de l'amour s'émoussent dans l'île de Calipso sur le cœur de Mentor. Mais celui de Télémaque n'était pas insensible, et l'ambition épiait avec inquiétude l'instant où il s'abandonnerait aux charmes de l'inconstance.

Les premières ardeurs de l'hymen avaient captivé le jeune roi; pieux, modeste, réservé, les courtisans craignirent d'abord qu'il ne fût fidèle; c'eût été un miracle qu'il résistât long-temps aux mœurs d'une cour qui s'était formée sous la régence; toutes les séductions conspirèrent contre sa vertu. Les Armides multipliaient sur ses pas les enchantemens de la beauté et les prestiges de l'amour ; faible comme Renaud, il s'enivra comme lui à la coupe des plaisirs ; et, par malheur pour sa gloire et pour celle de la France, aucun bouclier magique ne vint rompre le charme qui le tenait captif. L'intrigue, l'ambition se réveillèrent aussitôt qu'il s'endormit, et son règne ne fut qu'un long sommeil.

Dès les premiers instans, les Tencin jugèrent bien qu'ils cesseraient d'être puissans, s'il persistait à rester vertueux. Le cardinal s'agitait vainement dans sa nullité politique ; il siégeait au conseil, mais il était étranger aux affaires ; et c'est pour un ambitieux le supplice de Tantale, de se trouver à la source des grâces sans pouvoir y puiser, de vivre dans l'atmosphère de la puissance sans en jouir, de toucher au but sans l'atteindre !

Sous un nouveau règne, et surtout sous un jeune monarque, il est rare que l'influence reste aux conseillers du règne précédent ; on en conserve quelques-uns pour ne pas perdre certaines traditions, on les regarde à peu près comme des ministres honoraires ; c'est un dernier hommage rendu au pouvoir qui s'éteint. Des hommes de la régence, il ne restait au conseil de Louis XV que le maréchal de Noailles et le cardinal de Tencin; mais ils n'y avaient que leurs voix ; et ils y étaient paralysés, parce que, n'exerçant aucune autorité, ils ne pouvaient se faire aucun parti.

Ce rôle subalterne de ministre à la suite fatiguait surtout madame de Tencin ; c'est à elle qu'échappait la puissance, car si son frère eût été placé à la tête des affaires, elle aurait gouverné l'état. Sous le règne de Dubois, elle était ambitieuse et jolie ; mais six lustres s'étaient écoulés, et son ambition seule lui était restée; elle sentit qu'il fallait suppléer à l'empire éteint de ses charmes par une autre influence. Alors se formait un nouveau pouvoir qui grandissait insensiblement, et qui se plaça même au-dessus des répugnances de la cour ; tout en le redoutant, elle s'en laissait pénétrer ; elle croyait le combattre, et elle lui obéissait.

Long-temps esclave ou tributaire, la littérature avait peu à peu dominé la société ; on brûlait en vain les écrits philosophiques, leurs doctrines sortaient triomphantes de la flamme des bûchers comme les cendres des martyrs. Le pays, fatigué des guerres atroces ou ridicules qu'allumaient dans son sein, depuis plusieurs siècles, l'orgueil aristocratique et le fanatisme religieux, salua avec transport une nouvelle ère de tolérance universelle, au sein de laquelle il espérait cicatriser ses plaies toujours saignantes, et se reposer des longues agitations qui l'avaient bouleversé.

L'astre de Voltaire s'était levé sur la France ; son vif éclat, dissipant tous les nuages des préjugés et de l'erreur, éblouissait jusqu'à ses ennemis. L'enthousiasme dévorait chaque nouvelle production de ce grand écrivain. On avait beau condamner ses succès, les grands faisaient en secret leurs délices des essais audacieux que frappait en public leur timide réprobation ; fascinés sous le charme d'une puissance magique, ils aspiraient à un regard du philosophe comme à un sourire du monarque. Les esclaves de la faveur étaient devenus les courtisans du génie disgracié. Du fond de sa retraite, il régnait sur cette France dont il était banni; un seul mot de sa main était un trophée pour les heureux qui pouvaient le conquérir; chaque parole qu'il laissait tomber retentissait à la cour; tous les échos de l'Europe étaient glorieux de la répéter. Les rois briguaient son suffrage et semblaient se disputer l'honneur d'offrir un refuge à sa gloire exilée. Alors tous les esprits étaient en mouvement; le grand Montesquieu versait des flots de lumière, et l'étincelante allégorie des *Lettres persanes* avait révélé le génie audacieux et profond qui promettait à l'humanité le chef-d'œuvre de l'*Esprit des lois*.

Une foule d'autres écrivains agrandissaient la sphère des connaissances; toutes les sources de la pensée semblaient s'être ouvertes à la fois, et il en jaillissait des flots abondans qui fécondaient l'intelligence et qui portaient de toute part le mouvement et la vie.

L'esprit pénétrant de madame de Tencin ne se trompa point sur cette grande révolution sociale; elle se hâta de grouper autour d'elle tous les élémens de la puissance qu'elle voyait grandir, et de rassembler en quelque sorte tous les rayons de ce foyer lumineux pour en devenir le centre, et peut-être pour régler le cours de l'astre nouveau qui se levait sur la France.

Quelle métamorphose? Ces salons, ouverts jadis aux débats théologiques des partisans de la constitution, devinrent le rendez-vous de toutes les illustrations littéraires; aux âpres emportemens d'un zèle fanatique, succédèrent les saillies brillantes de l'esprit et les discussions profondes et lumineuses du génie. Les grands intérêts de l'humanité prirent la place des plus misérables arguties; Montesquieu, Fontenelle, Astruc, Mairan, et tous les flambeaux de la science brillèrent aux mêmes lieux où régnaient les ténèbres épaisses d'une superstition étroite. La Bulle *Uni-*

genitus s'éclipsa devant l'*Esprit des lois*, et la protégée des jésuites devint la protectrice des philosophes.

Mais ce ne fut pas d'abord, comme l'ont dit quelques écrivains, pour se distraire des ennuis d'une vie agitée par de si longs orages, que madame de Tencin fit un appel à toutes les supériorités intellectuelles du siècle; il est permis de croire qu'elle y cherchait un nouveau moyen de le dominer, en s'entourant de toutes les puissances qui le maîtrisaient déjà. Il est hors de doute qu'elle fit servir leurs talens à une ambition que l'âge était loin d'avoir éteinte.

Ministre sans attributions, et dès lors sans crédit, son frère rêvait toujours la suprême puissance, et elle n'avait point renoncé à l'espoir de l'en décorer. Il en était réduit au rôle de tous les mécontens. Il écrivait souvent au roi, et lui faisait parvenir, sur la marche des affaires, de longs mémoires critiques qui n'étaient que de véritables placets. Quelquefois même il en lisait au conseil; et, bien qu'ils fissent peu d'impression sur les ministres dirigeans, on n'était pas moins frappé du talent distingué et de la hauteur de vues dont ils étaient empreints. Il s'était d'abord montré extrêmement médiocre, et on ne lui avait jamais soupçonné tant de génie, mais la société de sa sœur expliquait aisément le prodige.

Grimm raconte en effet, dans sa correspondance, que le jeune Mably ayant été admis chez madame de Tencin, dont sa famille était alliée, à peine elle l'eut entendu parler des affaires publiques, qu'elle jugea que c'était l'homme qu'il fallait à son frère pour conquérir l'influence dans le ministère où il venait d'entrer.

« Le cardinal, dit Grimm, sentait sa
» faiblesse dans le conseil; pour le tirer
» d'embarras, Mably lui persuada de de-
» mander au roi la permission de donner
» ses avis par écrit : c'était Mably qui
» préparait ses rapports et faisait ses mé-
» moires. Ce fut lui qui, en 1743, né-
» gocia secrètement à Paris avec le mi-
» nistre du roi de Prusse, et dressa le traité

» que Voltaire allait porter à ce prince.
» C'est une singularité digne de remar-
» que, que deux hommes de lettres, sans
» caractère public, fussent chargés de cette
» négociation qui allait changer la face de
» l'Europe. »

M. Auger, dans une notice pleine d'élégance et de goût sur cette femme célèbre, semble croire que la seconde moitié de sa vie fut aussi exempte d'intrigues que la première avait été troublée par les orages de l'ambition et de l'amour.

C'est de la part de ce critique exact une erreur qui ne peut s'expliquer que par cette séduction que le talent exerce même sur le jugement le plus sain ; on dirait que l'écrivain s'est cru transporté dans ces brillans salons, où l'habile magicienne avait su grouper toutes les célébrités littéraires de son temps, et qu'il s'est laissé captiver avec Fontenelle et avec Montesquieu.

Mais quand on a joué un rôle politique, quand on a mêlé son nom à toutes les intrigues et à tous les scandales de son temps, on ne doit pas s'attendre à le voir passer à la postérité pur de tout alliage ; le mérite le plus rare ne saurait absoudre des torts du caractère. Il est des taches que tous les succès ne sauraient couvrir, et il faut s'en féliciter, car il serait trop malheureux pour l'humanité et pour la gloire des lettres que le talent pût dispenser de la vertu. Aujourd'hui surtout que la littérature sert d'instrument à la politique, on ne saurait exercer une justice trop sévère contre les écrivains qui se prostituent aux plus honteuses passions, et qui ravalent le génie en le rendant tributaire du vice heureux ou de la médiocrité puissante. Il faut que les hommes de lettres sachent bien que, s'il n'est aucune lâcheté qu'un siècle corrompu ne récompense, il n'en est point que l'indépendant avenir ne flétrisse.

Il existe, de la main même de madame de Tencin, des preuves trop évidentes que l'âge n'avait point amorti cette ardeur pour l'intrigue, qu'elle avait su allier à toutes les jouissances d'une vie galante et dissipée. Il suffit de lire les lettres qu'elle adressait, en

1743, au duc de Richelieu, qui avait été, dit-on, l'Alcibiade de cette nouvelle Aspasie. C'est là que se trouve développée toute la théorie de la politique intérieure des cours, que paraissent à nu tous les ressorts honteux que font mouvoir les passions les plus viles, et qu'on voit l'ambition à l'affût de tous les vices pour se frayer un chemin à toutes les grandeurs.

Madame de Tencin était alors parvenue à sa soixante-deuxième année, et jamais tous les manéges d'un esprit inquiet et d'une activité turbulente n'éclatèrent avec moins de réserve que dans cette correspondance historique ; car elle a surtout le mérite de peindre une époque, et seule elle suffirait pour donner une idée de ce règne, qui semblait prendre à tâche d'élargir l'abîme où devait tomber la royauté.

On y voit percer le dépit d'une ambition trompée, et, ce qu'il y a de plus remarquable, c'est qu'en couvrant d'un juste mépris cette époque d'avilissement, l'auteur se dégrade lui-même par ses regrets et par ses espérances. Il est impossible de peindre sous de plus vives couleurs cette superbe nonchalance d'un monarque qui fermait les yeux pour s'épargner le spectacle des malheurs publics, et qui, dans son insouciance de l'avenir, semblait n'avoir reçu de ses ancêtres qu'une couronne viagère. Mais ce n'est point l'indignation d'un cœur français et d'une âme vertueuse qui éclate dans les plaintes de madame de Tencin, c'est le chagrin de ne point gouverner cette longue enfance du pouvoir royal et de voir dans d'autres mains les lisières qu'elle aurait voulu tenir dans les siennes ; ainsi, quand son courroux s'exhale contre Amelot, d'Argenson, Maurepas et tous les ministres dirigeans, elle n'éprouve d'autre peine que de voir la tutelle du trône exercée par les ennemis de son frère. Si elle parle de la violation du secret des lettres, ce n'est point cette action infâme qui la révolte, c'est le chagrin de ne pas voir tomber une mission aussi odieuse dans des mains qui lui soient dévouées ! Le faible et voluptueux monarque donne à ses sujets le scandale d'un amour illégitime, et madame de Tencin ne rêve qu'aux moyens de s'emparer de la sultane pour gouverner son royal amant. Toutes les ressources de son esprit se consument à unir le cardinal à la maîtresse, et à fonder la fortune d'un prêtre sur le succès d'un adultère.

On éprouve un profond dégoût en voyant le juge du vertueux Soanes aux genoux de la marquise de La Tournelle, et l'agent le plus actif, le plus dévoué de la cour de Rome, traîner la pourpre de l'église dans le boudoir de la favorite. C'étaient sans doute les mœurs de l'époque ; mais faut-il alors s'étonner du mépris où était tombé un pouvoir qui proscrivait la philosophie, et qui outrageait si cruellement la morale; qui voulait que le peuple fût religieux, et qui foulait aux pieds toutes les vertus publiques et privées? Ce ne sont pas les écrits chagrins des moralistes qu'il faut accuser du désenchantement des peuples. La condamnation de l'ancien régime est écrite dans les scandales qu'il nous a légués. Les archives des cours leur ont été plus funestes que tous les écrits des philosophes.

Tant d'efforts furent néanmoins infructueux ; l'influence du cardinal, dans les conseils, baissait de jour en jour, et la mort de la duchesse de Châteauroux vint lui ravir les honnêtes espérances qu'il avait fondées sur sa faveur. Madame de Pompadour, qui lui succéda, n'était pas d'un caractère si facile ; elle était femme à gouverner par elle-même le cœur et le royaume de son esclave couronné ; et madame de Tencin, qui sut la juger, ne renonça qu'alors à la brillante chimère qui avait rempli toute sa vie. Le cardinal, réduit à son premier rôle, ne fut plus à Paris que l'agent secret et dévoué de la cour de Rome ; la mort de madame de Tencin fut le terme de la vie politique du prélat ; séparé d'elle, il redevint ce que la nature l'avait fait, un homme faible et médiocre. Son génie s'éteignit avec sa sœur ; elle le devança dans la tombe, mais son pouvoir, dès long-temps chancelant, s'y ensevelit avec elle.

En 1751, il offrit à Louis XV la démission d'un ministère que dès long-temps il n'avait plus, et le monarque s'empressa de la recevoir. Une réponse froide et polie fut le prix de tous ses services et de toutes ses intrigues. Sa chute fut à peine remarquée; depuis le règne de la nouvelle favorite, il n'avait fait que tomber. Rome seule l'honora de quelques regrets. Le dernier espoir de la puissance ultramontaine en France s'évanouissait en lui; Benoît XIV, dont sa sœur avait été l'amie zélée et la fidèle correspondante, en exprime naïvement son déplaisir, dans une lettre qu'a publiée l'éditeur des *Mémoires de Saint-Simon*.

« Vous aviez l'oreille du roi, lui dit le
» pontife; après vous, qu'est-ce qui reste? A
» qui le pape peut-il écrire confidentielle-
» ment pour faire savoir à Sa Majesté ce
» qu'il faut qu'elle sache? Qui, dans le con-
» seil, voudra ou pourra parler pour nous
» dans les différentes occasions? Notre très-
» cher cardinal, nous vous conjurons de
» ne pas nous abandonner. Souvenez-vous
» qu'un bon soldat meurt sur la brèche. »

Cette pathétique exhortation fut en pure perte; Tencin, septuagénaire, s'exila dans son diocèse de Lyon ; la disgrâce du pouvoir le rendit à un troupeau dont il avait si long-temps oublié qu'il était le pasteur. Il faut lui rendre cette justice, qu'il s'y montra doux et tolérant, et qu'il y fut le protecteur de ces mêmes jansénistes qu'il avait toujours poursuivis. La persécution n'était plus un moyen de succès, il cessa d'être persécuteur.

Le maréchal de Richelieu racontait que passant à Lyon, pour se rendre à son commandement de Languedoc, il alla voir le cardinal de Tencin à sa maison de campagne, et qu'étant entré brusquement, il l'avait surpris en contemplation devant une jeune beauté demi-nue, dont les doigts se promenaient sur une harpe élégante, et qui charmait la vieille éminence des accens enchanteurs d'une musique voluptueuse. C'est justement à cette époque qu'il fulminait contre les encyclopédistes des mandemens, où il les dénonçait comme ennemis de la religion et des mœurs.

Les dernières années de madame de Tencin ne furent pas les moins brillantes de sa vie : elle ne chercha point dans la dévotion l'oubli des orages qui avaient agité sa jeunesse ; son âme n'avait point vieilli, elle avait conservé toute son énergie, et ce besoin d'activité qui ne saurait s'accommoder du calme monotone d'une vie contemplative. Elle s'était fait une autre cour de toutes les célébrités littéraires de son époque, elle en était en quelque sorte la reine, et n'ayant pu devenir la directrice des affaires de l'état, elle s'était résignée à tenir le sceptre de la philosophie et du bel-esprit.

La république des lettres a ses vanités, ses jalousies et ses cabales ; c'était toujours du mouvement. Elle y retrouvait encore l'image de ce monde politique où elle avait joué un si grand rôle. Douée d'un esprit brillant et délié, de ce ton exquis, de cette élégance de manières que donne une longue expérience des cours, initiée à tous les mystères du demi-siècle qui venait de s'écouler ; gracieuse, séduisante, riche de souvenirs, tenant une bonne maison, ayant une belle fortune dont elle faisait les honneurs avec autant de goût que de magnificence, elle n'eut pas de peine à fixer autour d'elle l'élite brillante des talens et des illustrations littéraires, et ses dernières années s'écoulèrent au milieu de toutes les jouissances des arts et de tous les plaisirs de l'esprit.

Marmontel a tracé, de sa société, l'esquisse suivante, qui peut en donner une juste idée :

« M. de La Popelinière, dit-il, me mena
» chez madame de Tencin pour lui lire
» ma tragédie d'*Aristomène*. L'auditoire
» était respectable. J'y vis rassemblés Mon-
» tesquieu, Fontenelle, Mairan, Marivaux,
» le jeune Helvétius, Astruc, je ne sais qui
» encore, tous gens de lettres ou savans, et
» au milieu d'eux une femme d'un esprit et
» d'un sens profond, mais qui, enveloppée
» dans son extérieur de bonhomie et de
» simplicité, avait plutôt l'air de la ména-
» gère que de la maîtresse de la maison.
» C'était là madame de Tencin. J'eus be-
» soin de tous mes poumons pour me faire
» entendre de Fontenelle ; et, quoique bien

» près de son oreille, il me fallait encore
» prononcer chaque mot avec force et à
» haute voix ; mais il m'écoutait avec tant
» de bonté, qu'il me rendait doux les ef-
» forts de cette lecture pénible.

» Elle fut, comme vous pensez bien,
» d'une monotonie extrême, sans inflexion,
» sans nuances. Cependant je fus honoré
» des suffrages de l'assemblée. J'eus même
» l'honneur d'être du dîner de madame de
» Tencin, et, dès ce jour-là, j'aurais été in-
» scrit sur la liste de ses convives, mais
» M. de La Popelinière n'eut pas de peine
» à me persuader qu'il y avait là trop d'es-
» prit pour moi, et en effet je m'aperçus
» bientôt qu'on y arrivait préparé à jouer
» son rôle ; et que l'envie d'entrer en scène
» n'y laissait pas toujours à la conversation
» la liberté de suivre son cours facile et na-
» turel. C'était à qui saisirait le plus vîte,
» et comme à la volée, le moment de pla-
» cer son mot, son conte, son anecdote,
» sa maxime ou son trait léger et piquant ;
» et pour amener l'à-propos, on le tirait
» quelquefois d'un peu loin. Dans Mari-

» vaux, l'impatience de faire preuve de fi-
» nesse et de sagacité, perçait visible-
» ment; Montesquieu, avec plus de calme,
» attendait que la balle vînt à lui, mais
» il l'attendait; Mairan guettait l'occasion;
» Astruc ne daignait pas l'attendre; Fonte-
» nelle seul la laissait venir sans la cher-
» cher; Helvétius, attentif et discret, re-
» cueillait pour semer un jour. »

Ce tableau piquant et dramatique de la société de madame de Tencin ressemble un peu à celui de tous les bureaux d'esprit; mais quelle réunion d'hommes célèbres! quel foyer de lumières et de génie! Toutes les supériorités sociales cherchaient alors à se mettre au niveau des supériorités intellectuelles; les titres que donne la naissance recherchaient l'alliance des titres que donne le talent; la cour était fière d'être admise aux petites entrées du Parnasse : c'était le siècle d'or des lettres et de la philosophie. De nos jours, quelques coteries sont restées avec tout ce que les anciennes avaient de ridicule, avec rien de ce qu'elles avaient d'illustre. Humble et inconstante solliciteuse de tous les pouvoirs du moment, la littérature, qui voyait les grands s'élever jusqu'à elle, s'abaisse sous le joug de la protection dégradante des commis. Les académies recherchent les preuves de mérite dans les preuves de noblesse, et le blazon des grandes familles est désormais le livre où elles trouvent la raison de leurs choix. A peine de loin en loin notre institut, par un reste de pudeur, fait quelques sacrifices aux muses; l'opinion est une puissance qui ne donne ni place ni pension, et c'est la seule que n'encensent pas les représentans officiels des lettres. Sous le dernier siècle, elles étaient un noble véhicule. Le nôtre n'a voulu en faire qu'un flexible instrument; et, en abdiquant leur indépendance, elles ont perdu leur éclat et leur dignité.

Marmontel, dans le passage de ses Mémoires qui vient d'être cité, ne nous fait connaître que la société de madame de Tencin. Il en est un autre, non moins curieux, où il la peint elle-même, et qui donne une juste idée du caractère de cette femme extraordinaire.

« J'allais, dit-il, voir quelquefois tête
» à tête madame de Tencin à sa maison
» de campagne de Passy. Je m'étais refusé
» à l'honneur d'être admis à ses dîners de
» gens de lettres ; mais lorsqu'elle venait se
» reposer dans sa retraite, j'allais y passer
» avec elle les momens où elle était seule, et
» je ne puis exprimer l'illusion que me fai-
» sait son air de nonchalance et d'abandon.
» Madame de Tencin, la femme du royau-
» me qui dans sa politique remuait le
» plus de ressorts à la ville et à la cour,
» n'était pour moi qu'une vieille indolente.
» Vous n'aimez pas, me disait-elle, ces
» assemblées de beaux-esprits ; leur pré-
» sence vous intimide ; eh bien ! venez
» causer avec moi dans ma solitude, vous
» y serez plus à votre aise, et votre natu-
» rel s'accommodera mieux de mon épais
» bon sens. Elle me faisait raconter mon
» histoire dès mon enfance, entrait dans
» tous mes intérêts, s'affectait de tous mes
» chagrins, raisonnait avec moi mes vues

» et mes espérances, et semblait n'avoir
» dans la tête autre chose que mes soucis.
» Ah! que de finesse d'esprit, de souplesse
» et d'activité, cet air naïf, cette appa-
» rence de calme et de loisir ne me ca-
» chaient-ils pas? Je ris encore de la sim-
» plicité avec laquelle je m'écriais en
» la quittant : *La bonne femme!* Le
» fruit que je tirai de ses conversations,
» sans m'en apercevoir, fut une connais-
» sance du monde plus saine et plus ap-
» profondie. Par exemple, je me souviens
» de deux conseils qu'elle me donna : l'un
» fut de m'assurer une existence indépen-
» dante des succès littéraires, et de ne
» mettre à cette loterie que le superflu de
» mon temps. Malheur, me disait-elle,
» à qui attend tout de sa plume; rien de
» plus casuel. L'homme qui fait des sou-
» liers est sûr de son salaire; l'homme qui
» fait un livre ou une tragédie n'est jamais
» sûr de rien.

» L'autre conseil fut de me faire des
» amies plutôt que des amis; car au moyen
» des femmes, disait-elle, on fait tout ce

» qu'on veut des hommes, et puis ils sont
» les uns trop dissipés, les autres trop
» préoccupés de leurs intérêts personnels
» pour ne pas négliger les vôtres, au lieu
» que les femmes y pensent, ne fût-ce que
» par oisiveté. Parlez ce soir à votre amie
» de quelque affaire qui vous touche ; de-
» main à son rouet, à sa tapisserie, vous
» la trouverez y rêvant, cherchant dans sa
» tête le moyen de vous servir. Mais de
» celle que vous croirez pouvoir vous être
» utile, gardez-vous bien d'être autre chose
» que l'ami ; car, entre amans, dès qu'il
» survient des nuages, des brouilleries, des
» ruptures, tout est perdu. Soyez donc
» auprès d'elle assidu, complaisant, galant
» même si vous voulez, mais rien de plus,
» entendez-vous ?

» Ainsi, dans nos entretiens, le naturel
» de son langage m'en imposait si bien, que
» je ne pris jamais son esprit que pour du
» bon sens. »

On retrouve dans ce portrait madame de Tencin telle qu'elle est dépeinte dans cette Notice. On y voit cet art de s'insinuer dans la confiance, cette séduction qui sait entrer dans tous les cœurs, et cette longue expérience d'une vie agitée par les intrigues et les passions les plus orageuses. Les conseils qu'elle donne aux gens de lettres de s'assurer d'abord une honorable indépendance sont extrêmement sages, et le sont peut-être plus encore aujourd'hui qu'à l'époque dont parle Marmontel; car la littérature ne dépendait alors que du public, maître en effet bien capricieux et bien inconstant, et de nos jours elle est sous la tutelle mille fois plus ombrageuse et plus despotique d'un pouvoir qui n'encourage que pour corrompre, et qui persécute tout ce qui refuse d'être corrompu.

A la vérité il est un certain nombre de littérateurs qui savent fort bien se mettre à l'abri des inconvéniens que signale madame de Tencin; leurs ouvrages sont d'avance assurés et, comme ils font un livre de même qu'on fait une paire de souliers, ils sont toujours sûrs de leur salaire.

Marmontel, d'après son récit, ne semble pas profondément convaincu de la bonté de madame de Tencin; on dirait qu'il se reproche d'avoir été un instant la dupe de cet air de nonchalance et d'abandon qu'elle affectait dans ses entretiens intimes. L'abbé Trublet a dit, sur cette femme célèbre, un mot plus caractéristique. On vantait un jour devant lui son affabilité et sa douceur : « Oui, dit-il, si elle » avait intérêt de vous empoisonner, elle » choisirait le poison le plus doux. » Il y a dans cette saillie une cruauté qui décèle le ressentiment d'une vanité blessée, et rien n'est si implacable que l'orgueil d'un homme de lettres renforcé de tout celui d'un homme d'église.

Duclos, qu'on ne saurait accuser de partialité pour madame de Tencin, la présente sous un aspect moins odieux; il assure qu'elle était aussi ardente dans ses amitiés que dans ses haines, et ce caractère explique très-bien l'empire qu'elle exerça sur les hommes de lettres de son temps. Les gens médiocres la recherchaient parce qu'ils en avaient besoin, et les gens de mérite parce qu'ils en avaient peur. Ce qui est honorable pour elle, c'est la constance de Fontenelle, qui resta son ami après tant d'aventures qui auraient dû l'éloigner d'elle; il est vrai qu'il n'était pas homme à se tourmenter d'une infidélité, et qu'il n'a jamais pu être assez amoureux pour être jaloux. Il savait que les passions ardentes usent la vie, et il a voulu vivre long-temps. Personne ne pouvait le mieux connaître que madame de Tencin; aussi disait-elle un jour en lui posant la main sur le cœur: « Ce n'est pas un cœur que vous avez là, » mon cher Fontenelle, c'est de la cervelle » comme dans la tête. »

On a cité d'elle une multitude de mots, à la fois piquans et profonds, qui prouvent qu'elle avait bien observé cette scène du monde sur laquelle elle avait joué un si grand rôle. « Les gens d'esprit, disait-elle, » font beaucoup de fautes en conduite » parce qu'ils ne croient jamais le monde » assez bête, aussi bête qu'il est. »

Elle leur donnait deux fois par semaine des dîners où régnait une aimable liberté et dont elle faisait les honneurs avec cette aisance, avec ce ton exquis que donnent l'habitude de la meilleure compagnie et cette facilité de mœurs qui caractérisait l'époque où commença sa célébrité.

On a fait beaucoup de bonnes et de mauvaises plaisanteries sur les petits présens à l'aide desquels elle entretenait l'amitié des gens d'esprit, que, par une piquante contre-vérité, elle appelait *ses bêtes*. Au premier jour de l'an, elle les gratifiait tous de deux aunes de velours, et cette générosité bizarre, il est vrai, a donné lieu à une multitude de quolibets d'assez mauvais goût. Quelques critiques ont fait éclater contre cette distribution gratuite, un courroux qui a quelque chose de trop sérieux et de trop pédantesque.

Il faut être de bien mauvaise humeur pour s'armer d'une lourde massue contre un de ces usages de société dont l'origine est presque toujours fort innocente. Il y avait du moins, il faut en convenir, un véritable esprit d'égalité dans les singulières étrennes que donnait madame de Tencin car elles étaient les mêmes pour toutes les fortunes et pour tous les rangs. Certes, ce n'était pas là un grand moyen de corruption ; on s'entend mieux maintenant à séduire les gens d'esprit, et s'il en est quelques-uns qui croient que c'est même trop de deux aunes de velours, le plus grand nombre trouverait probablement que ce n'est pas assez.

Avec une imagination si ardente et un esprit si distingué, il était difficile que madame de Tencin se bornât à être la protectrice des lettres et qu'elle ne les cultivât pas elle-même. Héroïne de tant de romans, elle devait se livrer de préférence à l'attrait d'un genre de composition qui a illustré tant de personnes de son sexe, et qui exigeant surtout une observation exacte de la société, et une connaissance profonde des passions les plus orageuses de la vie, lui ouvrait une carrière où tous les succès seraient faciles à son esprit et à son expérience.

Les ouvrages qu'elle a laissés ont été jugés dignes de figurer parmi les modèles du genre, et c'est déjà avoir jugé leur mérite que de les avoir placés dans la même collection que les romans de madame de La Fayette. La Harpe, dans son Cours de Littérature, a aussi fait ce rapprochement honorable pour madame de Tencin. Après avoir fait l'éloge le plus complet et le plus mérité de *la Princesse de Cleves*, il ajoute : « Il n'a été donné qu'à une autre femme » de peindre un siècle après, avec un succès » égal, l'amour luttant contre les obsta- » cles et la vertu. »

C'est à propos du *Comte de Comminges* qu'il s'exprimait ainsi, et c'est à coup sûr le chef-d'œuvre de son auteur. Il est peu de romans qui produisent des émotions si vives et si profondes, et qui offrent en même temps des leçons plus utiles. La mort sublime d'Adélaïde, ses adieux à l'objet infortuné de son amour, offrent un des tableaux les plus pathétiques et les plus déchirans qu'il soit possible de tracer ; aussi cette catastrophe a-t-elle inspiré à Dorat une héroïde, et à d'Arnaud-Baculard un drame qui, joué dans les premières années de la révolution, a fait couler des larmes abondantes sur tous les théâtres du royaume. Cet ouvrage dramatique, d'ailleurs assez pauvrement conçu et assez médiocrement écrit, n'a dû la vogue qu'il a obtenue qu'au seul mérite du sujet, et toute la gloire de son succès revient de droit à madame de Tencin

Les Malheurs de l'amour et *le Siége de Calais* ne sont pas d'une lecture moins attachante; les épisodes y sont peut-être un peu prodigués, mais ils se rattachent au fond du sujet avec tant d'art qu'ils augmentent l'intérêt alors même qu'ils semblent le suspendre; les caractères sont tracés avec vigueur, ceux de Barbazan et du comte de Canaple sont d'un pinceau original et gracieux. Il y a dans ces deux romans un tumulte d'événemens et de passions qui ne laisse pas un instant le lecteur en repos, et qui cependant ne produit jamais d'obscurité et de confusion. On dirait que l'auteur a mis dans ses ouvrages, toute l'activité de sa vie et tous les orages de son cœur. Une demi-teinte de volupté en révèle souvent les tendres faiblesses, mais un goût exquis n'en laisse paraître que ce qui n'est pas de nature à effaroucher la pudeur. On voit que si madame de Tencin a vécu dans la société de Dubois, elle a passé sa vie dans l'intimité de Fontenelle.

Il faut avouer que c'est une situation un peu scabreuse que celle du comte de Canaple, qu'une méprise nocturne met dans les bras de la vertueuse madame de Granson; c'est le bonheur de cet amant qui est la source de toutes ses peines; il l'expose à autant de traverses que les héros de roman en éprouvent ordinairement pour jouir de la faveur qu'il a obtenue. On assure que cet ouvrage est dû à la gageure qu'avait faite madame de Tencin de commencer un roman par où les autres le finissent. C'est un tour de force dont elle s'est tirée avec un art infini; il est vrai que c'est de cette manière que presque tous les romans commençaient sous la Régence.

Elle n'a point fini son dernier ouvrage intitulé : *Anecdotes de la cour et du* règne d'*Edouard II*, roi d'*Angleterre*. Il a été achevé par madame Élie de Beaumont qui en a fait la troisième partie. Ce n'est pas une chose facile de reprendre le fil d'une composition au secret de laquelle le premier auteur n'a point initié celui qui la continue, d'imiter si parfaitement sa manière et son style que l'œil le plus exercé ne puisse y apercevoir aucune différence. Madame Élie de Beaumont a complétement vaincu cette difficulté.

Les ouvrages de madame de Tencin n'ont paru qu'après sa mort. La malignité, ou plutôt l'envie de quelques écrivains, qui a toujours voulu dérober aux femmes célèbres une partie de leur gloire littéraire, n'a pas manqué de publier que les romans de madame de Tencin appartenaient à ses nombreux amis, et la société au sein de laquelle elle a terminé sa vie leur a servi de prétexte pour donner quelque poids à cette injuste accusation. Quelques auteurs, plus impartiaux, croient seulement qu'elle a été aidée par son neveu Pont de Veyle; mais cette allégation ne repose sur aucune preuve, et n'a d'ailleurs rien de vraisemblable, car il n'y a aucune espèce d'analogie entre les romans de madame de Tencin et le genre de talent qu'a montré Pont de Veyle dans *le Somnambule*, *le Fat puni*, *le Complaisant*, et quelques autres bagatelles échappées à sa plume.

Cet écrivain était fils de madame de Ferriol, sœur de madame de Tencin, qui avait épousé un receveur général des finances du Dauphiné, et qui, sans jouer à Paris un aussi grand rôle que la Chanoinesse, fut cependant mêlée dans quelques intrigues de son temps. Elle était fort liée avec lord Bolingbroke, qui lui a adressé un grand nombre de lettres, et c'est par le crédit de ce seigneur étranger qu'elle fit obtenir à son frère l'abbé la riche abbaye d'*Abondance* qui dépendait de l'évêché de Genève, et qui était à la nomination du duc de Savoie.

Madame de Ferriol eut deux fils, Pont de Veyle, et d'Argental devenu si célèbre par l'amitié et la correspondance de Voltaire. L'éditeur des œuvres de Bolingbroke prétend que le comte de Comminges a été écrit par d'Argental, mais on ne sait sur quelle autorité il appuie cette assertion qui est tout-à-fait invraisemblable.

D'après l'auteur de l'*Histoire de Paris*, madame de Tencin avait composé, dans sa jeunesse, un autre ouvrage qui n'a pas été imprimé et qui ne le sera vraisemblablement jamais. Il avait pour titre : *La Chronique scandaleuse du genre humain*, et c'est le cardinal Dubois qui, voulant plonger de plus en plus le régent dans la débauche, avait donné à madame de Tencin l'idée de ce singulier ouvrage. Elle avait recherché dans les Annales de la Grèce et de Rome tout ce qu'il y avait de plus voluptueux dans les fêtes des courtisanes, et en avait formé un tableau capable de réveiller les sens engourdis du prince et de lui faire désirer la représentation de ces spectacles impudiques. Le duc de Richelieu parle de ce livre comme existant, et assure même l'avoir lu.

Madame de Tencin mourut le 4 décembre 1749, à l'âge de 68 ans, et termina dans le sein des lettres et de l'amitié une carrière qui avait été agitée par tant d'intrigues et par tant de scandales. On a recueilli, dans cette Notice, tous les faits qui se rattachent au rôle qu'elle a joué sur la scène du monde. Comme le nom de cette femme célèbre se trouve mêlé à toute l'histoire de son temps, et que son influence ou son crédit ont fait mouvoir presque tous les ressorts secrets des événemens qui se sont passés sous la Régence et sous une grande partie du règne de Louis XV, il a paru indispensable de jeter un coup d'œil rapide sur deux époques où elle a figuré d'une manière si remarquable. Son frère occupe une grande partie de ce travail, mais on ne peut écrire la vie de l'un sans tracer à la fois celle de l'autre, et leurs noms sont inséparables.

La mémoire de madame de Tencin n'est pas à l'abri de reproches; on n'a dissimulé ni ses défauts, ni ses faiblesses; et, quelque enclin que soit un éditeur à peindre sous des couleurs flatteuses l'écrivain dont il publie les ouvrages, on a pensé que la vérité historique était due aux personnages qui, comme madame de Tencin, appartiennent à l'histoire.

Les grâces de son esprit doivent rendre la postérité indulgente sur les torts de sa conduite. Nous lui devons des compositions charmantes, et nous lui devons d'Alembert.

Étienne.

NOTES.

N°. I.

TESTAMENT DE M. DE LAFRESNAYE.

Sur l'avis et les menaces que m'a faites depuis long-temps madame de Tencin, de m'assassiner ou de me faire assassiner, ce que j'ai même cru qu'elle exécuterait il y a quelques jours, sur ce qu'elle m'emprunta un de mes pistolets de poche que j'ai eu le courage de lui donner; et comme, de ma connaissance particulière elle a fait tout ce qu'elle a pu pour faire assassiner M. de Nocé, et que son caractère la rend capable des plus grands crimes, j'ai cru que la précaution de faire mon testament, ainsi qu'il suit, était raisonnable.

Je déclare que je veux vivre et mourir dans la foi catholique, apostolique et romaine, dans laquelle je persévérerai jusqu'au dernier moment de ma vie.

J'ai le cœur pénétré de la plus vive douleur en voyant que mon bien suffit à peine pour payer mes dettes. J'ai perdu plus de cinq cent mille livres pendant le cours de l'année 1725, et depuis ce temps j'ai vécu dans la plus grande économie, me plaignant même le nécessaire pour tâcher de purger mes dettes. J'ai rempli enfin ce qu'exigeait de moi la probité. J'en prends à témoin tous ceux avec lesquels j'ai vécu.

Je déclare que M. Cotin n'a crédité de quatrevingt-mille livres reçues de M. de Saint-Mars, sans que M. de Saint-Mars l'ait approuvé dans aucun temps; ainsi M. Cotin n'est débiteur de M. de Saint-Mars de cette partie. C'est un témoignage que j'ai toujours cru devoir à la vérité.

Madame de Tencin a, à moi appartenant, entre ses mains, un certificat de dix actions primées par le sieur Chabert pour mon compte, ainsi qu'il l'a déclaré. Outre cela, elle a le transport d'un contrat de cinquante mille livres sur l'île de Rhé, que j'ai acquis de M. Poncet et mis sous son nom. M. Jourdain, qui a passé le contrat, a fait passer la contre-lettre à mon profit. Elle a un contrat de quarante-cinq mille livres, ou du moins une obligation passée par Massuau à mon profit, dont je lui ai fait un transport simulé. M. Chèvre, qui a passé le transport, a fait faire la contre-lettre; l'un et l'autre le déclareront. Je lui ai remis le total entre ses mains, aussi-bien qu'un billet de quarante mille livres, dont je n'ai reçu aucune valeur, parce que ce dépôt, me disait-elle, la rendrait sûre de moi. Elle est coutumière du fait. On trouvera dans mes papiers une protestation contre un billet de deux cent mille

livres qu'elle m'avait fait faire, qui a été remis à
M. Cotin. Je joins, à ce testament, une lettre
qu'elle écrivit audit sieur Cotin, dans le temps d'une
querelle que j'eus avec elle; cette lettre prouve le
commerce qu'il y a entre elle et moi. Quand j'ai voulu
retirer mes effets d'entre ses mains, j'ai été surpris
de trouver une scélérate qui m'a dit qu'elle ne me
rendrait rien que je ne lui eusse payé le billet de quarante mille livres, que c'était le moindre paiement
qu'elle pût recevoir pour avoir couché avec moi. Cette
misérable a eu pour moi les façons les plus indignes, et
si monstrueuses que le souvenir m'en fait frémir : mépris public, noirceurs, cruautés, tout cela est trop
faible pour exprimer la moitié de tout ce que j'ai
essuyé; mais sa grande haine est venue de ce que
je l'ai surprise, il y a un an, me faisant infidélité
avec Fontenelle, son vieil amant, et de ce que j'ai
découvert qu'elle avait, avec son neveu d'Argental,
le même commerce qu'avec moi. Cette infâme a
couché avec moi pendant quatre ans, au vu et au
su de tous ses domestiques, d'une partie de ses parens et de ses amis; et après cela, elle n'a pas eu
honte de me traiter publiquement comme un valet,
et par ses friponneries m'a mis hors d'état de payer
mes dettes, sans jamais s'être souvenu un instant
qu'elle seule avait causé ma ruine, pour m'avoir lié
avec des fripons, avec lesquels pourtant elle ne
s'est jamais entendue, comme on l'a soupçonné.

Je finis en réclamant la justice de M. le Duc et
celle de M. le garde-des-sceaux. Ils ne doivent pas

souffrir que cette malheureuse continue plus longtemps sa vie infâme. Elle est entrée religieuse au couvent de Mont-Fleuri, près Grenoble; ils doivent l'obliger d'y retourner, pour faire pénitence de ses péchés.

Les déclarations que je fais par le présent testament m'ont paru nécessaires pour l'intérêt de mes créanciers. Je prends Dieu à témoin qu'elles sont dans l'exacte vérité, et que la passion ne m'y a rien fait ni changer ni ajouter.

Paris, le 18 février 1726.

Signé LAFRESNAYE.

N°. II.

Air *des Pèlerins de Saint-Jacques.*

Te passerai-je sous silence,
  Sœur de Tencin?
Monstre enrichi par l'impudence
  Et le larcin,
Vestale peu rebelle aux lois
  De Cythérée;
Combien méritas-tu de fois
  D'être vive brûlée?

Toujours chez toi, vieille Rhodope,
  Furent reçus
Les favoris de Calliope
  Et de Plutus.

Jamais ta belle âme à l'argent
    Ne fut rebelle;
Et ce ne fut que l'indigent
    Qui te trouva cruelle.

Écoute ma preuve, elle est vraie,
    Sans contredit :
Tant que l'insensé Lafresnaye
    Eut du crédit,
Tant que l'argent chez lui roulait,
    Il sut te plaire.
N'eut-il plus rien, un pistolet
    Vint bientôt t'en défaire.

Tu diras, sans doute, âme noire,
    Qu'il se tua :
Sans examen, je veux le croire;
    Que fait cela,
S'il n'eût par ta cupidité
    Fait sa ruine?
C'est donc toujours la vérité,
    Que ta main l'assassine.

Je connais bien d'autres victimes,
    Ame sans foi,
Que vous égorgez par vos crimes,
    Ton frère et toi.
Vos noires fourbes font périr
    De saintes filles,
Dont les bienfaits pourraient nourrir
    Mille pauvres familles.

Pour Tencin la pourpre romaine
 A des appas;
Le chemin qu'il a pris y mène
 Nos renégats.
De Dubois il a les vertus
 Et l'opulence;
Il soutient l'*Unigenitus*,
 Il doit être éminence.

Pour sa sœur, qu'elle aille à Cythère;
 Ce seul endroit
Peut lui fournir le monastère
 Qu'il lui faudrait.
Elle est un peu vieille à présent
 Pour chanoinesse :
Mais des novices du couvent
 Elle sera maîtresse

MÉMOIRES

DU

COMTE DE COMMINGE.

MÉMOIRES

DU

COMTE DE COMMINGE.

Je n'ai d'autre dessein, en écrivant les mémoires de ma vie, que de rappeler les plus petites circonstances de mes malheurs, et de les graver encore, s'il est possible, plus profondément dans mon souvenir.

La maison de Comminge, dont je sors, est une des plus illustres du royaume. Mon bisaïeul, qui avait deux garçons, donna au cadet des terres considérables, au préjudice de l'aîné, et lui fit prendre le nom de marquis de Lussan. L'amitié des deux frères n'en fut point altérée ; ils voulurent même que leurs enfans fussent élevés ensemble ; mais cette éducation commune, dont l'objet était de les unir, les rendit au contraire ennemis presqu'en naissant.

Mon père, qui était toujours surpassé dans ses exercices par le marquis de Lussan, en conçut une jalousie qui devint bientôt de la haine; ils avaient souvent des disputes; et, comme mon père était toujours l'agresseur, c'était lui qu'on punissait. Un jour qu'ils s'en plaignait à l'intendant de notre maison : Je vous donnerai, lui dit cet homme, les moyens d'abaisser l'orgueil de M. de Lussan : tous les biens qu'il possède vous appartiennent par une substitution, et votre grand-père n'a pu en disposer. Quand vous serez le maître, ajouta-t-il, il vous sera aisé de faire valoir vos droits.

Ce discours augmenta encore l'éloignement de mon père pour son cousin. Leurs disputes devenaient si vives, qu'on fut obligé de les séparer. Ils passèrent plusieurs années sans se voir, pendant lesquelles ils furent tous deux mariés. Le marquis de Lussan n'eut qu'une fille de son mariage, et mon père n'eut aussi que moi.

A peine fut-il en possession des biens de la maison, par la mort de mon grand-père, qu'il voulut faire usage des avis qu'on lui avait donnés. Il chercha tout ce qui pouvait établir ses droits ; il rejeta plusieurs propositions d'accommodement ; il intenta un procès qui n'allait pas à moins qu'à dépouiller le marquis de Lussan de tout son bien. Une malheureuse rencontre qu'ils eurent un jour à la chasse acheva de les rendre irréconciliables. Mon père, toujours vif et plein de sa haine, lui dit des choses piquantes sur l'état où il prétendait le réduire. Le marquis, quoique naturellement d'un caractère doux, ne put s'empêcher de répondre. Ils mirent l'épée à la main ; la fortune se déclara pour M. de Lussan ; il désarma mon père, et voulut l'obliger à lui demander la vie : Elle me serait odieuse, si je te la devais, lui dit mon père. Tu me la devras malgré toi, répondit M. de Lussan, en lui jetant son épée et en s'éloignant.

Cette action de générosité ne toucha point mon père : il sembla, au contraire, que sa haine était augmentée par la double victoire que son ennemi avait remportée sur lui ; aussi continua-t-il avec plus de vivacité que jamais les poursuites qu'il avait commencées.

Les choses étaient en cet état quand je revins des voyages qu'on m'avait fait faire après mes études.

Peu de jours après mon arrivée, l'abbé de R..., parent de ma mère, donna avis à mon père que les titres d'où dépendait le gain de son procès étaient dans les archives de l'abbaye de R..., où une partie des papiers de notre maison avait été transportée pendant les guerres civiles.

Mon père était prié de garder un grand secret, de venir lui-même chercher ses papiers, ou d'envoyer une personne de confiance à qui on pût les remettre.

Sa santé, qui était alors mauvaise, l'obligea à me charger de cette commission. Après m'en avoir exagéré l'importance : Vous allez, me dit-il, travailler pour vous plus que pour moi ; ces biens vous appartiendront ; mais, quand vous n'auriez nul intérêt, je vous crois assez bien né pour partager mon ressentiment et pour m'aider à tirer vengeance des injures que j'ai reçues.

Je n'avais nulle raison de m'opposer à ce que mon père désirait de moi ; aussi l'assurai-je de mon obéissance.

Après m'avoir donné toutes les instructions qu'il crut nécessaires, nous convînmes que je prendrais le nom de marquis de Longaunois, pour ne donner aucun soupçon dans l'abbaye, où madame de Lussan avait plusieurs parens. Je partis, accompagné d'un vieux domestique de mon père et de mon valet de chambre. Je pris le chemin de l'abbaye de R... ; mon voyage fut heureux. Je trouvai dans les archives les titres qui établissaient incontestablement la substitution dans notre maison ; je l'écrivis à mon père ; et, comme j'étais près de Bagnères, je lui demandai la permission d'y aller passer le temps des eaux. L'heureux succès de mon voyage lui donna tant de joie, qu'il y consentit.

J'y parus encore sous le nom de marquis de Longaunois; il aurait fallu plus d'équipage que je n'en avais pour soutenir la vanité de celui de Comminge. Je fus mené, le lendemain de mon arrivée, à la fontaine. Il règne dans ces lieux-là une gaieté et une liberté qui dispensent de tout le cérémonial : dès le premier jour, je fus admis dans toutes les parties de plaisir; on me mena dîner chez le marquis de La Valette, qui donnait une fête aux dames; il y en avait déjà quelques-unes d'arrivées que j'avais vues à la fontaine, et à qui j'avais débité quelques galanteries, que je me croyais obligé de dire à toutes les femmes. J'étais près d'une d'elles, quand je vis entrer une femme bien faite, suivie d'une fille qui joignait à la plus parfaite régularité des traits l'éclat de la plus brillante jeunesse. Tant de charmes étaient encore relevés par son extrême modestie. Je l'aimai dès ce premier moment, et ce moment a décidé de toute ma vie. L'enjouement que j'avais eu jusque-là disparut, je ne pus plus faire autre chose que la suivre et la regarder. Elle s'en aperçut, et en rougit. On proposa la promenade : j'eus le plaisir de donner la main à cette aimable personne. Nous étions assez éloignés du reste de la compagnie pour que j'eusse pu lui parler; mais moi qui, quelques momens auparavant, avais toujours eu les yeux attachés sur elle, à peine osai-je les lever quand je fus sans témoin ; j'avais dit jusque-là à toutes les femmes, même plus que je ne sentais ; je ne sus plus que me taire, aussitôt que je fus véritablement touché.

Nous rejoignîmes la compagnie, sans que nous eussions prononcé un seul mot, ni l'un ni l'autre ; on ramena les dames chez elles, et je revins m'enfermer chez moi. J'avais besoin d'être seul pour jouir de mon trouble et d'une certaine joie qui, je crois, accompagne toujours le commencement de l'amour. Le mien m'avait rendu si timide, que je n'avais osé demander le nom de celle que j'aimais ; il me semblait que ma curiosité allait trahir le secret de mon cœur : mais que devins-je, quand on me nomma la fille du comte de Lussan ! Tout ce que j'avais à redouter de la haine de nos pères se présenta à mon esprit ; mais, de toutes les réflexions, la plus accablante fut la crainte que l'on n'eût inspiré à Adélaïde (c'était le nom de cette belle fille) de l'aversion pour tout ce qui portait le mien. Je me sus bon gré d'en avoir pris un autre ; j'espérais qu'elle connaîtrait mon amour sans être prévenue contre moi ; et que, quand je lui serais connu moi-même, je lui inspirerais du moins de la pitié.

Je pris donc la résolution de cacher ma véritable condition encore mieux que je n'avais fait, et de chercher tous les moyens de plaire; mais j'étais trop amoureux pour en employer d'autre que celui d'aimer. Je suivais Adélaïde partout : je souhaitais avec ardeur une occasion de lui parler en particulier, et, quand cette occasion tant désirée s'offrait, je n'avais plus la force d'en profiter. La crainte de perdre mille petites libertés dont je jouissais, me retenait; et ce que je craignais encore plus, c'était de déplaire.

Je vivais de cette sorte, quand, nous promenant un soir avec toute la compagnie, Adélaïde laissa tomber en marchant un bracelet où tenait son portrait. Le chevalier de Saint-Odon, qui lui donnait la main, s'empressa de le ramasser, et, après l'avoir regardé assez long-temps, le mit dans sa poche. Elle le lui demanda d'abord avec douceur; mais, comme il s'obstinait à le garder, elle lui parla avec beaucoup de fierté. C'était un homme d'une jolie figure, que quelque aventure de galanterie, où il avait réussi, avait gâté. La fierté d'Adélaïde ne le déconcerta point. Pourquoi, lui dit-il, mademoiselle, voulez-vous m'ôter un bien que je ne dois qu'à la fortune? J'ose espérer, ajouta-t-il, en s'approchant de son oreille, que, quand mes sentimens vous seront connus, vous voudrez bien consentir au présent qu'elle vient de me faire ; et, sans attendre la réponse que cette déclaration lui aurait sans doute attirée, il se retira.

Je n'étais pas alors auprès d'elle ; je m'étais arrêté un peu plus loin avec la marquise de La Valette ; quoique je ne la quittasse que le moins qu'il me fût possible, je ne manquais à aucune des attentions qu'exigeait le respect infini que j'avais pour elle ; mais, comme je l'entendis parler d'un ton plus animé qu'à l'ordinaire, je m'approchai ; elle contait à sa mère, avec beaucoup d'émotion, ce qui venait d'arriver. Madame de Lussan en fut aussi offensée que sa fille. Je ne dis mot ; je continuai même la promenade avec les dames ; et, aussitôt que je les eus remises chez elles, je fis chercher le chevalier. On le trouva chez lui ; on lui dit de ma part que je l'attendais dans un endroit qui lui fut indiqué ; il y vint. Je suis persuadé, lui dis-je en l'abordant, que ce qui vient de se passer à la promenade est une plaisanterie ; vous êtes un trop galant homme pour vouloir garder le portrait d'une femme malgré elle. Je ne sais, me répliqua-t-il, quel intérêt vous pouvez y prendre ; mais je sais bien que je ne souffre pas volontiers des conseils. J'espère, lui dis-je, en mettant l'épée à la main, vous obliger de cette façon à recevoir les miens. Le chevalier était brave, nous nous battîmes quelque temps avec assez d'égalité ; mais il n'était pas animé comme moi par le désir de rendre service à ce qu'il aimait. Je m'abandonnai sans ménagement ; il me blessa légèrement en deux endroits ; il eut à son tour deux grandes blessures, je l'obligeai de demander la vie et de me rendre le portrait. Après l'avoir aidé à se relever, et l'avoir conduit dans une maison qui était à deux pas de là, je me retirai chez moi, où, après m'être fait panser, je me mis à considérer le portrait, à le baiser mille et mille fois. Je savais peindre assez joliment : il s'en fallait cependant beaucoup que je fusse habile ; mais de quoi l'amour ne vient-il pas à bout ? J'entrepris de copier ce portrait ; j'y passai toute la nuit, et j'y réussis si bien, que j'avais peine moi-même à distinguer la copie de l'original. Cela me fit naître la pensée de substituer l'un à l'autre ; j'y trouvais l'avantage d'avoir celui qui avait appartenu à Adélaïde, et de l'obliger, sans qu'elle le sût, à me faire la faveur de porter mon ouvrage. Toutes ces choses sont considérables quand on aime, et mon cœur en savait bien le prix.

Après avoir ajusté le bracelet de façon que mon vol ne pût être découvert, j'allai le porter à Adélaïde. Madame de Lussan me dit sur cela mille choses obligeantes. Adélaïde parla peu ;

elle était embarrassée; mais je voyais à travers cet embarras la joie de m'être obligée, et cette joie m'en donnait à moi-même une bien sensible. J'ai eu dans ma vie quelques-uns de ces momens délicieux; et si mes malheurs n'avaient été que des malheurs ordinaires, je ne croirais pas les avoir trop achetés.

Cette petite aventure me mit tout-à-fait bien auprès de madame de Lussan; j'étais toujours chez elle; je voyais Adélaïde à toutes les heures, et, quoique je ne lui parlasse pas de mon amour, j'étais sûr qu'elle le connaissait, et j'avais lieu de croire que je n'étais pas haï. Les cœurs aussi sensibles que les nôtres s'entendent bien vite, tout est expressif pour eux.

Il y avait deux mois que je vivais de cette sorte, quand je reçus une lettre de mon père qui m'ordonnait de partir; cet ordre fut un coup de foudre. J'avais été occupé tout entier du plaisir de voir et d'aimer Adélaïde; l'idée de m'en éloigner me fut toute nouvelle: la douleur de m'en séparer, les suites du procès qui était entre nos familles, se présentèrent à mon esprit avec tout ce qu'elles avaient d'odieux. Je passai la nuit dans une agitation que je ne puis exprimer. Après avoir fait cent projets qui se détruisaient l'un l'autre, il me vint tout d'un coup dans la tête de brûler les papiers que j'avais entre les mains, et qui établissaient nos droits sur les biens de la maison de Lussan. Je fus étonné que cette idée ne me fût pas venue plus tôt. Je prévenais par-là les procès que je craignais tant. Mon père, qui était très-engagé, pouvait, pour les terminer, consentir à mon mariage avec Adélaïde; mais, quand cette espérance n'aurait point eu lieu, je ne pouvais consentir à donner des armes contre ce que j'aimais. Je me reprochai même d'avoir gardé si long-temps quelque chose dont ma tendresse m'aurait dû faire faire le sacrifice beaucoup plus tôt. Le tort que je faisais à mon père ne m'arrêta pas; ses biens m'étaient substitués, et j'avais eu une succession d'un frère de ma mère que je pouvais lui abandonner, et qui était plus considérable que ce que je lui faisais perdre.

En fallait-il davantage pour convaincre un homme amoureux? Je crus avoir droit de disposer de ces papiers; j'allai chercher la cassette qui les renfermait: je n'ai jamais passé de moment plus doux, que celui où je les jetai au feu. Le plaisir de faire quelque chose pour ce que j'aimais, me ravissait. Si elle m'aime, disais-je, elle saura quelque jour le sacrifice que je lui ai fait; mais je le lui laisserai toujours ignorer, si je ne puis toucher son cœur. Que ferais-je d'une reconnaissance qu'on serait fâché de me devoir?

Je veux qu'Adélaïde m'aime, et je ne veux pas qu'elle me soit obligée.

J'avoue cependant que je me trouvai plus de hardiesse pour lui parler : la liberté que j'avais chez elle m'en fit naître l'occasion dès le même jour.

Je vais bientôt m'éloigner de vous, belle Adélaïde, lui dis-je : vous souviendrez-vous quelquefois d'un homme dont vous faites toute la destinée ? Je n'eus pas la force de continuer : elle me parut interdite ; je crus même voir de la douleur dans ses yeux : Vous m'avez entendu, repris-je ; de grâce, répondez-moi un mot. Que voulez-vous que je vous dise ? me répondit-elle ; je ne devrais pas vous entendre, et je ne dois pas vous répondre. A peine se donna-t-elle le temps de prononcer ce peu de paroles ; elle me quitta aussitôt ; et, quoi que je pusse faire dans le reste de la journée, il me fut impossible de lui parler ; elle me fuyait : elle avait l'air embarrassée. Que cet embarras avait de charmes pour mon cœur ! Je le respectai ; je ne la regardais qu'avec crainte, il me semblait que ma hardiesse l'aurait fait repentir de ses bontés.

J'aurais gardé cette conduite si conforme à mon respect et à la délicatesse de mes sentimens, si la nécessité où j'étais de partir ne m'avait pressé de parler ; je voulais, avant que de me séparer d'Adélaïde, lui apprendre mon véritable nom. Cet aveu me coûta encore plus que celui de mon amour. Vous me fuyez, lui dis-je : eh! que ferez-vous quand vous saurez tous mes crimes, ou plutôt tous mes malheurs! Je vous ai abusée par un nom supposé ; je ne suis point ce que vous me croyez ; je suis le fils du comte de Comminge. Vous êtes le fils du comte de Comminge! s'écria Adélaïde. Quoi! vous êtes notre ennemi ! C'est vous, c'est votre père, qui poursuivez la ruine du mien! Ne m'accablez point, lui dis-je, d'un nom aussi odieux. Je suis un amant prêt à tout sacrifier pour vous. Mon père ne vous fera jamais de mal; mon amour vous assure de lui.

Pourquoi, me répondit Adélaïde, m'avez-vous trompée? que ne vous montriez-vous sous votre véritable nom? il m'aurait avertie de vous fuir. Ne vous repentez pas de quelque bonté que vous avez eu pour moi, lui dis-je, en lui prenant la main que je baisai malgré elle. Laissez-moi, me dit-elle ; plus je vous vois, et plus je rends inévitables les malheurs que je crains.

La douceur de ces paroles me pénétra d'une joie qui ne me montra que des espérances. Je me flattai que je rendrais mon père favorable à ma passion ; j'étais si plein de mon sentiment, qu'il me semblait que tout devait sentir et penser comme moi. Je parlai à Adélaïde de mes projets, en homme sûr de réussir.

Je ne sais pourquoi, me dit-elle, mon cœur se refuse aux espérances que vous voulez me donner : je n'envisage que des malheurs, et cependant je trouve du plaisir à sentir ce que je sens pour vous. Je vous ai laissé voir mes sentimens ; je veux bien que vous les connaissiez ; mais souvenez-vous que je saurai, quand il le faudra, les sacrifier à mon devoir.

J'eus encore plusieurs conversations avec Adélaïde, avant mon départ ; j'y trouvais toujours de nouvelles raisons de m'applaudir de mon bonheur : le plaisir d'aimer et de connaître que j'étais aimé remplissait tout mon cœur ; aucun soupçon, aucune crainte, pas même pour l'avenir, ne troublaient la douceur de nos entretiens : nous étions sûrs l'un de l'autre, parce que nous nous estimions ; et cette certitude, bien loin de diminuer notre vivacité, y ajoutait encore les charmes de la confiance. La seule chose qui inquiétait Adélaïde, était la crainte de mon père. Je mourrais de douleur, me disait-elle, si je vous attirais la disgrâce de votre famille : je veux que vous m'aimiez ; mais je veux surtout que vous soyez heureux. Je partis enfin, plein de la plus tendre et de la plus vive passion qu'un cœur puisse ressentir, et tout occupé du dessein de rendre mon père favorable à mon amour.

Cependant, il était informé de tout ce qui s'était passé à Bagnères. Le domestique qu'il avait mis près de moi avait des ordres secrets de veiller sur ma conduite : il n'avait laissé ignorer ni mon amour, ni mon combat contre le chevalier de Saint-Odon. Malheureusement le chevalier était fils d'un ami de mon père. Cette circonstance, et le danger où il était de sa blessure, tournaient encore contre moi. Le domestique qui avait rendu un compte si exact m'avait dit beaucoup plus heureux que je n'étais. Il avait peint madame et mademoiselle de Lussan remplies d'artifice, qui m'avaient connu pour le comte de Comminge, et qui avaient eu dessein de me séduire.

Plein de ces idées, mon père, naturellement emporté, me traita, à mon retour, avec beaucoup de rigueur; il me reprocha mon amour, comme il m'aurait reproché le plus grand crime. Vous avez donc la lâcheté d'aimer mes ennemis! me dit-il; et, sans respect pour ce que vous me devez, et pour ce que vous vous devez à vous-même, vous vous liez avec eux! que sais-je même si vous n'avez point fait quelque projet plus odieux encore?

Oui, mon père, lui dis-je, en me jetant à ses pieds, je suis coupable; mais je le suis malgré moi : dans ce même moment où je vous demande pardon, je sens que rien ne peut arracher de mon cœur cet amour qui vous irrite; ayez pitié de moi; j'ose vous le dire, ayez pitié de vous : finissez une querelle qui trouble le repos de votre vie; l'inclination que la fille de M. de Lussan et moi avons prise l'un pour l'autre, aussitôt que nous nous sommes vus, est peut-être un avertissement que le ciel vous donne. Mon père, vous n'avez que moi d'enfant, voulez-vous me rendre malheureux? et combien mes malheurs me seront-ils plus sensibles encore, quand ils seront votre ouvrage ! Laissez-vous attendrir pour un fils qui ne vous offense que par une fatalité dont il n'est pas le maître.

Mon père, qui m'avait laissé à ses pieds tant que j'avais parlé, me regarda long-temps avec indignation. Je vous ai écouté, me dit-il enfin, avec une patience dont je suis moi-même étonné, et dont je ne me serais pas cru capable ; aussi c'est la seule grâce que vous devez attendre de moi; il faut renoncer à votre folie, ou à la qualité de mon fils; prenez votre parti sur cela, et commencez à me rendre les papiers dont vous êtes chargé; vous êtes indigne de ma confiance.

Si mon père s'était laissé fléchir, la demande qu'il me faisait m'aurait embarrassé; mais sa dureté me donna du courage. Ces papiers, lui dis-je, ne sont plus en ma puissance, je les ai brûlés; prenez, pour vous dédommager, les biens qui me sont déjà acquis. A peine eus-je le temps de prononcer ce peu de paroles, mon père furieux vint sur moi l'épée à la main; il m'en aurait percé sans doute, car je ne faisais pas le plus petit effort pour l'éviter, si ma mère ne fût entrée dans ce moment. Elle se jeta entre nous : Que faites-vous? lui dit-elle; songez-vous que c'est votre fils? et, me poussant hors de la chambre, elle m'ordonna d'aller l'attendre dans la sienne.

Je l'attendis long-temps; elle vint enfin. Ce ne fut plus des emportemens et des fureurs que j'eus à combattre, ce fut une mère tendre, qui entrait dans mes peines, qui me priait, avec des larmes, d'avoir pitié de l'état où je la réduisais. Quoi! mon fils, me disait-elle, une maîtresse, et une maîtresse encore que vous ne connaissez que depuis quelques jours, peut l'emporter sur une mère! Hélas! si votre bonheur ne dépendait que de moi, je sacrifierais tout pour vous rendre heureux. Mais vous avez un père qui veut être obéi; il est prêt à prendre les résolutions les plus violentes contre vous : voulez-vous m'accabler de douleur? étouffez une passion qui nous rendra tous malheureux.

Je n'avais pas la force de lui répondre : je l'aimais tendrement ; mais l'amour était plus fort dans mon cœur. Je voudrais mourir, lui dis-je, plutôt que de vous déplaire, et je mourrai si vous n'avez pitié de moi. Que voulez-vous que je fasse ? Il m'est plus aisé de m'arracher la vie, que d'oublier Adélaïde. Pourquoi trahirais-je les sermens que je lui ai faits? Quoi! je l'aurais engagée à me témoigner de la bonté, je pourrais me flatter d'en être aimé, et je l'abandonnerais ! Non, ma mère, vous ne voulez pas que je sois le plus lâche des hommes.

Je lui contai alors tout ce qui s'était passé entre nous. Elle vous aimerait, ajoutai-je, et vous l'aimeriez aussi; elle a votre douceur, elle a votre franchise; pourquoi voudriez-vous que je cessasse de l'aimer? Mais, me dit-elle, que prétendez-vous faire? votre père veut vous marier, et veut, en attendant, que vous alliez à la campagne; il faut absolument que vous paraissiez déterminé à lui obéir. Il compte vous faire partir demain avec un homme qui a sa confiance. L'absence fera peut-être plus sur vous que vous ne croyez ; en tout cas, n'irritez pas encore M. de Comminge par votre résistance; demandez du temps. Je ferai de mon côté tout ce qui dépendra de moi pour votre satisfaction. La haine de votre père dure trop long-temps : quand sa vengeance aurait été légitime, il la pousserait trop loin; mais vous avez eu un très-grand tort de brûler les papiers; il est persuadé que c'est un sacrifice que madame de Lussan a ordonné à sa fille d'exiger de vous. Ah ! m'é-criai-je, est-il possible qu'on puisse faire cette injustice à madame de Lussan? Bien loin d'avoir exigé quelque chose, Adélaïde ignore ce que j'ai fait, et je suis bien sûr qu'elle aurait employé, pour m'en empêcher, tout le pouvoir qu'elle a sur moi.

Nous prîmes ensuite des mesures, ma mère et moi, pour que je pusse recevoir de ses nouvelles. J'osai même la prier de m'en donner d'Adélaïde, qui devait venir à Bordeaux. Elle eut la complaisance de me le promettre, en exigeant que, si Adélaïde ne pensait pas pour moi comme je le croyais, je me soumettrais à ce que mon père souhaiterait. Nous passâmes une partie de la nuit dans cette conversation, et, dès que le jour parut, mon conducteur me vint avertir qu'il fallait monter à cheval.

La terre où je devais passer le temps de mon exil, était dans les montagnes, à quelques lieues de Bagnères, de sorte que je fis la même route que je venais de faire. Nous étions arrivés d'assez bonne heure, le second jour de notre marche, dans un village où nous devions passer la nuit. En attendant l'heure du souper, je me promenais dans le grand chemin, quand je vis de loin un équipage qui allait à toute bride, et qui versa très-lourdement à quelques pas de moi.

Le battement de mon cœur m'annonça la part que je devais prendre à cet accident. Je volai à ce carrosse. Deux hommes, qui étaient descendus de cheval, se joignirent à moi pour secourir ceux qui étaient dedans ; on s'attend bien que c'étaient Adélaïde et sa mère ; c'étaient effectivement elles. Adélaïde s'était fort blessée au pied ; il me sembla cependant que le plaisir de me revoir ne lui laissait pas sentir son mal.

Que ce moment eut de charmes pour moi ! après tant de douleurs, après tant d'années, il est présent à mon souvenir. Comme elle ne pouvait marcher, je la pris entre mes bras, elle avait les siens passés autour de mon cou, et une de ses mains touchait à ma bouche. J'étais dans un ravissement qui m'ôtait presque la respiration. Adélaïde s'en aperçut ; sa pudeur en fut alarmée ; elle fit un mouvement pour se dégager de mes bras. Hélas ! qu'elle connaissait peu l'excès de mon amour ! j'étais trop plein de mon bonheur pour penser qu'il y en eût quelqu'un au delà.

Mettez-moi à terre, me dit-elle d'une voix basse et timide; je crois que je pourrai marcher. Quoi! lui répondis-je, vous avez la cruauté de m'envier le seul bien que je goûterai peut-être jamais? Je serrais tendrement Adélaïde, en prononçant ces paroles; elle ne dit plus mot, et un faux pas que je fis l'obligea à reprendre sa première attitude.

Le cabaret était si près, que j'y fus bientôt. Je la portai sur un lit, tandis qu'on mettait sa mère, qui était beaucoup plus blessée qu'elle, dans un autre. Pendant qu'on était occupé près de madame de Lussan, j'eus le temps de conter à Adélaïde une partie de ce qui s'était passé entre mon père et moi. Je supprimai l'article des papiers brûlés, dont elle n'avait aucune connaissance. Je ne sais même si j'eusse voulu qu'elle l'eût su. C'était en quelque façon lui imposer la nécessité de m'aimer, et je voulais devoir tout à son cœur. Je n'osai lui peindre mon père tel qu'il était. Adélaïde était vertueuse. Je sentais que, pour se livrer à son inclination, elle avait besoin d'espérer que nous serions unis un jour : j'appuyai beaucoup sur la tendresse de ma mère pour moi, et sur ses favorables dispositions. Je priai Adélaïde de la voir. Parlez à ma mère, me dit-elle; elle connaît vos sentimens; je lui ai fait l'aveu des miens; j'ai senti que son autorité m'était nécessaire pour me donner la force de les combattre, s'il le faut, ou pour m'y livrer sans scrupule; elle cherchera tous les moyens pour amener mon père à proposer encore un accommodement; nous avons des parens communs que nous ferons agir. La joie que ces espérances donnaient à Adélaïde me faisait sentir encore plus vivement mon malheur. Dites-moi, lui répondis-je, en lui prenant la main, que, si nos pères sont inexorables, vous aurez quelque pitié pour un malheureux. Je ferai ce que je pourrai, me dit-elle, pour régler mes sentimens par mon devoir; mais je sens que je serai très-malheureuse, si ce devoir est contre vous.

Ceux qui avaient été occupés à secourir madame de Lussan s'approchèrent alors de sa fille, et rompirent notre conversation. Je fus au lit de la mère, qui me reçut avec bonté : elle me promit de faire tous ses efforts pour réconcilier nos familles. Je sortis ensuite pour les laisser en liberté. Mon conducteur, qui m'attendait dans ma chambre, n'avait pas daigné s'informer de ceux qui venaient d'arriver, ce qui me donna la liberté de voir encore un moment Adélaïde avant que de partir. J'entrai dans sa chambre dans un état plus aisé à imaginer qu'à représenter; je craignais de la voir pour la dernière fois. Je m'approchai de la mère : ma douleur lui parla pour moi bien mieux que je n'eusse pu faire; aussi en reçus-je encore plus de marques de bonté, que le soir précédent. Adélaïde était à un autre bout de la chambre; j'allai à elle d'un pas chancelant. Je vous quitte, ma chère Adélaïde. Je répétai la même chose deux ou trois fois; mes larmes, que je ne pouvais retenir, lui dirent le reste; elle en répandit aussi. Je vous montre toute ma sensibilité, me dit-elle; je ne m'en fais aucun reproche; ce que je sens dans mon cœur autorise ma franchise, et vous méritez bien que j'en aie pour vous : je ne sais quelle sera votre destinée; mes parens décideront de la mienne. Et pourquoi nous assujettir, lui répondis-je, à la tyrannie de nos pères? Laissons-les se haïr, puisqu'ils le veulent, et allons dans quelque coin du monde jouir de notre tendresse, et nous en faire un devoir. Que m'osez-vous proposer? me répondit-elle; voulez-vous me faire repentir des sentimens que j'ai pour vous? ma tendresse peut me rendre malheureuse, je vous l'ai dit; mais elle ne me rendra jamais criminelle. Adieu, ajouta-t-elle en me tendant la main; c'est par notre constance et par notre vertu que nous devons tâcher de rendre notre fortune meilleure; mais, quoi qu'il nous arrive, promettons-nous de ne rien faire qui puisse nous faire rougir l'un de l'autre. Je baisais, pendant qu'elle me parlait, la main qu'elle m'avait tendue; je la mouillais de mes larmes. Je ne suis capable, lui dis-je enfin, que de vous aimer, et de mourir de douleur.

J'avais le cœur si serré, que je pus à peine prononcer ces dernières paroles. Je sortis de cette chambre, je montai à cheval, et j'arrivai au lieu où nous devions dîner, sans avoir fait autre chose que de pleurer; mes larmes coulaient, et j'y trouvais une espèce de douceur : quand le cœur est véritablement touché, il sent du plaisir à tout ce qui lui prouve à lui-même sa propre sensibilité.

Le reste de notre voyage se passa, comme le commencement, sans que j'eusse prononcé une seule parole. Nous arrivâmes le troisième jour dans un château bâti auprès des Pyrénées. On voit alentour des pins, des cyprès, des rochers escarpés et arides, et on n'entend que le bruit des torrens qui se précipitent entre les rochers. Cette demeure si sauvage me plaisait, par cela même qu'elle ajoutait encore à ma mélancolie. Je passais les journées entières dans les bois; j'écrivais, quand j'étais revenu, des lettres où j'exprimais tous mes sentimens. Cette occupation était mon unique plaisir. Je les lui donnerai un jour, disais-je; elle verra par-là, à quoi j'ai passé le temps de l'absence. J'en recevais quelquefois de ma mère : elle m'en écrivit une qui me donnait quelque espérance (hélas! c'est le dernier moment de joie que j'ai ressenti); elle me mandait que tous nos parens travaillaient à raccommoder notre famille, et qu'il y avait lieu de croire qu'ils y réussiraient.

Je fus ensuite six semaines sans recevoir des nouvelles. Grand Dieu! de quelle longueur les jours étaient pour moi! j'allais dès le matin sur le chemin par où les messagers pouvaient venir; je n'en revenais que le plus tard qu'il m'était possible, et toujours plus affligé que je ne l'étais en partant; enfin, je vis de loin un homme qui venait de mon côté; je ne doutais point qu'il ne vînt pour moi, et, au lieu de cette impatience que j'avais quelques momens auparavant, je ne sentis plus que de la crainte; je n'osais m'avancer; quelque chose me retenait; cette incertitude, qui m'avait semblé si cruelle, me paraissait dans ce moment un bien que je craignais de perdre.

Je ne me trompais pas : les lettres, que je

reçus par cet homme, qui venait effectivement pour moi, m'apprirent que mon père n'avait voulu entendre à aucun accommodement; et, pour mettre le comble à mon infortune, j'appris encore que mon mariage était arrêté avec une fille de la maison de Foix; que la noce devait se faire dans le lieu où j'étais; que mon père viendrait lui-même dans peu de jours pour me préparer à ce qu'il désirait de moi.

On juge bien que je ne balançai pas un moment sur le parti que je devais prendre. J'attendis mon père avec assez de tranquillité; c'était même un adoucissement à ma malheureuse situation, d'avoir un sacrifice à faire à Adélaïde. J'étais sûr qu'elle m'était fidèle; je l'aimais trop pour en douter : le véritable amour est plein de confiance.

D'ailleurs, ma mère, qui avait tant de raisons de me détacher d'elle, ne m'avait jamais rien écrit qui pût me faire naître le moindre soupçon. Que cette constance d'Adélaïde ajoutait de vivacité à ma passion! Je me trouvais heureux quelquefois, que la dureté de mon père me donnât lieu de lui marquer combien elle était aimée. Je passai les trois jours qui s'écoulèrent jusqu'à l'arrivée de mon père, à m'occuper du nouveau sujet que j'allais donner à Adélaïde d'être contente de moi; cette idée, malgré ma triste situation, remplissait mon cœur d'un sentiment qui approchait presque de la joie.

L'entrevue de mon père et de moi fut, de ma part, pleine de respect, mais de beaucoup de froideur; et de la sienne, de hauteur et de fierté. Je vous ai donné le temps, me dit-il, de vous repentir de vos folies, et je viens vous donner le moyen de me les faire oublier. Répondez par votre obéissance à cette marque de ma bonté, et préparez-vous à recevoir, comme vous devez, M. le comte de Foix et mademoiselle de Foix sa fille, que je vous ai destinée; le mariage se fera ici; ils arriveront demain avec votre mère, et je ne les ai devancés que pour donner les ordres nécessaires. Je suis bien fâché, monsieur, dis-je à mon père, de ne pouvoir faire ce que vous souhaitez; mais je suis trop honnête homme pour épouser une personne que je ne puis aimer; je vous prie même de trouver bon que je parte d'ici tout à l'heure; mademoiselle de Foix, quelque aimable qu'elle puisse être, ne me ferait pas changer de résolution, et l'affront que je lui fais en deviendrait plus sensible pour elle, si je l'avais vue. Non, tu ne la verras point, me répondit-il avec fureur. Tu ne verras pas même le jour, je vais t'enfermer dans un cachot destiné pour ceux qui te ressemblent. Je jure qu'aucune puissance ne sera capable de t'en faire sortir, que tu ne sois rentré dans ton devoir; je te punirai de toutes les façons dont je puis te punir; je te priverai de mon bien; je l'assurerai à mademoiselle de Foix, pour lui tenir, autant que je le puis, les paroles que je lui ai données.

Je fus effectivement conduit dans le fond d'une tour. Le lieu où l'on me mit ne recevait qu'une faible lumière d'une petite fenêtre grillée qui donnait dans une des cours du château. Mon père ordonna qu'on m'apportât à manger deux fois par jour, et qu'on ne me laissât parler à personne. Je passai dans cet état les premiers jours avec assez de tranquillité, et même avec une sorte de plaisir. Ce que je venais de faire pour Adélaïde m'occupait tout entier, et ne me laissait presque pas sentir les incommodités de ma prison; mais, quand ce sentiment fut moins vif, je me livrai à toute la douleur d'une absence qui pouvait être éternelle. Mes réflexions ajoutaient encore à ma peine; je craignais qu'Adélaïde ne fût forcée de prendre un engagement : je la voyais entourée de rivaux empressés à lui plaire; je n'avais pour moi que mes malheurs; il est vrai qu'auprès d'Adélaïde c'était tout avoir : aussi me reprochais-je le moindre doute, et lui en demandais-je pardon comme d'un crime. Ma mère me fit tenir une lettre, où elle m'exhortait à me soumettre à mon père, dont la colère devenait tous les jours plus violente : elle ajoutait qu'elle en souffrait beaucoup elle-même ; que les soins qu'elle s'était donnés pour parvenir à un accommodement l'avaient fait soupçonner d'intelligence avec moi.

Je fus très-touché des chagrins que je causais à ma mère ; mais il me semblait que ce que je souffrais moi-même m'excusait envers elle. Un jour que je rêvais, comme à mon ordinaire, je fus retiré de ma rêverie par un petit bruit qui se fit à ma fenêtre ; je vis tout de suite tomber un papier dans ma chambre ; c'était une lettre ; je la décachetai avec un saisissement qui me laissait à peine la liberté de respirer : mais que devins-je après l'avoir lue ! Voici ce qu'elle contenait :

« Les fureurs de M. de Comminge m'ont in-
» struite de tout ce que je vous dois ; je sais
» ce que votre générosité m'avait laissé ignorer.
» Je sais l'affreuse situation où vous êtes, et je
» n'ai, pour vous en tirer, qu'un moyen qui
» vous rendra peut-être plus malheureux ; mais
» je le serai aussi-bien que vous, et c'est là ce
» qui me donne la force de faire ce qu'on exige
» de moi. On veut, par mon engagement avec
» un autre, s'assurer que je ne pourrai être à
» vous : c'est à ce prix que Mde Comminge

» met votre liberté. Il m'en coûtera peut-être la
» vie, et sûrement tout mon repos. N'importe,
» j'y suis résolue. Vos malheurs, votre prison,
» sont aujourd'hui tout ce que je vois. Je serai
» mariée dans peu de jours au marquis de Bena-
» vidés. Ce que je connais de son caractère
» m'annonce tout ce que j'aurai à souffrir; mais
» je vous dois du moins cette espèce de fidélité
» de ne trouver que des peines dans l'engage-
» ment que je vais prendre. Vous, au con-
» traire, tâchez d'être heureux; votre bonheur
» ferait ma consolation. Je sens que je ne de-
» vrais point vous dire tout ce que je vous dis;
» si j'étais véritablement généreuse, je vous
» laisserais ignorer la part que vous avez à mon
» mariage; je me laisserais soupçonner d'in-
» constance. J'en avais formé le dessein; je n'ai
» pu l'exécuter; j'ai besoin, dans la triste si-
» tuation où je suis, de penser que du moins
» mon souvenir ne vous sera pas odieux. Hélas!
» il ne me sera pas bientôt permis de conserver
» le vôtre; il faudra vous oublier; il faudra du
» moins y faire mes efforts. Voilà de toutes mes
» peines celle que je sens le plus; vous les aug-
» menterez encore, si vous n'évitez avec soin les
» occasions de me voir et de me parler. Songez
» que vous me devez cette marque d'estime, et
» songez combien cette estime m'est chère,

» puisque, de tous les sentimens que vous aviez
» pour moi, c'est le seul qu'il me soit permis
» de vous demander. »

Je ne lus cette fatale lettre que jusqu'à ces
mots : « On veut, par mon engagement avec
» un autre, s'assurer que je ne pourrai être à
» vous. » La douleur dont ces paroles me pénétrèrent ne me permit pas d'aller plus loin :
je me laissai tomber sur un matelas qui composait tout mon lit. J'y demeurai plusieurs heures
sans aucun sentiment, et j'y serais peut-être
mort, sans les secours de celui qui avait soin
de m'apporter à manger. S'il avait été effrayé de
l'état où il me trouvait, il le fut bien davantage de l'excès de mon désespoir, dès que j'eus
repris la connaissance. Cette lettre que j'avais
toujours tenue pendant ma faiblesse, et que j'avais enfin achevé de lire, était baignée de mes
larmes ; et je disais des choses qui faisaient
craindre pour ma raison.

Cet homme, qui jusque-là avait été inaccessible à la pitié, ne put alors se défendre
d'en avoir ; il condamna le procédé de mon
père : il se reprocha d'avoir exécuté ses ordres ;
il m'en demanda pardon. Son repentir me fit
naître la pensée de lui proposer de me laisser
sortir seulement pour huit jours, lui promettant qu'au bout de ce temps-là je viendrais

me remettre entre ses mains. J'ajoutai tout ce que je crus capable de le déterminer. Attendri par mon état, excité par son intérêt et par la crainte que je ne me vengeasse un jour des mauvais traitemens que j'avais reçus de lui, il consentit à ce que je voulais, avec la condition qu'il m'accompagnerait.

J'aurais voulu me mettre en chemin dans le moment ; mais il fallut aller chercher des chevaux, et l'on m'annonça que nous ne pourrions en avoir que pour le lendemain. Mon dessein était d'aller trouver Adélaïde, de lui montrer tout mon désespoir, et de mourir à ses pieds, si elle persistait dans ses résolutions : il fallait, pour exécuter mon projet, arriver avant son funeste mariage, et tous les momens que je différais me paraissaient des siècles. Cette lettre que j'avais lue et relue, je la lisais encore ; il semblait qu'à force de la lire, j'y trouverais quelque chose de plus. J'examinais la date, je me flattais que le temps pouvait avoir été prolongé : elle se fait un effort, disais-je ; elle saisira tous les prétextes pour différer. Mais puis-je me flatter d'une si vaine espérance ? reprenais-je ; Adélaïde se sacrifie pour ma liberté, elle voudra en hâter le moment. Hélas ! comment a-t-elle pu croire que la liberté sans elle fût un bien pour moi ? je retrouverai partout cette prison dont elle veut me tirer. Elle n'a jamais connu mon cœur : elle a jugé de moi comme des autres hommes ; voilà ce qui me perd. Je suis encore plus malheureux que je ne croyais, puisque je n'ai pas même la consolation de penser que du moins mon amour était connu.

Je passai la nuit entière à faire de pareilles plaintes. Le jour parut enfin ; je montai à cheval avec mon conducteur : nous avions marché une journée sans nous arrêter un moment, quand j'aperçus ma mère dans le chemin, qui venait de notre côté. Elle me reconnut; et, après m'avoir montré sa surprise de me trouver là, elle me fit monter dans son carrosse. Je n'osais lui demander le sujet de son voyage: je craignais tout dans la situation où j'étais, et ma crainte n'était que trop bien fondée. Je venais, mon fils, me dit-elle, vous tirer moi-même de prison ; votre père y a consenti. Ah ! m'écriai-je, Adélaïde est mariée ! Ma mère ne me répondit que par son silence. Mon malheur, qui était sans remède, se présenta à moi dans toute son horreur : je tombai dans une espèce de stupidité, et, à force de douleur, il me semblait que je n'en sentais aucune.

Cependant mon corps se ressentit bientôt de l'état de mon esprit. Le frisson me prit, que nous étions encore en carrosse ; ma mère me fit mettre au lit : je fus deux jours sans parler, et sans vouloir prendre aucune nourriture ; la fièvre augmenta, et on commença le troisième à désespérer de ma vie. Ma mère, qui ne me quittait point, était dans une affliction inconcevable ; ses larmes, ses prières, et le nom d'Adélaïde qu'elle employait, me firent enfin résoudre à vivre. Après quinze jours de la fièvre la plus violente, je commençai à être un peu mieux. La première chose que je fis, fut de chercher la lettre d'Adélaïde ; ma mère, qui me l'avait ôtée, me vit dans une si grande affliction, qu'elle fut obligée de me la rendre : je la mis dans une bourse qui était sur mon cœur, et où j'avais déjà mis son portrait : je l'en retirais pour la lire toutes les fois que j'étais seul.

Ma mère, dont le caractère était tendre, s'affligeait avec moi ; elle croyait d'ailleurs qu'il fallait céder à ma tristesse, et laisser au temps le soin de me guérir.

Elle souffrait que je lui parlasse d'Adélaïde ; elle m'en parlait quelquefois ; et, comme elle s'était aperçue que la seule chose qui me donnait de la consolation, était l'idée d'être aimé, elle me conta qu'elle-même avait déterminé Adélaïde à se marier. Je vous demande pardon, mon fils, me dit-elle, du mal que je vous ai fait; je ne croyais pas que vous y fussiez si sensible : votre prison me faisait tout craindre pour votre santé, et même pour votre vie. Je connaissais d'ailleurs l'humeur inflexible de votre père, qui ne vous rendrait jamais la liberté, tant qu'il craindrait que vous pussiez épouser mademoiselle de Lussan. Je me résolus de parler à cette généreuse fille : je lui fis part de mes craintes ; elle les partagea ; elle les sentit peut-être encore plus vivement que moi. Je la vis occupée à chercher les moyens de conclure promptement son mariage. Il y avait long-temps que son père, offensé des procédés de M. de Comminge, la pressait de se marier : rien n'avait pu l'y déterminer jusque-là. Sur qui tombera votre choix ? lui demandai-je. Il ne m'importe, me répondit-elle; tout m'est égal, puisque je ne puis être à celui à qui mon cœur s'était destiné.

Deux jours après cette conversation, j'appris que le marquis de Benavidés avait été préféré à ses concurrens; tout le monde en fut étonné, et je le fus comme les autres.

Benavidés a une figure désagréable, qui le devient encore davantage par son peu d'esprit et par l'extrême bizarrerie de son humeur : j'en craignis les suites pour la pauvre Adélaïde;

je la vis pour lui en parler dans la maison de la comtesse de Gerlande, où je l'avais vue. Je me prépare, me dit-elle, à être très-malheureuse ; mais il faut me marier ; et, depuis que je sais que c'est le seul moyen de délivrer monsieur votre fils, je me reproche tous les momens que je diffère. Cependant, ce mariage, que je ne fais que pour lui, sera peut-être la plus sensible de ses peines ; j'ai voulu du moins lui prouver, par mon choix, que son intérêt était le seul motif qui me déterminait. Plaignez-moi ; je suis digne de votre pitié, et je tâcherai de mériter votre estime, par la façon dont je vais me conduire avec M. de Benavidés. Ma mère m'apprit encore qu'Adélaïde avait su, par mon père même, que j'avais brûlé nos titres ; il le lui avait reproché publiquement le jour qu'il avait perdu son procès ; elle m'a avoué, me disait ma mère, que ce qui l'avait le plus touchée, était la générosité que vous aviez eue de lui cacher ce que vous aviez fait pour elle. Nos journées se passaient dans de pareilles conversations ; et, quoique ma mélancolie fût extrême, elle avait cependant je ne sais quelle douceur inséparable, dans quelque état que l'on soit, de l'assurance d'être aimé.

Après quelques mois de séjour dans le lieu où nous étions, ma mère reçut ordre de mon père de retourner auprès de lui; il n'avait presque pris aucune part à ma maladie; la manière dont il m'avait traité avait éteint en lui tout sentiment pour moi. Ma mère me pressa de partir avec elle; mais je la priai de consentir que je restasse à la campagne, et elle se rendit à mes instances.

Je me retrouvai encore seul dans mes bois; il me passa dès lors dans la tête d'aller habiter quelque solitude, et je l'aurais fait, si je n'avais été retenu par l'amitié que j'avais pour ma mère. Il me venait toujours en pensée de tâcher de voir Adélaïde; mais la crainte de lui déplaire m'arrêtait.

Après bien des irrésolutions, j'imaginai que je pourrais du moins tenter de la voir sans en être vu.

Ce dessein arrêté, je me déterminai d'envoyer à Bordeaux, pour savoir où elle était, un homme qui était à moi depuis mon enfance, et qui m'était venu retrouver pendant ma maladie; il avait été à Bagnères avec moi; il connaissait Adélaïde; il me dit même qu'il avait des liaisons dans la maison de Benavidés.

Après lui avoir donné toutes les instructions dont je pus m'aviser, et les lui avoir répétées mille fois, je le fis partir. Il apprit, en arrivant à Bordeaux, que Benavidés n'y était plus, qu'il avait emmené sa femme, peu de temps après son mariage, dans des terres qu'il avait en Biscaye. Mon homme, qui se nommait Saint-Laurent, me l'écrivit, et me demanda mes ordres : je lui mandai d'aller en Biscaye sans perdre un moment. Le désir de voir Adélaïde s'était tellement augmenté par l'espérance que j'en avais conçue, qu'il ne m'était plus possible d'y résister.

Saint-Laurent demeura près de six semaines à son voyage : il revint au bout de ce temps-là; il me conta qu'après beaucoup de peines et de tentatives inutiles, il avait appris que Benavidés avait besoin d'un architecte; qu'il s'était fait présenter sous ce titre, et qu'à la faveur de quelques connaissances qu'un de ses oncles qui exerçait cette profession lui avait autrefois données, il s'était introduit dans la maison. Je crois, ajouta-t-il, que madame de Benavidés m'a reconnu; du moins me suis-je aperçu qu'elle a rougi la première fois qu'elle m'a vu. Il me dit ensuite qu'elle menait la vie du monde la plus triste et la plus retirée; que son mari ne la quittait presque jamais; qu'on disait dans la maison qu'il en était très-amoureux, quoiqu'il ne lui en donnât d'autre marque que son extrême jalousie; qu'il la portait si loin, que son frère n'avait la liberté de voir madame de Benavidés que quand il était présent.

Je lui demandai qui était ce frère : il me répondit que c'était un jeune homme, dont on disait autant de bien que l'on disait de mal de Benavidés ; qu'il paraissait fort attaché à sa belle-sœur. Ce discours ne fit alors nulle impression sur moi ; la triste situation de madame de Benavidés, et le désir de la voir, m'occupaient tout entier. Saint-Laurent m'assura qu'il avait pris toutes les mesures pour m'introduire chez Benavidés. Il a besoin d'un peintre, me dit-il, pour peindre un appartement ; je lui ai promis de lui en mener un ; il faut que ce soit vous.

Il ne fut plus question que de régler notre départ. J'écrivis à ma mère que j'allais passer quelque temps chez un de mes amis, et je pris avec Saint-Laurent le chemin de la Biscaye. Mes questions ne finissaient point sur madame de Benavidés ; j'eusse voulu savoir jusqu'aux moindres choses de ce qui la regardait. Saint-Laurent n'était pas en état de me satisfaire ; il ne l'avait vue que très-peu. Elle passait les journées dans sa chambre, sans autre compagnie que celle d'un chien qu'elle aimait beaucoup : cet article m'intéressa particulièrement ; ce chien venait de moi, je me flattai que c'était pour cela qu'il était aimé ; quand on est bien malheureux, on sent toutes ces petites choses, qui échappent dans le bonheur; le cœur dans le besoin qu'il a de consolation, n'en laisse perdre aucune.

Saint-Laurent me parla encore beaucoup de l'attachement du jeune Benavidés pour sa belle-sœur; il ajouta qu'il calmait souvent les emportemens de son frère, et qu'on était persuadé que, sans lui, Adélaïde serait encore plus malheureuse. Il m'exhorta aussi à me borner au plaisir de la voir, et à ne faire aucune tentative pour lui parler. Je ne vous dis point, continua-t-il, que vous exposeriez votre vie, si vous étiez découvert; ce serait un faible motif pour vous retenir; mais vous exposeriez la sienne. C'était un si grand bien pour moi de voir du moins Adélaïde, que j'étais persuadé de bonne foi que ce bien me suffirait : aussi me promis-je à moi-même, et promis-je à Saint-Laurent encore plus de circonspection qu'il n'en exigeait.

Nous arrivâmes après plusieurs jours de marche qui m'avaient paru plusieurs années; je fus présenté à Benavidés, qui me mit aussitôt à l'ouvrage. On me logea avec le prétendu architecte, qui de son côté devait conduire des ouvriers. Il y avait plusieurs jours que mon travail était commencé, sans que j'eusse encore vu madame de Benavidés; je la vis enfin un soir passer sous les fenêtres de l'appartement où j'étais, pour aller à la promenade : elle n'avait que son chien avec elle; elle était négligée; il y avait dans sa démarche un air de langueur; il me semblait que ses beaux yeux se promenaient sur tous les objets, sans en regarder aucun. Mon Dieu! que cette vue me causa de trouble! Je restai appuyé sur la fenêtre, tant que dura la promenade. Adélaïde ne revint qu'à la nuit, je ne pouvais plus la distinguer quand elle repassa sous ma fenêtre; mais mon cœur savait que c'était elle.

Je la vis la seconde fois dans la chapelle du château. Je me plaçai de façon que je la pusse regarder pendant tout le temps qu'elle y fut, sans être remarqué. Elle ne jeta point les yeux sur moi; j'en devais être bien aise, puisque j'étais sûr que, si j'en étais reconnu, elle m'obligerait à partir. Cependant je m'en affligeai; je sortis de cette chapelle avec plus de trouble et d'agitation que je n'y étais entré. Je ne formai pas encore le dessein de me faire connaître; mais je sentais que je n'aurais pas la force de résister à une occasion, si elle se présentait.

La vue du jeune Benavidés me donnait aussi une espèce d'inquiétude : il venait me voir travailler assez souvent; il me traitait, malgré la distance qui paraissait être entre lui et moi, avec une familiarité dont j'aurais dû être touché : je ne l'étais cependant point. Ses agrémens et son mérite, que je ne pouvais m'empêcher de voir, retenaient ma reconnaissance; je craignais en lui un rival; j'apercevais dans toute sa personne une certaine tristesse passionnée qui ressemblait trop à la mienne, pour ne pas venir de la même cause; et, ce qui acheva de me convaincre, c'est qu'après m'avoir fait plusieurs questions sur ma fortune : Vous êtes amoureux, me dit-il; la mélancolie où je m'aperçois que vous êtes plongé vient de quelque peine de cœur; dites-le moi; si je puis quelque chose pour vous, je m'y emploierai avec plaisir : tous les malheureux en général ont droit à ma compassion; mais il y en a d'une sorte que je plains encore plus que les autres.

Je crois que je remerciai de très-mauvaise grâce dom Gabriel (c'était son nom) des offres qu'il me faisait. Je n'eus cependant pas la force de lui nier que je fusse amoureux; mais je lui dis que ma fortune était telle, qu'il n'y avait que le temps qui pût y apporter quelque changement. Puisque vous pouvez en attendre quelqu'un, me dit-il, je connais des gens encore plus à plaindre que vous.

Quand je fus seul, je fis mille réflexions sur la conversation que je venais d'avoir; je conclus que dom Gabriel était amoureux, et qu'il l'était de sa belle-sœur : toutes ses démarches, que j'examinais avec attention, me confirmèrent dans cette opinion. Je le voyais attaché à tous les pas d'Adélaïde, la regarder des mêmes yeux dont je la regardais moi-même. Je n'étais cependant pas jaloux; mon estime pour Adélaïde éloignait ce sentiment de mon cœur. Mais pouvais-je m'empêcher de craindre que la vue d'un homme aimable, qui lui rendait des soins, même des services, ne lui fît sentir d'une manière plus fâcheuse encore pour moi, que mon amour ne lui avait causé que des peines!

J'étais dans cette disposition, lorsque je vis entrer dans le lieu où je peignais, Adélaïde menée par dom Gabriel. Je ne sais, lui disait-elle, pourquoi vous voulez que je voie les ajustemens qu'on fait à cet appartement. Vous savez que je ne suis pas sensible à ces choses-là. J'ose espérer, lui dis-je, madame, en la regardant, que, si vous daignez jeter les yeux sur ce qui est ici, vous ne vous repentirez pas de votre complaisance. Adélaïde, frappée de mon son de voix, me reconnut aussitôt; elle baissa les yeux quelques instans, et sortit de la chambre sans me regarder, en disant que l'odeur de la peinture lui faisait mal.

Je restai confus, accablé de la plus vive

douleur. Adélaïde n'avait pas daigné même jeter un regard sur moi; elle m'avait refusé jusqu'aux marques de sa colère. Que lui ai-je fait? disais-je; il est vrai que je suis venu ici contre ses ordres; mais, si elle m'aimait encore, elle me pardonnerait un crime qui lui prouve l'excès de ma passion. Je concluais ensuite que, puisque Adélaïde ne m'aimait plus, il fallait qu'elle aimât ailleurs. Cette pensée me donna une douleur si vive et si nouvelle, que je crus n'être malheureux que de ce moment. Saint-Laurent, qui venait de temps en temps me voir, entra et me trouva dans une agitation qui lui fit peur. Qu'avez-vous? me dit-il, que vous est-il arrivé? Je suis perdu, lui répondis-je : Adélaïde ne m'aime plus. Elle ne m'aime plus! répétai-je; est-il bien possible? Hélas! que j'avais tort de me plaindre de ma fortune avant ce cruel moment! Par combien de peines, par combien de tourmens ne rachèterais-je pas ce bien que j'ai perdu, ce bien que je préférais à tout, ce bien qui, au milieu des plus grands malheurs, remplissait mon cœur d'une si douce joie!

Je fus encore long-temps à me plaindre, sans que Saint-Laurent pût tirer de moi la cause de mes plaintes; il sut enfin ce qui m'était arrivé: Je ne vois rien, dit-il, dans tout ce que vous me contez, qui doive vous jeter dans le désespoir où vous êtes; madame de Benavidés est, sans doute, offensée de la démarche que vous avez faite de venir ici. Elle a voulu vous en punir, en vous marquant de l'indifférence; que savez-vous même si elle n'a point craint de se trahir, si elle vous eût regardé? Non, non, lui dis-je, on n'est point si maître de soi, quand on aime; le cœur agit seul dans un premier mouvement : il faut, ajoutai-je, que je la voie; il faut que je lui reproche son changement. Hélas! après ce qu'elle a fait, devait-elle m'ôter la vie d'une manière si cruelle! que ne me laissait-elle dans cette prison! j'y étais heureux, puisque je croyais être aimé.

Saint-Laurent, qui craignait que quelqu'un ne me vît dans l'état où j'étais, m'emmena dans la chambre où nous couchions. Je passai la nuit entière à me tourmenter. Je n'avais pas un sentiment qui ne fût aussitôt détruit par un autre : je condamnais mes soupçons; je les reprenais; je me trouvais injuste de vouloir qu'Adélaïde conservât une tendresse qui la rendait malheureuse. Je me reprochais dans ces momens de l'aimer plus pour moi que pour elle: Si je n'en suis plus aimé, disais-je à Saint-Laurent, si elle en aime un autre, qu'importe que je meure? Je veux tâcher de lui parler; mais ce sera seulement pour lui dire un dernier adieu. Elle n'entendra aucun reproche de ma part : ma douleur, que je ne pourrai lui cacher, les lui fera pour moi.

Je m'affermis dans cette résolution. Il fut conclu que je partirais aussitôt que je lui aurais parlé ; nous en cherchâmes les moyens. Saint-Laurent me dit qu'il fallait prendre le temps que dom Gabriel irait à la chasse, où il allait assez souvent, et celui où Benavidés serait occupé à ses affaires domestiques, auxquelles il travaillait certains jours de la semaine.

Il me fit promettre que, pour ne faire naître aucun soupçon, je travaillerais comme à mon ordinaire, et que je commencerais à annoncer mon départ prochain.

Je me remis donc à mon ouvrage ; j'avais presque, sans m'en apercevoir, quelque espérance qu'Adélaïde viendrait encore dans ce lieu ; tous les bruits que j'entendais me donnaient une émotion que je pouvais à peine soutenir ; je fus dans cette situation plusieurs jours de suite ; il fallut enfin perdre l'espérance de voir Adélaïde de cette façon, et chercher un moment où je pusse la trouver seule.

Il vint enfin, ce moment. Je montais, comme à mon ordinaire, pour aller à mon ouvrage, quand je vis Adélaïde qui entrait dans son appartement. Je ne doutai pas qu'elle ne fût seule : je savais que dom Gabriel était sorti dès le matin, et j'avais entendu Benavidés dans une salle basse, parler avec un de ses fermiers.

J'entrai dans la chambre avec tant de précipitation, qu'Adélaïde ne me vit que quand je fus près d'elle ; elle voulut s'échapper aussitôt qu'elle m'aperçut ; mais, la retenant par sa robe : Ne me fuyez pas, lui dis-je, madame ; laissez-moi jouir pour la dernière fois du bonheur de vous voir ; cet instant passé, je ne vous importunerai plus ; j'irai, loin de vous, mourir de douleur des maux que je vous ai causés, et de la perte de votre cœur. Je souhaite que dom Gabriel, plus fortuné que moi... Adélaïde, que la surprise et le trouble avaient jusque-là empêchée de parler, m'arrêta à ces mots, et jetant un regard sur moi : Quoi ! me dit-elle, vous osez me faire des reproches ? vous osez me soupçonner, vous ?...

Ce seul mot me précipita à ses pieds : Non, ma chère Adélaïde, lui dis-je, non, je n'ai aucun soupçon qui vous offense ; pardonnez un discours que mon cœur n'a point avoué. Je vous pardonne tout, me dit-elle, pourvu que vous partiez tout à l'heure, et que vous ne me voyiez jamais. Songez que c'est pour vous que je suis la plus malheureuse personne du monde ;

voulez-vous faire croire que je suis la plus criminelle? Je ferai, lui dis-je, tout ce que vous m'ordonnerez; mais promettez-moi du moins que vous ne me haïrez pas.

Quoique Adélaïde m'eût dit plusieurs fois de me lever, j'étais resté à ses genoux; ceux qui aiment savent combien cette attitude a de charmes. J'y étais encore, quand Benavidés ouvrit tout d'un coup la porte de la chambre; il ne me vit pas plus tôt aux genoux de sa femme, que, venant à elle l'épée à la main : Tu mourras, perfide, s'écria-t-il. Il l'aurait tuée infailliblement, si je ne me fusse jeté au-devant d'elle : je tirai en même temps mon épée. Je commencerai donc par toi ma vengeance, dit Benavidés, en me donnant un coup qui me blessa à l'épaule. Je n'aimais pas assez la vie pour me défendre, mais je haïssais trop Benavidés pour la lui abandonner; d'ailleurs, ce qu'il venait d'entreprendre contre celle de sa femme ne me laissait plus l'usage de la raison; j'allai sur lui ; je lui portai un coup qui le fit tomber sans sentiment.

Les domestiques, que les cris de madame de Benavidés avaient attirés, entrèrent dans ce moment ; ils me virent retirer mon épée du corps de leur maître ; plusieurs se jetèrent sur moi ; ils me désarmèrent, sans que je fisse aucun effort pour me défendre. La vue de madame de Benavidés, qui était à terre fondant en larmes auprès de son mari, ne me laissait de sentiment que pour ses douleurs. Je fus traîné dans une chambre, où je fus enfermé.

C'est là que, livré à moi-même, je vis l'abîme où j'avais plongé madame de Benavidés. La mort de son mari, que je croyais alors tué à ses yeux, et tué par moi, ne pouvait manquer de faire naître des soupçons contre elle. Quel reproche ne me fis-je point! j'avais causé ses premiers malheurs, et je venais d'y mettre le comble par mon imprudence. Je me représentais l'état où je l'avais laissée, tout le ressentiment dont elle devait être animée contre moi; elle me devait haïr, je l'avais mérité. La seule espérance qui me resta, fut de n'être pas connu. L'idée d'être pris pour un scélérat, qui dans toute autre occasion m'aurait fait frémir, ne m'étonna point : et Adélaïde était pour moi tout l'univers.

Cette pensée me donna quelque tranquillité, qui était cependant troublée par l'impatience que j'avais d'être interrogé. Ma porte s'ouvrit au milieu de la nuit. Je fus surpris en voyant entrer dom Gabriel. Rassurez-vous, me dit-il en s'approchant; je viens par ordre de madame de Benavidés; elle a eu assez d'estime pour moi pour ne me rien cacher de ce qui vous regarde. Peut-être, ajouta-t-il avec un soupir qu'il ne put retenir, aurait-elle pensé différemment, si elle m'avait bien connu. N'importe, je répondrai à sa confiance; je vous sauverai et je la sauverai, si je puis. Vous ne me sauverez point, lui dis-je à mon tour; je dois justifier madame de Benavidés; et je le ferais aux dépens de mille vies.

Je lui expliquai tout de suite mon projet de ne point me faire connaître. Ce projet pourrait avoir lieu, me répondit dom Gabriel, si mon frère était mort, comme je vois que vous le croyez; mais sa blessure, quoique grande, peut n'être pas mortelle, et le premier signe de vie qu'il a donné, a été de faire renfermer madame de Benavidés dans son appartement. Vous voyez par là qu'il l'a soupçonnée, et que vous vous perdriez sans la sauver. Sortons, ajouta-t-il; je puis aujourd'hui pour vous ce que je ne pourrai peut-être plus demain. Et que deviendra madame de Benavidés? m'écriai-je; non, je ne puis me résoudre à me tirer d'un péril où je l'ai mise, et à l'y laisser. Je vous ai déjà dit, me répondit dom Gabriel, que votre présence ne peut que rendre sa condition plus fâcheuse. Eh bien! lui dis-je, je fuirai, puisqu'elle le veut, et que son intérêt le demande. J'espérais, en sacrifiant ma vie, lui donner du moins quelque pitié; je ne méritais pas cette consolation. Je suis un malheureux, indigne de mourir pour elle. Protégez-la, dis-je à dom Gabriel; vous êtes généreux; son innocence, son malheur, doivent vous toucher. Vous pouvez juger, me répliqua t-il, par ce qui m'est échappé, que les intérêts de madame de Benavidés me sont plus chers qu'il ne faudrait pour mon repos; je ferai tout pour elle. Hélas! ajouta-t-il, je me croirais payé, si je pouvais encore penser qu'elle n'a rien aimé. Comment se peut-il que le bonheur d'avoir touché un cœur comme le sien ne vous ait pas suffi? Mais sortons, poursuivit-il, profitons de la nuit. Il me prit par la main, tourna une lanterne sourde, et me fit traverser les cours du château. J'étais si plein de rage contre moi-même, que, par un sentiment de désespéré, j'aurais voulu être encore plus malheureux que je n'étais.

Dom Gabriel m'avait conseillé, en me quittant, d'aller dans un couvent de religieux qui n'était qu'à un quart de lieue du château : Il faut, me dit-il, vous tenir caché dans cette maison pendant quelques jours, pour vous dérober aux recherches que je serai moi-même obligé de faire; voilà une lettre pour un religieux de la maison, à qui vous pouvez vous confier. J'errai encore long-temps autour du château; je ne pouvais me résoudre à m'en éloigner; mais le désir de savoir des nouvelles d'Adélaïde me détermina enfin à prendre la route du couvent.

J'y arrivai à la pointe du jour. Ce religieux, après avoir lu la lettre de dom Gabriel, m'emmena dans une chambre. Mon extrême abattement et le sang qu'il aperçut sur mes habits lui firent craindre que je ne fusse blessé. Il me le demandait, quand il me vit tomber en faiblesse; un domestique qu'il appela, et lui, me mirent au lit. On fit venir le chirurgien de la maison pour visiter ma plaie; elle s'était extrêmement envenimée par le froid et par la fatigue que j'avais soufferts.

Quand je fus seul avec le père à qui j'étais adressé, je le priai d'envoyer à une maison du village que je lui indiquai, pour s'informer de Saint-Laurent; j'avais jugé qu'il s'y serait réfugié : je ne m'étais pas trompé; il vint avec l'homme que j'avais envoyé. La douleur de ce pauvre garçon fut extrême, quand il sut que j'étais blessé; il s'approcha de mon lit pour s'informer de mes nouvelles. Si vous voulez me sauver la vie, lui dis-je, il faut m'apprendre dans quel état est madame de Benavidés; sachez ce qui se passe; ne perdez pas un moment pour m'en éclaircir, et songez que ce que je souffre est mille fois pire que la mort. Saint-Laurent me promit de faire ce que je souhaitais; il sortit dans l'instant pour prendre les mesures nécessaires.

Cependant la fièvre me prit avec beaucoup de violence : ma plaie parut dangereuse : on fut obligé de me faire de grandes incisions : mais les m ade l'esprit me laissaient à peine sentir ceux du corps. Madame de Benavidés, comme je l'avais vue, en sortant de sa chambre, fondant en larmes, couchée sur le plancher, auprès de son mari que j'avais blessé, ne me sortait pas un moment de l'esprit : je repassais les malheurs de sa vie, je me trouvais partout : son mariage, le choix de ce mari, le plus jaloux, le plus bizarre de tous les hommes, s'étaient faits pour moi, et je venais de mettre le comble à tant d'infortunes, en exposant sa réputation. Je me rappelais ensuite la jalousie que je lui avais marquée : quoiqu'elle n'eût duré qu'un moment, quoiqu'un seul mot l'eût fait cesser, je ne pouvais me la pardonner. Adélaïde me devait regarder comme indigne de ses bontés; elle devait me haïr. Cette idée, si douloureuse, si accablante, je la soutenais par la rage dont j'étais animé contre moi-même.

Saint-Laurent revint au bout de huit jours; il me dit que Benavidés était très-mal de sa blessure, que sa femme paraissait inconsolable, que dom Gabriel faisait mine de nous faire chercher avec soin. Ces nouvelles n'étaient pas propres à me calmer : je ne savais ce que je devais désirer; tous les événemens étaient contre moi; je ne pouvais même souhaiter la mort : il me semblait que je me devais à la justification de madame de Benavidés.

Le religieux qui me servait prit pitié de moi : il m'entendait soupirer continuellement; il me trouvait presque toujours le visage baigné de larmes. C'était un homme d'esprit, qui avait été long-temps dans le monde, et que divers accidens avaient conduit dans le cloître. Il ne chercha point à me consoler par ses discours; il me montra seulement de la sensibilité pour mes peines : ce moyen lui réussit; il gagna peu à peu ma confiance; peut-être aussi ne la dut-il qu'au besoin que j'avais de parler et de me plaindre. Je m'attachais à lui à mesure que je lui contais mes malheurs; il me devint si nécessaire au bout de quelques jours, que je ne pouvais consentir à le perdre un moment. Je n'ai jamais vu dans personne plus de vraie bonté : je lui répétais mille fois les mêmes choses; il m'écoutait, il entrait dans mes sentimens.

C'était par son moyen que je savais ce qui se passait chez Benavidés. Sa blessure le mit long-temps dans un très-grand danger; il guérit enfin. J'en appris la nouvelle par dom Jérôme : c'était le nom de ce religieux. Il me dit ensuite que tout paraissait tranquille dans le château, que madame de Benavidés vivait encore plus retirée qu'auparavant, que sa santé était très-languissante; il ajouta qu'il fallait que je me disposasse à m'éloigner aussitôt que je le pourrais, que mon séjour pouvait être découvert, et causer de nouvelles peines à madame de Benavidés.

Il s'en fallait bien que je fusse en état de partir : j'avais toujours la fièvre; ma plaie ne se refermait point. J'étais dans cette maison depuis deux mois, quand je m'aperçus un jour que dom Jérôme était triste et rêveur : il détournait les yeux, et n'osait me regarder; il répondait avec peine à mes questions. J'avais pris beaucoup d'amitié pour lui; d'ailleurs les malheureux sont plus sensibles que les autres. J'allais lui demander le sujet de sa mélancolie, lorsque Saint-Laurent, entrant dans ma chambre, me dit que dom Gabriel était dans la maison, qu'il venait de le rencontrer.

Dom Gabriel est ici, dis-je en regardant dom Jérôme, et vous ne m'en dites rien! Pourquoi ce mystère? Vous me faites trembler! Que fait madame de Benavidés? Par pitié, tirez-moi de la cruelle incertitude où je suis. Je voudrais pouvoir vous y laisser toujours, me dit enfin dom Jérôme en m'embrassant. Ah! m'écriai-je, elle est morte! Benavidés l'a sacrifiée à sa fureur! Vous ne me répondez point? hélas! je n'ai donc plus d'espérance? Non, ce n'est point Benavidés, reprenais-je, c'est moi qui lui ai plongé le poignard dans le sein; sans mon amour, elle vivrait encore. Adélaïde est morte! je ne la verrai plus! je l'ai perdue pour jamais! Elle est morte, et je vis encore! Que tardé-je à la suivre, que tardé-je à la venger! mais non, ce serait me faire grâce que de me donner la mort; ce serait me séparer de moi-même qui me fais horreur.

L'agitation violente dans laquelle j'étais fit rouvrir ma plaie qui n'était pas encore bien fermée; je perdis tant de sang, que je tombai en faiblesse; elle fut si longue, que l'on me crut mort; je revins enfin après plusieurs heures. Dom Jérôme craignit que je n'entreprisse quelque chose contre ma vie; il chargea Saint-Laurent de me garder à vue. Mon désespoir prit alors une autre forme. Je restai dans un morne silence. Je ne répandais pas une larme. Ce fut dans ce temps que je fis dessein d'aller dans quelque lieu où je pusse être en proie à toute ma douleur. J'imaginais presque un plaisir à me rendre encore plus misérable que je ne l'étais.

Je souhaitai de voir dom Gabriel, parce que sa vue devait encore augmenter ma peine; je priai dom Jérôme de l'amener : ils vinrent ensemble dans ma chambre le lendemain. Dom Gabriel s'assit auprès de mon lit : nous restâmes tous deux assez long-temps sans nous parler; il me regardait avec des yeux pleins de larmes. Je rompis enfin le silence : Vous êtes bien généreux, monsieur, de voir un misérable pour qui vous devez avoir tant de haine ? Vous êtes trop malheureux, me répondit-il, pour que je puisse vous haïr. Je vous supplie, lui dis-je, de ne me laisser ignorer aucune circonstance de mon malheur; l'éclaircissement que je vous demande préviendra peut-être des événemens que vous avez intérêt d'empêcher. J'augmenterai mes peines et les vôtres, me répondit-il; n'importe, il faut vous satisfaire; vous verrez du moins dans le récit que je vais vous faire, que vous n'êtes pas seul à plaindre; mais je suis obligé, pour vous apprendre tout ce que vous voulez savoir, de vous dire un mot de ce qui me regarde.

Je n'avais jamais vu madame de Benavidés, quand elle devint ma belle-sœur. Mon frère, que des affaires considérables avaient attiré à

Bordeaux, en devint amoureux; et, quoique ses rivaux eussent autant de naissance et de bien, et lui fussent préférables par beaucoup d'autres endroits, je ne sais par quelle raison le choix de madame de Benavidés fut pour lui. Peu de temps après son mariage, il la mena dans ses terres; c'est là où je la vis pour la première fois. Si sa beauté me donna de l'admiration, je fus encore plus enchanté des grâces de son esprit et de son extrême douceur, que mon frère mettait tous les jours à de nouvelles épreuves. Cependant l'amour que j'avais alors pour une très-aimable personne dont j'étais tendrement aimé, me faisait croire que j'étais à l'abri de tant de charmes; j'avais même dessein d'engager ma belle-sœur à me servir auprès de son mari, pour le faire consentir à mon mariage. Le père de ma maîtresse, offensé des refus de mon frère, ne m'avait donné qu'un temps très-court pour les faire cesser, et m'avait déclaré, et à sa fille, que, ce temps expiré, il la marierait à un autre.

L'amitié que madame de Benavidés me témoignait, me mit bientôt en état de lui demander son secours; j'allais souvent dans sa chambre, dans le dessein de lui en parler, et j'étais arrêté par le plus léger obstacle. Cependant le temps qui m'avait été prescrit s'écoulait; j'avais reçu plusieurs lettres de ma maîtresse, qui me pressaient d'agir; les réponses que je lui faisais ne la satisfirent pas; il s'y glissait, sans que je m'en aperçusse, une froideur qui m'attira des plaintes; elles me parurent injustes; je lui en écrivis sur ce ton-là. Elle se crut abandonnée; et le dépit, joint aux instances de son père, la détermina à se marier. Elle m'instruisit elle-même de son sort; sa lettre, quoique pleine de reproches, était tendre; elle finissait en me priant de ne la voir jamais. Je l'avais beaucoup aimée, je croyais l'aimer encore; je ne pus apprendre, sans une véritable douleur, que je la perdais: je craignais qu'elle ne fût malheureuse, et je me reprochais d'en être la cause.

Toutes ces différentes pensées m'occupaient; j'y rêvais tristement en me promenant dans une allée de ce bois que vous connaissez, quand je fus abordé par madame de Benavidés. Elle s'aperçut de ma tristesse; elle m'en demanda la cause avec amitié. Une secrète répugnance me retenait: je ne pouvais me résoudre à lui dire que j'avais été amoureux; mais le plaisir de pouvoir lui parler d'amour, quoique ce ne fût pas pour elle, l'emporta. Tous ces mouvemens se passaient dans mon cœur, sans que je les démêlasse: je n'avais encore osé approfondir ce que je sentais pour ma belle-sœur. Je lui contai mon aventure, je lui montrai la lettre de mademoiselle de N..... Que ne m'avez-vous parlé plus tôt? me dit-elle. Peut-être aurais-je obtenu de monsieur votre frère le consentement qu'il vous refusait. Mon Dieu! que je vous plains, et que je la plains! elle sera assurément malheureuse. La pitié de madame de Benavidés pour mademoiselle de N..... me fit craindre qu'elle ne prît de moi des idées désavantageuses; et, pour diminuer cette pitié, je me pressai de lui dire que le mari de mademoiselle de N..... avait du mérite, de la naissance, qu'il tenait un rang considérable dans le monde, et qu'il y avait apparence que sa fortune deviendrait encore plus considérable. Vous vous trompez, me répondit-elle, si vous croyez que tous ces avantages la rendent heureuse; rien ne peut remplacer la perte de ce qu'on aime. C'est une cruelle chose, ajouta-t-elle, quand il faut mettre toujours le devoir à la place de l'inclination. Elle soupira plusieurs fois pendant cette conversation : je m'aperçus même qu'elle avait peine à retenir ses larmes.

Après m'avoir dit encore quelques mots, elle me quitta. Je n'eus pas la force de la suivre; je restai dans un trouble que je ne puis exprimer; je vis tout d'un coup ce que je n'avais pas voulu voir jusque-là, que j'étais amoureux de ma belle-sœur, et je crus voir qu'elle avait une passion dans le cœur : je me rappelai mille circonstances auxquelles je n'avais pas fait attention, son goût pour la solitude, son éloignement pour tous les amusemens, dans un âge comme le sien. Son extrême mélancolie, que j'avais attribuée aux mauvais traitemens de mon frère, me parut alors avoir une autre cause. Que de réflexions douloureuses se présentèrent en même temps à mon esprit ! Je me trouvais amoureux d'une personne que je ne devais point aimer, et cette personne en aimait un autre. Si elle n'aimait rien, disais-je, mon amour, quoique sans espérance, ne serait pas sans douceur ; je pourrais prétendre à son amitié, elle m'aurait tenu lieu de tout; mais cette amitié n'est plus rien pour moi, si elle a des sentimens plus vifs pour un autre. Je sentais que je devais faire tous mes efforts pour me guérir d'une passion contraire à mon repos, et que l'honneur ne me permettait pas d'avoir. Je pris le dessein de m'éloigner, et je rentrai au château, pour dire à mon frère que j'étais obligé de partir; mais la vue de madame de Benavidés arrêta mes résolutions. Cependant, pour me donner à moi-même un prétexte de rester près d'elle, je me persuadai que je lui étais utile pour arrêter les mauvaises humeurs de son mari.

Vous arrivâtes dans ce temps-là ; je trouvai en vous un air et des manières qui démentaient la condition sous laquelle vous paraissiez. Je vous marquai de l'amitié ; je voulus entrer dans votre confidence ; mon dessein était de vous engager ensuite à peindre madame de Benavidés ; car, malgré toutes les illusions que mon amour me faisait, j'étais toujours dans la résolution de m'éloigner, et je voulais, en me séparant d'elle pour toujours, avoir du moins son portrait. La manière dont vous répondîtes à mes avances me fit voir que je ne pouvais rien espérer de vous, et j'étais allé pour faire venir un autre peintre, le jour malheureux où vous blessâtes mon frère. Jugez de ma surprise, quand, à mon retour, j'appris tout ce qui s'était passé. Mon frère, qui était très-mal, gardait un morne silence, et jetait de temps en temps des regards terribles sur madame de Benavidés. Il m'appela aussitôt qu'il me vit. Délivrez-moi, me dit-il, de la vue d'une femme qui m'a trahi ; faites-la conduire dans son appartement, et donnez ordre qu'elle n'en puisse sortir. Je voulus dire quelque chose ; mais M. de Benavidés m'interrompit au premier mot : Faites ce que je souhaite, me dit-il, ou ne me voyez jamais.

Il fallut donc obéir : je m'approchai de ma belle-sœur ; je la priai que je pusse lui parler dans sa chambre ; elle avait entendu les ordres que son mari m'avait donnés. Allons, me dit-elle, en répandant un torrent de larmes, venez exécuter ce que l'on vous ordonne. Ces paroles, qui avaient l'air de reproches, me pénétrèrent de douleur : je n'osais y répondre dans le lieu où nous étions, mais elle ne fut pas plus tôt dans sa chambre que la regardant avec beaucoup de tristesse : Quoi ! lui dis-je, madame, me confondez-vous avec votre persécuteur, moi, qui sens vos peines comme vous-même, moi, qui donnerais ma vie pour vous ? Je frémis de le dire ; mais je crains pour la vôtre ; retirez-vous pour quelque temps dans un lieu sûr ; je vous offre de vous y faire conduire. Je ne sais si M. de Benavidés en veut à mes jours, me répondit-elle ; je sais seulement que mon devoir m'oblige à ne pas l'abandonner, et je le remplirai, quoi qu'il m'en puisse coûter. Elle se tut quelques momens, et reprenant la parole : Je vais, continua-t-elle, vous donner, par une entière confiance, la plus grande marque d'estime que je puisse vous donner ; aussi-bien l'aveu que j'ai à vous faire m'est-il nécessaire pour conserver la vôtre ; allez retrouver votre frère ; une plus longue conversation pourrait lui être suspecte, revenez ensuite le plus tôt que vous pourrez.

Je sortis, comme madame de Benavidés le souhaitait. Le chirurgien avait ordonné qu'on ne laissât entrer personne dans la chambre de M. de Benavidés; je courus retrouver sa femme, agité de mille pensées différentes : je désirais de savoir ce qu'elle avait à me dire, et je craignais de l'apprendre. Elle me conta comment elle vous avait connu, l'amour que vous aviez pris pour elle le premier moment que vous l'aviez vue. Elle ne me dissimula point l'inclination que vous lui aviez inspirée.

Quoi ! m'écriai-je à cet endroit du récit de dom Gabriel, j'avais touché l'inclination de la plus parfaite personne du monde, et je l'ai perdue ! Cette idée pénétra mon cœur d'un sentiment si tendre, que mes larmes, qui avaient été retenues jusque-là par l'excès de mon désespoir, commencèrent à couler.

Oui, continua dom Gabriel, vous en étiez aimé. Quel fonds de tendresse je découvris pour vous dans son cœur, malgré ses malheurs, malgré sa situation présente ! Je sentais qu'elle appuyait avec plaisir sur tout ce que vous aviez fait pour elle ; elle m'avoua qu'elle vous avait reconnu, quand je la conduisis dans la chambre où vous peigniez ; qu'elle vous avait écrit, pour vous ordonner de partir, et qu'elle n'avait pu trouver une occasion de vous donner sa lettre. Elle me conta ensuite comment son mari vous avait surpris dans le moment même où vous lui disiez un éternel adieu ; qu'il avait voulu la tuer, et que c'était en la défendant que vous aviez blessé M. de Benavidés. Sauvez ce malheureux, ajouta-t-elle ; vous seul pouvez le dérober au sort qui l'attend : car, je le connais, dans la crainte de m'exposer, il souffrirait les derniers supplices, plutôt que de déclarer ce qu'il est. Il est bien payé de ce qu'il souffre, lui dis-je, madame, par la bonne opinion que vous avez de lui. Je vous ai découvert toute ma faiblesse, répliqua-t-elle ; mais vous avez dû voir que, si je n'ai pas été maîtresse de mes sentimens, je l'ai du moins été de ma conduite, et que je n'ai fait aucune démarche que le plus rigoureux devoir puisse condamner. Hélas ! madame, lui dis-je, vous n'avez pas besoin de vous justifier ; je sais trop, par moi-même, qu'on ne dispose pas de son cœur comme on le voudrait. Je vais mettre tout en usage, ajoutai-je, pour vous obéir, et pour délivrer le comte de Comminge ; mais j'ose vous dire qu'il n'est peut-être pas le plus malheureux.

Je sortis en prononçant ces paroles, sans

oser jeter les yeux sur madame de Benavidés ; je fus m'enfermer dans ma chambre pour résoudre ce que j'avais à faire. Mon parti était pris de vous délivrer ; mais je ne savais pas si je ne devais pas fuir moi-même. Ce que j'avais souffert, pendant le récit que je venais d'entendre, me faisait connaître à quel point j'étais amoureux. Il fallait m'affranchir d'une passion si dangereuse pour ma vertu ; mais il y avait de la cruauté d'abandonner madame de Benavidés, seule, entre les mains d'un mari qui croyait en avoir été trahi. Après bien des irrésolutions, je me déterminai à secourir madame de Benavidés, et à l'éviter avec soin. Je ne pus lui rendre compte de votre évasion que le lendemain ; elle me parut un peu plus tranquille ; je crus cependant m'apercevoir que son affliction était encore augmentée, et je ne doutai pas que ce ne fût la connaissance que je lui avais donnée de mes sentimens : je la quittai pour la délivrer de l'embarras que ma présence lui causait.

Je fus plusieurs jours sans la voir. Le mal de mon frère, qui augmentait, et qui faisait tout craindre pour sa vie, m'obligea de lui faire une visite pour l'en avertir. Si j'avais perdu M. de Benavidés, me dit-elle, par un événement ordinaire, sa perte m'aurait été moins sensible ; mais la part que j'aurais à celui-ci me la rendrait tout-à-fait douloureuse. Je ne crains point les mauvais traitemens qu'il peut me faire ; je crains qu'il ne meure avec l'opinion que je lui ai manqué ; s'il vit, j'espère qu'il connaîtra mon innocence, et qu'il me rendra son estime. Il faut aussi, lui dis-je, madame, que je tâche de mériter la vôtre. Je vous demande pardon des sentimens que je vous ai laissé voir : je n'ai pu ni les empêcher de naître, ni vous les cacher. Je ne sais même si je pourrai en triompher ; mais je vous jure que je ne vous en importunerai jamais ; j'aurais même pris déjà le parti de m'éloigner de vous, si votre intérêt ne me retenait ici. Je vous avoue, me dit-elle, que vous m'avez sensiblement affligée. La fortune a voulu m'ôter jusqu'à la consolation que j'aurais trouvée dans votre amitié.

Les larmes qu'elle répandait en me parlant, firent plus d'effet sur moi que toute ma raison ; je fus honteux d'augmenter les malheurs d'une personne déjà si malheureuse. Non, madame, lui dis-je, vous ne serez point privée de cette amitié dont vous avez la bonté de faire cas, et je me rendrai digne de la vôtre, par le soin que j'aurai de vous faire oublier mon égarement.

Je me trouvai effectivement, en la quittant, plus tranquille que je n'avais été depuis que je la connaissais. Bien loin de la fuir, je voulus, par les engagemens que je prendrais avec elle en la voyant, me donner à moi-même de nouvelles raisons de faire mon devoir. Ce moyen me réussit; je m'accoutumais peu à peu à réduire mes sentimens à l'amitié; je lui disais naturellement le progrès que je faisais; elle m'en remerciait comme d'un service que je lui aurais rendu; et, pour m'en récompenser, elle me donnait de nouvelles marques de sa confiance; mon cœur se révoltait encore quelquefois, mais la raison restait la plus forte. Mon frère, après avoir été assez long-temps dans un très-grand danger, revint enfin : il ne voulut jamais accorder à sa femme la permission de le voir, qu'elle lui demanda plusieurs fois. Il n'était pas encore en état de quitter la chambre, que madame de Benavidés tomba malade à son tour. Sa jeunesse la tira d'affaire, et j'eus lieu d'espérer que sa maladie avait attendri son mari pour elle; quoiqu'il se fût obstiné à ne la point voir, quelque instance qu'elle lui en eût fait faire dans le plus fort de son mal, il demandait de ses nouvelles avec quelque sorte d'empressement.

Elle commençait à se mieux porter, quand M. de Benavidés me fit appeler. J'ai une affaire importante, me dit-il, qui demanderait ma présence à Saragosse; ma santé ne me permet pas de faire ce voyage; je vous prie d'y aller à ma place; j'ai ordonné que mes équipages fussent prêts, et vous m'obligerez de partir tout à l'heure. Il est mon aîné d'un grand nombre d'années; j'ai toujours eu pour lui le respect que j'aurais eu pour mon père, et il m'en a tenu lieu; je n'avais d'ailleurs aucune raison pour me dispenser de faire ce qu'il souhaitait de moi : il fallut donc me résoudre à partir; mais je crus que cette marque de ma complaisance me mettait en droit de lui parler sur madame de Benavidés. Que ne lui dis-je point pour l'adoucir! il me parut que je l'avais ébranlé; je crus même le voir attendri. J'ai aimé madame de Benavidés, me dit-il, de la passion du monde la plus forte; elle n'est pas encore éteinte dans mon cœur; mais il faut que le temps et la conduite qu'elle aura à l'avenir effacent le souvenir de ce que j'ai vu. Je n'osai contester ses sujets de plainte ; c'était le moyen de rappeler ses fureurs. Je lui demandai seulement la permission de dire à ma belle-sœur les espérances qu'il me donnait; il me le permit. Cette pauvre femme reçut cette nouvelle avec une sorte de joie. Je sais, me dit-elle, que je ne puis être heureuse avec M. de Benavidés; mais j'aurai du moins la consolation d'être où mon devoir veut que je sois.

Je la quittai après l'avoir encore assurée des bonnes dispositions de mon frère. Un des principaux domestiques de la maison, à qui je me confiais, fut chargé de ma part d'être attentif à tout ce qui pourrait la regarder, et de m'en instruire. Après ces précautions, que je crus suffisantes, je pris la route de Saragosse. Il y avait près de quinze jours que j'y étais arrivé, que je n'avais eu encore aucune nouvelle : ce long silence commençait à m'inquiéter, quand je reçus une lettre de ce domestique, qui m'apprenait que, trois jours après mon départ, M. de Benavidés l'avait mis dehors et tous ses camarades, et qu'il n'avait gardé qu'un homme, qu'il me nomma, et la femme de cet homme.

Je frémis en lisant sa lettre, et, sans m'embarrasser des affaires dont j'étais chargé, je pris sur-le-champ la poste.

J'étais à trois journées d'ici, quand je reçus la fatale nouvelle de la mort de madame de Benavidés; mon frère, qui me l'écrit lui-même, m'en paraît si affligé, que je ne saurais croire qu'il y ait eu part. Il me mande que l'amour qu'il avait pour sa femme l'avait emporté sur sa colère; qu'il était près de lui pardonner, quand la mort la lui avait ravie; qu'elle était retombée peu après mon départ, et qu'une fièvre violente l'avait emportée le cinquième jour. J'ai su, depuis que je suis ici, où je suis venu chercher quelque consolation auprès de dom Jérôme, qu'il est plongé dans la plus affreuse mélancolie; il ne veut voir personne, il m'a même fait prier de ne pas aller sitôt chez lui.

Je n'ai aucune peine à lui obéir, continua dom Gabriel; les lieux où j'ai vu la malheureuse madame de Benavidés, et où je ne la verrais plus, ajouteraient encore à ma douleur; il semble que sa mort ait réveillé mes premiers sentimens; et je ne sais si l'amour n'a pas autant de part à mes larmes que l'amitié. J'ai résolu de passer en Hongrie, où j'espère trouver la mort dans les périls de la guerre, ou retrouver le repos que j'ai perdu.

Dom Gabriel cessa de parler; je ne pus lui répondre, ma voix était étouffée par mes soupirs et par mes larmes; il en répandait aussi bien que moi; il me quitta enfin sans que j'eusse pu lui dire une parole. Dom Jérôme l'accompagna, et je restai seul : ce que je venais d'entendre augmentait l'impatience que j'avais de me trouver dans un lieu où rien ne me dérobât à ma douleur. Le désir d'exécuter ce projet hâta ma guérison : après avoir langui si long-temps, mes forces commencèrent à revenir, ma blessure se ferma, et je me vis en état de partir en peu de temps. Les adieux de dom Jérôme et de moi furent, de sa part, remplis de beaucoup de témoignages d'amitié; j'aurais voulu y répondre, mais j'avais perdu ma chère Adélaïde, et je n'avais de sentiment que pour la pleurer. Je cachai mon dessein, de peur qu'on ne cherchât à y mettre obstacle. J'écrivis à ma mère par Saint-Laurent, à qui j'avais fait croire que j'attendrais la réponse dans le lieu où j'étais. Cette lettre contenait un détail de tout ce qui m'était arrivé; je finissais en lui demandant pardon de m'éloigner d'elle : j'ajoutais que j'avais cru devoir lui épargner la vue d'un malheureux qui n'attendait que la mort; enfin, je la priais de ne faire aucune perquisition pour découvrir ma retraite, et je lui recommandais Saint-Laurent.

Je lui donnai, quand il partit, tout ce que j'avais d'argent; je ne gardai que ce qui m'était nécessaire pour faire mon voyage. La lettre de madame de Benavidés, et son portrait que j'avais toujours sur mon cœur, étaient le seul bien que je m'étais réservé. Je partis le lendemain du départ de Saint-Laurent. Je vins, sans presque m'arrêter, à l'abbaye de la T...... Je demandai l'habit en arrivant; le père abbé m'obligea de passer par les épreuves. On me demanda, quand elles furent finies, si la mauvaise nourriture et les austérités ne me paraissaient pas au-dessus de mes forces : ma douleur m'occupait si entièrement, que je ne m'étais pas même aperçu du changement de nourriture et de ces austérités dont on me parlait.

Mon insensibilité à cet égard fut prise pour une marque de zèle, et je fus reçu. L'assurance que j'avais par-là que mes larmes ne seraient point troublées, et que je passerais ma vie entière dans cet exercice, me donna quelque espèce de consolation. L'affreuse solitude, le silence qui régnait toujours dans cette maison, la tristesse de tous ceux qui m'environnaient, me laissaient tout entier à cette douleur qui m'était devenue si chère, qui me tenait presque lieu de ce que j'avais perdu. Je remplissais les exercices du cloître, parce que tout m'était également indifférent; j'allais tous les jours dans quelque endroit écarté des bois; là, je relisais cette lettre, je regardais le portrait de ma chère Adélaïde; je baignais de mes larmes l'un et l'autre, et je revenais le cœur encore plus plein de tristesse.

Il y avait trois années que je menais cette vie, sans que mes peines eussent eu le moindre adoucissement, quand je fus appelé par le son de la cloche pour assister à la mort d'un religieux; il était déjà couché sur la cendre, et on allait lui administrer le dernier sacrement, lorsqu'il demanda au père abbé la permission de parler.

Ce que j'ai à dire, mon père, ajouta-t-il, animera d'une nouvelle ferveur ceux qui m'écoutent, pour celui qui par des voies si extraordinaires m'a tiré du profond abîme où j'étais plongé, pour me conduire dans le port du salut.

Il continua ainsi :

Je suis indigne de ce nom de frère dont ces saints religieux m'ont honoré : vous voyez en moi une malheureuse pécheresse qu'un amour profane a conduite dans ces saints lieux. J'aimais et j'étais aimée d'un jeune homme d'une condition égale à la mienne : la haine de nos pères mit obstacle à notre mariage ; je fus même obligée, pour l'intérêt de mon amant, d'en épouser un autre. Je cherchai jusque dans le choix de mon mari à lui donner des preuves de mon fol amour : celui qui ne pouvait m'inspirer que de la haine fut préféré, parce qu'il ne pouvait lui donner de jalousie. Dieu a permis qu'un mariage contracté par des vues si criminelles ait été pour moi une source de malheurs. Mon mari et mon amant se blessèrent à mes yeux ; le chagrin que j'en conçus me rendit malade ; je n'étais pas encore rétablie quand mon mari m'enferma dans une tour de sa maison, et me fit passer pour morte. Je fus deux ans en ce lieu, sans autre consolation que celle que tâchait de me donner celui qui était chargé de m'apporter ma nourriture. Mon mari, non content des maux qu'il me faisait souffrir, avait encore la cruauté d'insulter à ma misère : mais, que dis-je, ô mon Dieu ! j'ose appeler cruauté l'instrument dont vous vous serviez pour me punir ! Tant d'afflictions ne me firent point ouvrir les yeux sur mes égaremens : bien loin de pleurer mes péchés, je ne pleurais que mon amant. La mort de mon mari me mit enfin en liberté. Le même domestique, seul instruit de ma destinée, vint m'ouvrir ma prison, et m'apprit que j'avais passé pour morte dès l'instant qu'on m'avait enfermée. La crainte des discours que mon aventure ferait tenir de moi me fit penser à la retraite ; et, pour achever de m'y déterminer, j'appris qu'on ne savait aucune nouvelle de la seule personne qui pouvait me retenir dans le monde. Je pris un habit d'homme pour sortir avec plus de facilité du château. Le couvent que j'avais choisi, et où j'avais été élevée, n'était qu'à quelques lieues d'ici : j'étais en chemin pour m'y rendre, quand un mouvement inconnu m'obligea d'entrer dans cette église. A peine y étais-je, que je distinguai, parmi ceux qui chantaient les louanges du Seigneur, une voix trop accoutumée à aller jusqu'à mon cœur : je crus être séduite par la force de mon imagination ; je m'approchai, et, malgré le changement que le temps et les austérités avaient apporté sur son visage, je reconnus ce séducteur si cher à mon souvenir. Que devins-je, grand Dieu! à cette vue! de quel trouble ne fus-je point agitée! loin de bénir le Seigneur de l'avoir mis dans la voie sainte, je blasphémai contre lui de me l'avoir ôté. Vous ne punîtes pas mes murmures impies, ô mon Dieu! et vous vous servîtes de ma propre misère pour m'attirer à vous. Je ne pus m'éloigner d'un lieu qui renfermait ce que j'aimais; et, pour ne m'en plus séparer, après avoir congédié mon conducteur, je me présentai à vous, mon père; vous fûtes trompé par l'empressement que je montrais pour être admise dans votre maison; vous m'y reçûtes. Quelle était la disposition que j'apportais à vos saints exercices? un cœur plein de passion, tout occupé de ce qu'il aimait. Dieu qui voulait, en m'abandonnant à moi-même, me donner de plus en plus des raisons de m'humilier un jour devant lui, permettait sans doute ces douceurs empoisonnées que je goûtais à respirer le même air et à être dans le même lieu. Je m'attachais à tous ses pas, je l'aidais dans son travail autant que mes forces pouvaient me le permettre, et je me trouvais dans ces momens payée de tout ce que je souffrais. Mon égarement n'alla pourtant pas jusqu'à me faire connaître:

mais quel fut le motif qui m'arrêta? la crainte de troubler le repos de celui qui m'avait fait perdre le mien; sans cette crainte, j'aurais peut-être tout tenté pour arracher à Dieu une âme que je croyais qui était toute à lui.

Il y a deux mois que, pour obéir à la règle du saint fondateur qui a voulu, par l'idée continuelle de la mort, sanctifier la vie de ses religieux, il leur fut ordonné à tous de se creuser chacun leur tombeau. Je suivais, comme à l'ordinaire, celui à qui j'étais liée par des chaînes si honteuses : la vue de ce tombeau, l'ardeur avec laquelle il le creusait, me pénétrèrent d'une affliction si vive, qu'il fallut m'éloigner pour laisser couler des larmes qui pouvaient me trahir. Il me semblait, depuis ce moment, que j'allais le perdre; cette idée ne m'abandonnait plus; mon attachement en prit encore de nouvelles forces; je le suivais partout; et, si j'étais quelques heures sans le voir, je croyais que je ne le verrais plus.

Voici le moment heureux que Dieu avait préparé pour m'attirer à lui; nous allions dans la forêt couper du bois pour l'usage de la maison, quand je m'aperçus que mon compagnon m'avait quittée; mon inquiétude m'obligea à le chercher. Après avoir parcouru plusieurs routes du bois, je le vis dans un endroit écarté, occupé à regarder quelque chose qu'il avait tiré de son sein. Sa rêverie était si profonde, que j'allai à lui, et que j'eus le temps de considérer ce qu'il tenait, sans qu'il m'aperçût. Quel fut mon étonnement quand je reconnus mon portrait ! Je vis alors que, bien loin de jouir de ce repos que j'avais tant craint de troubler, il était comme moi la malheureuse victime d'une passion criminelle ; je vis Dieu irrité appesantir sa main toute-puissante sur lui ; je crus que cet amour, que je portais jusqu'au pied des autels, avait attiré la vengeance céleste sur celui qui en était l'objet. Pleine de cette pensée, je vins me prosterner au pied de ces mêmes autels ; je vins demander à Dieu ma conversion, pour obtenir celle de mon amant. Oui, mon Dieu ! c'était pour lui que je vous priais, c'était pour lui que je versais des larmes, c'était son intérêt qui m'amenait à vous. Vous eûtes pitié de ma faiblesse ; ma prière, toute insuffisante, toute profane qu'elle était encore, ne fut pas rejetée ; votre grâce se fit sentir à mon cœur. Je goûtai, dès ce moment, la paix d'une âme qui est avec vous, et qui ne cherche que vous. Vous voulûtes encore me purifier par des souffrances ; je tombai malade peu de jours après. Si le compagnon de mes égaremens gémit encore sous le poids du péché, qu'il jette les yeux sur moi, qu'il considère ce qu'il a si follement aimé, qu'il pense à ce moment redoutable où je touche, et où il touchera bientôt, à ce jour où Dieu fera taire sa miséricorde pour n'écouter que sa justice! Mais je sens que le temps de mon dernier sacrifice s'approche; j'implore le secours des prières de ces saints religieux; je leur demande pardon du scandale que je leur ai donné; et je me reconnais indigne de partager leur sépulture.

Le son de voix d'Adélaïde, si présent à mon souvenir, me l'avait fait reconnaître dès le premier mot qu'elle avait prononcé. Quelle expression pourrait représenter ce qui se passait alors dans mon cœur! Tout ce que l'amour le plus tendre, tout ce que la pitié, tout ce que le désespoir peuvent faire sentir, je l'éprouvai dans ce moment.

J'étais prosterné comme les autres religieux. Tant qu'elle avait parlé, la crainte de perdre une de ses paroles avait retenu mes cris; mais, quand je compris qu'elle avait expiré, j'en fis de si douloureux, que les religieux vinrent à moi et me relevèrent. Je me démêlai de leurs bras, je courus me jeter à genoux auprès du corps d'Adélaïde; je lui prenais les mains que j'arrosais de mes larmes. Je vous ai donc perdue une seconde fois, ma chère Adélaïde, m'écriai-je, et je vous ai perdue pour toujours! Quoi! vous avez été si long-temps auprès de moi, et mon cœur ingrat ne vous a pas reconnue! Nous ne nous séparerons du moins jamais; la mort, moins barbare que mon père, ajoutai-je, en la serrant entre mes bras, va nous unir malgré lui.

La véritable piété n'est point cruelle; le père abbé, attendri de ce spectacle, tâcha, par les exhortations les plus tendres et les plus chrétiennes, de me faire abandonner ce corps, que je tenais étroitement embrassé. Il fut enfin obligé d'y employer la force; on m'entraîna dans une cellule, où le père abbé me suivit; il passa la nuit avec moi, sans pouvoir rien gagner sur mon esprit. Mon désespoir semblait s'accroître par les consolations qu'on voulait me donner. Rendez-moi, lui disais-je, Adélaïde; pourquoi m'en avez-vous séparé? Non, je ne puis plus vivre dans cette maison où je l'ai perdue, où elle a souffert tant de maux; par pitié, ajoutai-je, en me jetant à ses pieds, permettez-moi d'en sortir! que feriez-vous d'un misérable dont le désespoir troublerait votre repos? Souffrez que j'aille dans l'ermitage attendre la mort. Ma chère Adélaïde obtiendra de Dieu que ma pénitence soit salutaire; et vous, mon père, je vous demande cette dernière grâce, promettez-moi que le même tombeau unira nos cendres : je vous promettrai, à mon tour, de ne rien faire pour hâter ce moment, qui peut seul mettre fin à mes maux. Le père abbé, par compassion et peut-être encore plus pour ôter de la vue de ses religieux un objet de scandale, m'accorda ma demande et consentit à ce que je voulus. Je partis dès l'instant pour ce lieu ; j'y suis depuis plusieurs années, n'ayant d'autre occupation que celle de pleurer ce que j'ai perdu.

FIN DES MÉMOIRES DE COMMINGE.

LE
SIÉGE DE CALAIS.

NOUVELLE HISTORIQUE.

Epître Dédicatoire.

C'est à vous que j'offre cet Ouvrage, à vous à qui je dois le bonheur d'aimer. J'ai le plaisir de vous rendre un hommage public, qui cependant ne sera connu que de vous.

LE
SIÉGE DE CALAIS.

NOUVELLE HISTORIQUE.

PREMIÈRE PARTIE.

Monsieur de Vienne, issu d'une des plus illustres maisons de Bourgogne, n'eut qu'une fille de son mariage avec mademoiselle de Chauvirey.

La naissance, la richesse, et surtout la beauté de mademoiselle de Vienne, lui donnèrent pour amans déclarés tous ceux qui pouvaient prétendre à l'alliance de M. de Vienne. M. de Granson, dont la naissance n'était pas inférieure, fut préféré à ses rivaux. Quoique aimable et amoureux, il n'avait point touché le cœur de mademoiselle de Vienne; mais la vertu prit la place des sentimens. Elle remplissait ses devoirs d'une manière si naturelle, que M. de

Granson put se croire aimé : un bonheur qui ne lui coûtait plus de soins ne le satisfit pas long-temps.

A peine une année s'était écoulée depuis son mariage, qu'il chercha, dans de nouveaux amusemens, des plaisirs moins tranquilles. Madame de Granson vit l'éloignement de son mari avec quelque sorte de peine ; les intérêts de la beauté ne sont guère moins chers à une jeune personne que ceux de son cœur.

Elle était, depuis son enfance, liée d'une tendre amitié avec la comtesse de Beaumont, sœur de M. de Canaple. Un jour que la compagnie avait été nombreuse chez madame de Granson, et que madame de Beaumont s'était aperçue qu'elle ne s'était prêtée à la conversation que par une espèce d'effort : J'ai envie, lui dit madame de Beaumont, aussitôt qu'elles furent seules, de deviner ce qui vous rend si distraite. Ne le devinez point, je vous prie, répondit madame de Granson ; laissez-moi vous cacher une faiblesse dont je suis honteuse. Vous avez tort de l'être, répliqua madame de Beaumont ; vos sentimens sont raisonnables ; M. de Granson a fait tout ce qu'il fallait pour se faire aimer de vous ; il fait présentement tout ce qu'il faut pour vous donner de la jalousie. Je vous assure, dit madame de Granson, que, si j'aimais mon mari de la façon que vous le pensez, je ne serais point honteuse de me trouver sensible à sa conduite présente; mais je ne l'ai jamais aimé qu'autant que le devoir l'exigeait; son cœur n'est point nécessaire au bonheur du mien; c'est le mépris de ce que je puis avoir d'agrémens qui m'irrite. Je suis humiliée qu'une année de mariage ait éteint l'amour de mon mari, et je me reproche de me trouver des sentimens qui ne sont excusables que lorsque la tendresse les fait naître.

Monsieur votre frère, qui ne m'a jamais vue, continua-t-elle, mais qui a été le confident de la passion de M. de Granson, et à qui, dans les commencemens de notre mariage, il a peut-être vanté son bonheur, sera bien étonné de le trouver, à son retour, amoureux d'une autre femme. Il devrait en être étonné, dit madame de Beaumont, et je vous assure cependant qu'il ne le sera pas; il croit qu'on ne peut être long-temps amoureux et heureux; mais aussi il est bien éloigné de penser, comme la plupart des hommes, qu'on peut, sans intéresser la probité, manquer à une femme; il est persuadé, au contraire, qu'on ne saurait mettre trop de vertu dans un engagement qui trouble souvent toute la vie d'une malheureuse à qui l'on a persuadé qu'on l'aimerait toujours. Aussi, ajouta madame de Beaumont, mon frère ne s'est-il jamais permis d'engagement sérieux.

Je suis tout-à-fait fâchée, répondit madame de Granson, de tout ce que vous m'apprenez : la liaison qui est entre M. de Canaple et M. de Granson, et celle qui est entre vous et moi, m'avaient fait naître l'espérance d'en faire mon ami; mais je crains qu'il ne soit aussi inconstant en amitié, qu'il l'est en amour. Ce n'est pas la même chose, répliqua madame de Beaumont; l'amitié n'a point comme l'amour un but déterminé; et c'est ce but, une fois gagné, qui gâte tout chez mon frère; mais je doute qu'il s'empresse d'être de vos amis; il craint de voir les femmes qu'il pourrait aimer, et vous êtes faite de façon à lui donner très-légitimement cette crainte; je crois même que, quoiqu'il soit fort aimable, il ne vous le paraîtra point du tout; car il faut encore vous dire ce petit trait de son caractère; son esprit ne se montre jamais mieux que quand il n'a rien à craindre pour son cœur. C'est-à-dire, répliqua madame de Granson, qu'il fait injure toutes les fois qu'il cherche à plaire, et qu'il faudrait l'en haïr. En vérité, vous avez un frère bien singulier, et, si vous lui ressembliez, je ne vous aimerais pas autant que je vous aime.

Quand madame de Granson fut seule, elle ne

put s'empêcher de repasser dans son esprit tout ce qu'elle venait d'entendre sur le caractère de M. de Canaple. Il croit donc, disait-elle, qu'il n'a qu'à aimer pour être aimé. Ah! que je lui prouverais bien le contraire, et que j'aurais de plaisir à mortifier sa vanité! Ce sentiment, que madame de Granson ne se reprochait pas, l'occupait plus qu'il ne méritait. Elle s'informait, avec quelque sorte d'empressement, du temps où M. de Canaple devait venir.

Ce temps ne tarda guère. M. de Granson annonça à sa femme l'arrivée de son ami, et la pria de trouver bon qu'ils logeassent ensemble, comme ils avaient toujours fait. A quelques jours de là, il lui présenta M. de Canaple. Peu d'hommes étaient aussi bien faits que lui; toute sa personne était remplie de grâce, et sa physionomie avait des charmes particuliers dont il était difficile de se défendre.

Madame de Granson, quoique prévenue sur son caractère, ne put s'empêcher de le voir tel qu'il était. Pour lui, ses yeux seuls la trouvèrent belle; et, dans cette situation où il ne craignait rien pour son repos, il ne contraignit point le talent qu'il avait naturellement de plaire. Attentif, rempli de soins, il voyait madame de Granson à toutes les heures, et il se montrait toujours avec de nouvelles grâces; elles faisaient leur impression. Madame de Granson fut quelque temps sans s'en apercevoir; elle croyait, de bonne foi, que le dessein qu'elle avait de lui plaire n'était que le désir de mortifier sa vanité; mais le chagrin de n'y pas réussir l'éclaira sur ses sentimens. Est-il possible, disait-elle, que je ne doive les soins du comte de Canaple qu'à son indifférence! Mais pourquoi vouloir m'en faire aimer? qui m'assure que je serais insensible? hélas! le dépit que me cause son indifférence ne m'apprend que trop combien je suis faible! loin de chercher à lui plaire, il faut au contraire éviter de le voir. Je suis humiliée de n'avoir pu le rendre sensible; eh! que serais-je donc, s'il m'inspirait des sentimens que je dusse me reprocher?

Ce projet de fuir M. de Canaple n'était pas aisé à exécuter : la maison de M. de Granson était devenue la sienne; elle-même y avait consenti; que penserait le public si elle changeait de conduite? Mais, ce qu'elle craignait beaucoup plus, que penserait M. de Canaple? ne viendrait-il point à soupçonner la vérité?

Il était difficile qu'elle conservât, au milieu de tant d'agitations, toute la liberté de son esprit. Elle devint triste et distraite avec tout le monde, et inégale et presque capricieuse avec M. de Canaple. Quelquefois, entraînée par son penchant, elle avait pour lui des distinctions flatteuses ; mais, dès qu'elle s'en était aperçue, elle l'en punissait par le traiter tout-à-fait mal. Il était étonné et même affligé de ce qu'il regardait comme une inégalité d'humeur dans madame de Granson. Il lui avait reconnu tant de mérite, que, sans prendre d'amour pour elle, il avait pris du moins beaucoup d'estime et même beaucoup d'amitié.

Cependant les mauvais traitemens augmentaient à mesure qu'il plaisait davantage. Il craignit à la fin d'avoir déplu, et il en parla à sa sœur. Je suis persuadée, lui dit madame de Beaumont, que madame de Granson aime son mari plus qu'elle ne croit. Elle est jalouse ; peut-être vous soupçonne-t-elle d'avoir part à des galanteries dont elle est blessée. Voilà ce qui cause son chagrin contre vous. Elle est bien injuste, répliqua M. de Canaple, mais je n'en travaillerai pas moins pour son repos. Je vais mettre en usage tout le crédit que j'ai sur son mari, pour l'engager à revenir à elle. En vérité, dit en riant madame de Beaumont, un homme qui croit que la vivacité de l'amour finit où le bonheur commence, me paraît peu propre à prêcher la fidélité à un mari.

Quelle que soit ma façon de penser, répliqua M. de Canaple, il est bien sûr du moins que je ne pourrais me résoudre à rendre malheureuse une femme dont je serais aimé, et que j'aurais mise en droit de compter sur ma tendresse.

Cependant, madame de Granson, toujours obligée à voir M. de Canaple, ne pouvait se guérir de son inclination pour lui. Elle résolut de passer une partie de l'été à Vermanton, dans une terre de son mari. M. de Granson, que la présence de sa femme contraignait un peu, consentit sans peine à ce qu'elle voulait; mais il ne la laissa pas long-temps dans sa solitude. Il se brouilla peu de temps après avec sa maîtresse. M. de Canaple profita de cette conjoncture, et lui représenta si vivement ce qu'il devait à sa femme, qu'il l'obligea de l'aller retrouver.

L'absence de M. de Canaple, et les reproches qu'elle ne cessait de se faire d'être sensible, malgré son devoir, pour un homme dont l'indifférence ne laissait même aucune excuse à sa faiblesse, avaient produit quelque effet. M. de Granson la trouva embellie, et il se remit à l'aimer avec autant de vivacité que jamais. Elle recevait les empressemens de son mari avec plus de complaisance qu'elle n'avait encore fait; il lui semblait qu'elle lui devait ce dédommagement, et qu'elle n'en pouvait trop faire pour réparer le tort secret qu'elle se sentait.

Tant qu'elle avait été seule, elle avait évité,

sous ce prétexte, de recevoir du monde ; la présence de M. de Granson le fit cesser, et attira dans le château tous les hommes et toutes les femmes de condition du voisinage. M. de Canaple, pressé par son ami, y vint aussi. Madame de Granson, qui s'était bien promis de ne le plus distinguer des autres, par le bien ou le mal traiter, le reçut et vécut avec lui très-poliment. Il crut devoir ce changement au conseil qu'il avait donné, et se confirma par-là dans l'opinion où il était déjà, de la passion de madame de Granson pour son mari.

M. de Granson aimait les plaisirs ; sa femme, attentive à lui plaire, se prêtait à tous les amusemens que la campagne peut fournir. On chassait, on allait à la pêche, et souvent on passait les nuits entières à danser. Le comte de Canaple faisait voir, dans tous ces différens exercices, sa bonne grâce et son adresse. Comme il n'aimait rien, il était galant avec toutes les femmes ; il plaisait à toutes ; et, parmi celles qui étaient chez madame de Granson, il y en avait plus d'une auprès de laquelle il eût pu réussir, s'il eût voulu ; mais il était bien éloigné de le vouloir.

M. de Châlons, dont les terres étaient peu éloignées, vint des premiers voir monsieur et madame de Granson. Il avait fait ses premières armes avec le comte de Canaple : ils se revirent avec plaisir, et renouèrent une amitié qui avait commencé dès leur plus tendre jeunesse. M. de Châlons engagea le comte de Canaple de venir passer quelque temps avec lui dans une terre qu'il avait à une lieue de Vermanton. La chasse était leur principale occupation : le comte de Canaple, entraîné à la poursuite d'un cerf, se trouva seul au commencement de la nuit dans la forêt. Comme il en connaissait toutes les routes, et qu'il se vit fort près de Vermanton, il en prit le chemin. Il était si tard, quand il y arriva, et celui qui lui ouvrit la porte était si endormi, qu'à peine put-il obtenir qu'il lui donnât de la lumière. Il monta tout de suite dans son appartement, dont il avait toujours une clef. La lumière qu'il portait s'éteignit dans le temps qu'il en ouvrit la porte; il se déshabilla et se coucha le plus promptement qu'il put.

Mais, quelle fut sa surprise, quand il s'aperçut qu'il n'était pas seul, et qu'il comprit, par la délicatesse d'un pied qui vint s'appuyer sur lui, qu'il était couché avec une femme. Il était jeune et sensible : cette aventure, où il ne comprenait rien, lui donnait déjà beaucoup d'émotion, quand cette femme, qui dormait toujours, s'approcha d'une façon qu'il put juger très-avantageusement de la beauté de son corps.

De pareils momens ne sont pas ceux des réflexions. Le comte de Canaple n'en fit aucune, et profita du bonheur qui venait s'offrir à lui. Cette personne, qui ne s'était presque pas éveillée, se rendormit aussitôt profondément; mais son sommeil ne fut pas respecté. Mon Dieu! dit-elle d'une voix pleine de charmes, ne voulez-vous pas me laisser dormir? La voix de madame de Granson, que le comte de Canaple reconnut, le mit dans un trouble et dans une agitation qu'il n'avait jamais éprouvés. Il regagna la place où il s'était mis d'abord, et attendit, avec une crainte qui lui ôtait presque la respiration, le moment où il pourrait sortir. Il sortit enfin, et si heureusement, qu'il ne fut vu de personne, et regagna la maison de M. de Châlons.

L'extase et le ravissement l'occupèrent d'abord tout entier. Madame de Granson se présentait à son imagination avec tous ses charmes; il se reprochait de n'y avoir pas été sensible; il lui en demandait pardon. Qu'ai-je donc fait jusqu'ici? disait-il. Ah! que je réparerai bien, par la vivacité de mes sentimens, le temps que j'ai perdu! Mais, ajoutait-il, me pardonnerez-vous mon indifférence? oublierez-vous que j'ai pu vous voir sans vous adorer?

La raison lui revint enfin, et lui fit connaître son malheur. Il vit, avec étonnement et avec effroi, qu'il venait de trahir son ami, et de faire le plus sensible outrage à une femme qu'il respectait bien plus alors qu'il ne l'avait jamais respectée. Son âme était déchirée par la honte et le repentir, qu'il sentait pour la première fois. Il ne pouvait durer avec lui-même : cette probité, dont il avait fait une profession si délicate, s'élevait contre lui, lui exagérait son crime, et ne lui permettait aucune excuse.

J'ai donc mérité, disait-il, la haine de la seule femme que je ne pouvais aimer ! Comment oserai-je me présenter à ses yeux? irai-je braver sa colère? irai-je la faire rougir de mon crime? non, il faut m'éloigner pour jamais, et lui donner, en me condamnant à une absence éternelle, la seule satisfaction que je puisse lui donner.

Cette résolution ne tenait pas long-temps; l'amour reprenait ses droits, et l'idée même de ce crime qu'il détestait ramenait malgré lui quelque douceur dans son âme. Il allait jusqu'à espérer qu'il ne serait jamais connu. Mais, si cette pensée le consolait, elle n'augmentait pas sa hardiesse. Comment osera-t-il la revoir en se sentant si coupable?

Madame de Granson ne s'était éveillée que long-temps après le départ du comte de Canaple. Elle avait été obligée de céder son appartemen à madame la comtesse d'Artois, qui avait passé chez elle en allant dans ses terres. M. de Granson était parti, avant l'arrivée de la duchesse, pour une affaire pressée, et avait assuré sa femme qu'il reviendrait la même nuit. Elle avait cru que, instruit par ses gens, il était venu la trouver dans l'appartement de M. de Canaple. Comme elle était prête de se lever, elle aperçut quelque chose dans son lit qui brillait, et vit avec surprise que c'était la pierre d'une bague qui avait été donnée par le roi, Philippe de Valois, au comte de Canaple, pour le récompenser de sa valeur, et qu'il ne quittait jamais. Troublée, interdite à cette vue, elle ne savait que penser; les soupçons qui lui venaient dans l'esprit, l'accablaient de douleur. Il lui restait pourtant encore quelque incertitude; mais l'arrivée de M. de Granson ne la lui laissa pas long-temps.

Il vint dans la matinée, et vint en lui faisant mille caresses, et en lui demandant pardon de lui avoir manqué de parole. Quel coup de foudre! Son malheur, qui n'était plus douteux, lui parut tel qu'il était; la pâleur de son visage et un tremblement général qui la saisit firent craindre à M. de Granson qu'elle ne fût malade; il le lui demanda avec inquiétude, et la pressa de se remettre au lit. Loin de l'écouter, elle sortit avec précipitation d'un lieu qui lui rappelait si vivement sa honte.

Madame la comtesse d'Artois voulut partir cette même matinée. Madame de Granson ne fit nul effort pour la retenir. Le départ de M. de Granson, qui se crut obligé d'accompagner madame la comtesse d'Artois jusque chez elle, lui donna la triste liberté de se livrer à sa douleur; il n'y en eut jamais de plus sensible; elle se voyait offensée, de la manière la plus cruelle, par un homme qu'elle avait eu la faiblesse d'aimer. Elle s'en croyait méprisée, et cette pensée lui donnait tant de ressentiment contre lui, qu'elle le haïssait alors autant qu'elle l'avait aimé.

Quoi! disait-elle, cet homme qui craindrait de manquer à la probité, s'il laissait croire à une femme qu'il a de l'amour pour elle, cesse d'être vertueux pour moi seule! encore si j'avais dans mon malheur l'espérance de me venger! Mais il faut étouffer mon ressentiment pour en cacher la honteuse cause. Que deviendrais-je, grand Dieu, si ce funeste secret pouvait être pénétré?

Elle passa le jour et la nuit abîmée dans sa triste pensée. Son mari revint le lendemain, et avec lui plusieurs personnes de qualité, à qui il avait fait promettre de le venir voir. Madame de Beaumont était du nombre. Dans toute autre circonstance, madame de Granson l'aurait vue avec plaisir: mais madame de Beaumont était sœur de M. de Canaple; sa présence redoublait l'embarras de madame de Granson. Pour y mettre le comble, elle demanda à son amie des nouvelles de son frère. Madame de Granson répondit, en rougissant et d'un air interdit, qu'il n'était pas dans le château, et se pressa de changer de conversation.

Madame de Beaumont ne fut pas long-temps sans s'apercevoir de la tristesse profonde où son amie était plongée. Ne me direz-vous point, lui dit-elle un jour qu'elle la trouva baignée dans ses larmes, ce qui cause l'affliction où je vous vois? Je ne le sais pas moi-même, répondit madame de Granson. Madame de Beaumont fit encore quelque instance; mais elle vit si bien qu'elle augmentait le chagrin de son amie, qu'elle cessa de lui en parler.

Il y avait déjà plusieurs jours que M. de Canaple était absent. M. de Granson lui écrivit pour le presser de revenir. Il en conclut que madame de Granson n'était pas instruite; et, pressé par le désir de la revoir, il se mit promptement en chemin; mais, à mesure qu'il approchait, ses espérances s'évanouissaient et sa crainte augmentait, et peut-être serait-il retourné sur ses pas, s'il n'avait été rencontré par un homme de la maison.

Il arriva si troublé, si éperdu, qu'à peine pouvait-il se soutenir. Tout le monde était occupé au jeu. Madame de Granson seule rêvait dans un coin de la chambre ; il alla à elle d'un pas chancelant ; et, sans oser la regarder, dit quelques paroles mal articulées. Le trouble où elle était elle-même ne lui permit pas de faire attention à celui du comte de Canaple.

Ils gardaient le silence l'un et l'autre, quand elle laissa tomber un ouvrage qu'elle tenait ; il s'empressa pour le relever, et, en le lui présentant, sans en avoir le dessein, sa main toucha celle de madame de Granson. Elle la retira avec promptitude, et jeta sur lui un regard plein d'indignation. Il en fut terrassé, et, ne pouvant plus être maître de lui-même, il alla s'enfermer dans sa chambre. Ce lieu, où il avait été si heureux, présentait en vain des images agréables à son souvenir, il ne sentait que le malheur d'être haï.

La façon dont madame de Granson l'avait regardé, son air embarrassé, son silence, tout montrait qu'elle connaissait son crime. Hélas ! disait-il, si elle pouvait aussi connaître mon repentir ! Mais il ne m'est pas même permis de le lui montrer : il ne m'est pas permis de mourir à ses pieds. Que je connaissais mal l'amour, quand je croyais qu'il ne subsistait qu'à l'aide des désirs ! Ce n'est pas la félicité dont j'ai joui que je regrette ; elle ne serait rien pour moi, si le cœur n'en assaisonnait le don. Un regard ferait mon bonheur. Il résolut ensuite de faire perdre à madame de Granson, par son respect et sa soumission, le souvenir de ce qui s'était passé, et de se conduire de façon qu'elle pût se flatter que lui-même ne s'en souvenait plus. L'amitié qui était entre lui et M. de Granson ne mettait point d'obstacle à son dessein. Il ne s'agissait pas d'être aimé, il voulait seulement n'être pas haï.

Madame de Beaumont apprit, à son retour de la promenade, l'arrivée de son frère ; elle alla le chercher avec empressement. Ils se demandèrent compte l'un et l'autre de ce qu'ils avaient fait depuis qu'ils ne s'étaient vus ; et ce fut pour la première fois que le comte de Canaple se déguisa à une sœur qu'il aimait tendrement.

Il eût cependant cédé au désir de parler de madame de Granson, s'il n'avait senti qu'il ne lui serait pas possible de prononcer ce nom comme il le prononçait autrefois. Madame de Beaumont prévint la question qu'il n'osait lui faire. Vous avez réussi, lui dit-elle ; Granson est plus amoureux de sa femme qu'il ne l'a jamais été. Elle est donc bien contente, dit M. de Canaple, avec un trouble qu'il eut de la peine à cacher! Je n'y comprends rien, répliqua madame de Beaumont : elle aime son mari, elle en est aimée ; cependant elle a un chagrin secret qui la dévore, et qui lui arrache même des larmes.

Ces paroles pénétrèrent M. de Canaple de la plus vive douleur. Il ne voyait que trop qu'il était l'auteur de ces larmes ; et la jalousie, qui commençait à naître dans son cœur contre un mari aimé, achevait de le désespérer. Il eût bien voulu rester seul ; mais il fallait rejoindre la compagnie. Malgré tous ses efforts, il parut d'une tristesse qui fut remarquée par madame de Granson : celle où elle était plongée elle-même en devint un peu moindre.

On soupa; on passa la soirée à différens jeux; le hasard plaça toujours M. de Canaple auprès de madame de Granson. Il ne pouvait s'empêcher d'attacher les yeux sur elle ; mais il les baissait d'un air timide dès qu'elle s'en apercevait, et il semblait lui demander pardon de son audace.

Il se rappela qu'elle lui avait écrit autrefois quelques lettres, qu'il avait gardées. L'impatience de les relire ne lui permit pas d'attendre son retour à Dijon. Il envoya un valet de chambre chercher la cassette qui les renfermait. Ces lettres lui paraissaient alors bien différentes de ce qu'elles lui avaient paru autrefois. Quoiqu'elles ne continssent que des bagatelles, il ne pouvait se lasser de les relire. Les témoignages d'amitié qui s'y trouvaient lui donnèrent d'abord un plaisir sensible ; mais ce plaisir fut de peu de durée ; il n'en sentait que mieux la différence du traitement qu'il éprouvait alors.

Madame de Granson était pourtant moins animée contre lui. La conduite respectueuse qu'il avait avec elle, faisait peu à peu son effet ; mais elle ne diminuait ni sa honte ni son embarras ; peut-être même en étaient-ils augmentés. M. de Granson y mettait le comble par les empressemens peu ménagés qu'il avait pour elle. Il en coûtait à sa modestie d'y répondre ; et n'y répondre point, c'eût été une espèce de faveur pour le comte de Canaple, qui en était souvent le témoin.

Que ne souffrait-il pas dans ces occasions ? il sortait quelquefois si désespéré de la chambre de madame de Granson, qu'il formait le dessein de n'y rentrer jamais. Je me suis plongé moi-même dans l'abîme où je suis, disait-il ; sans moi, sans mes soins, Granson, livré à son inconstance, aurait donné tant de dégoûts à sa femme, qu'elle aurait cessé de l'aimer, et je serais du moins délivré du supplice de la voir sensible pour un autre. Mais, reprenait-il, ai-je oublié que cet homme qui excite ma jalousie est mon ami? Voudrais-je lui enlever les douceurs de son mariage? Est-il possible que la passion m'égare jusqu'à ce point? Je ne connais plus d'autres sentimens, d'autres devoirs que ceux de l'amour. Tout ce que j'avais de vertu m'est enlevé par cette funeste passion, et, loin de la combattre, je cherche à la nourrir. Je me fais de vains prétextes de voir madame de Granson, que je devrais fuir. Il faut m'éloigner, et regagner, si je puis, cet état heureux où je pouvais être avec moi-même, où je pouvais, avec satisfaction, connaître le fond de mon âme.

M. de Canaple n'était pas le seul qui prenait cette résolution; c'était pour l'éviter que madame de Granson était venue à la campagne. Le même motif la pressait de retourner à Dijon.

Madame de Beaumont et le reste de la compagnie partirent quelques jours avant celui où madame de Granson avait fixé son départ. Le seul comte de Canaple demeura. Il crut que, dans le dessein où il était de fuir madame de Granson pour jamais, il pouvait se permettre la satisfaction de la voir encore deux jours. Elle évitait, avec un soin extrême, de se trouver avec lui ; et, quoiqu'il le désirât, il se craignait trop lui-même pour en chercher l'occasion.

Le hasard fit ce qu'il n'eût osé faire. La veille du jour marqué pour leur départ, il alla se promener dans un bois qui était près du château. Sa promenade avait duré déjà assez long-temps, quand il aperçut madame de Granson assise sur le gazon à quelques pas de lui. Sans savoir même ce qu'il faisait, il s'avança vers elle. La vue du comte de Canaple, si proche d'elle, la fit tressaillir ; et, se levant d'un air effrayé, elle s'éloigna avec beaucoup de diligence. Loin de faire effort pour la retenir, l'étonnement et la confusion l'avaient rendu immobile ; et M. de Granson, qui le cherchait pour lui faire part des lettres qu'il venait de recevoir, le trouva encore dans la même place, si occupé dans ses pensées, qu'il lui demanda plus d'une fois inutilement ce qu'il faisait là.

Il répondit enfin le mieux qu'il put à cette question. M. de Granson, occupé de ce qu'on lui mandait, ne fit nulle attention à sa réponse. La trêve, lui dit-il, vient d'être rompue entre la France et l'Angleterre. M. de Vienne, mon beau-père, est nommé gouverneur de Calais ; on croit qu'Édouard en veut à la Picardie, et que tout l'effort de la guerre sera de ce côté-là. Il ne me conviendrait pas de rester chez moi, tandis que toute la France sera en armes : je veux offrir mes services au roi; mais, comme mon beau-père, qui a ordre de partir pour son gouvernement, ne peut me présenter, j'attends ce service de votre amitié.

Un homme comme vous, répondit le comte de Canaple, se présente tout seul; je ferai cependant ce qui vous conviendra; mais, si vous voulez que nous allions ensemble à la cour, nous n'avons pas un moment à perdre : la compagnie de gens d'armes que j'ai l'honneur de commander est actuellement en Picardie; jugez quelle serait ma douleur, si, pendant mon absence, il y avait quelque action. Je ne vous demande, lui dit M. de Granson, que deux jours. J'irai, répliqua le comte de Canaple, vous attendre à Dijon, où j'ai quelque affaire à régler.

Le comte de Canaple, qui craignait, après ce qui venait de se passer, la vue de madame de Granson, trouvait une espèce de consolation dans la nécessité où il était de partir. Mais il pensa bien différemment, lorsqu'en arrivant au château il apprit que, sous le prétexte d'une indisposition, elle s'était mise au lit, et qu'elle avait ordonné que personne n'entrât dans sa chambre. Cet ordre, dont il ne vit que trop qu'il était l'objet, le pénétra de douleur. Si j'avais pu la voir, disait-il, ma tristesse lui aurait dit ce que je ne puis lui dire. Peut-être m'accuse-t-elle de hardiesse : elle aurait du moins pu lire dans mes yeux, et dans toute ma contenance, combien j'en suis éloigné. L'absence ne me paraissait supportable qu'autant qu'elle était une marque de mon respect; ce n'est qu'à ce prix que je puis m'y résoudre. Il faut du moins que madame de Granson sache que je la fuis pour m'imposer les lois qu'elle m'imposerait si elle daignait m'en donner.

Il ne pouvait se résoudre à s'éloigner; il espérait que M. de Granson entrerait dans la chambre de sa femme, et qu'il pourrait le suivre; mais madame de Granson, qui craignait ce que le comte de Canaple espérait, fit prier son mari de la laisser reposer.

Il fallut enfin, après avoir fait tout ce qui lui fut possible, partir sans la voir. La compagnie des gens d'armes de M. de Châlons était aussi en Picardie. Le comte de Canaple résolut de passer chez son ami pour l'instruire de ce qu'il venait d'apprendre. M. de Châlons n'était pas chez lui : il arriva tard, et retint le comte de Canaple si long-temps, qu'il ne put partir que le lendemain.

Il avait marché une partie de la journée, quand, en montant une colline, un homme à lui lui fit apercevoir un chariot des livrées de M. de Granson, que les chevaux entraînaient avec beaucoup de violence dans la pente de la colline. Il reconnut bientôt une voix dont il entendit les cris. C'était celle de madame de Granson. Il vola à la tête des chevaux : après les avoir arrêtés, il s'approcha du chariot. Madame de Granson y était évanouie ; il la prit entre ses bras, et la porta sur un petit tertre de gazon. Tous ceux de l'équipage, occupés à raccommoder le chariot ou à aller chercher du secours dans une maison voisine, le laissèrent auprès d'elle. Il y était seul : elle était entre ses bras. Quel moment, s'il avait pu en goûter la douceur ! Mais il ne devait qu'à la fortune seule l'avantage dont il jouissait. Madame de Granson n'y aurait pas donné son aveu.

Elle reprit connaissance dans le temps que ceux qui étaient allés chercher du secours revenaient ; et, sans avoir tourné les yeux sur le comte de Canaple, elle demanda de l'eau ; il s'empressa pour lui en présenter ; elle le reconnut alors, et son premier mouvement fut de le refuser. La tristesse qu'elle vit dans ses yeux ne lui en laissa pas la force ; elle prit ce qu'il lui présentait. Cette faveur, qui n'en était une que par le premier refus, répandit une joie dans l'âme du comte de Canaple, qu'il n'avait jamais éprouvée. Madame de Granson se reprochait ce qu'elle venait de faire. Embarrassée de ce qu'elle devait dire, elle gardait le silence, quand M. de

Granson vint encore augmenter son embarras. Elle lui laissa le soin de remercier M. de Canaple du secours qu'elle en venait de recevoir ; et, sans lever les yeux, sans prononcer une parole, elle remonta dans son chariot.

M. de Canaple, qui n'était plus soutenu par le plaisir de voir madame de Granson, s'aperçut qu'il avait été blessé en arrêtant les chevaux. Comme il avait peine à monter à cheval, M. de Granson lui proposa d'aller se mettre dans le chariot de sa femme. Mais, quelque plaisir qu'il eût trouvé à être plusieurs heures avec elle, la crainte de lui déplaire et de l'embarrasser lui donna le courage de refuser une chose qu'il aurait voulu accepter aux dépens de sa vie.

Madame de Granson fut pendant toute la route dans une confusion de pensées et de sentimens qu'elle n'osait examiner. Elle eût voulu, s'il lui eût été possible, ne se souvenir ni des offenses ni des services du comte de Canaple. L'accident qui lui était arrivé, en lui fournissant le prétexte de garder le lit, la dispensa de le voir.

Les témoignages que M. de Canaple rendit de M. de Granson, en le présentant au roi, lui attirèrent de la part de ce prince des distinctions flatteuses. Dès que M. de Canaple ne se crut plus nécessaire au service de son ami, il alla en Picardie rejoindre sa troupe. M. de Châlons, animé d'un désir qui n'était pas moins fort que celui de la gloire, l'avait devancé. Ils s'étaient donné rendez-vous à Boulogne. M. de Canaple fut étonné de ne l'y pas trouver, et d'apprendre qu'il ne s'y était arrêté qu'un moment, et qu'on ignorait où il était. Inquiet pour son ami d'une absence, qui même, dans la circonstance présente, pouvait faire tort à sa fortune, il allait envoyer à Calais où on lui avait dit qu'il pourrait en apprendre des nouvelles, lorsqu'un homme attaché à M. de Châlons vint le prier de l'aller joindre dans un lieu qu'il lui indiqua.

Le comte de Canaple fut surpris de trouver M. de Châlons dans son lit, et d'apprendre qu'il était blessé. Il allait en demander la cause; M. de Châlons prévint ses questions. J'ai besoin de votre secours, lui dit-il, dans l'occasion la plus pressante de ma vie. Ne croyez cependant pas, mon cher Canaple, que ce soit à ce besoin que vous deviez ma confiance. Je vous aurais dit en Bourgogne ce que je vais vous dire, si votre sévérité sur tout ce qui est galanterie et amour ne m'avait retenu. Vous avez eu tort, dit M. de Canaple, de craindre ce que vous appelez ma sévérité : je ne condamne l'amour que parce que les hommes y mettent si peu d'importance, qu'il finit toujours par de mauvais procédés avec les femmes. Vous allez juger, reprit M. de Châlons, si je mérite des reproches de cette espèce.

Mon père m'envoya, il y a environ deux ans, en Picardie, recueillir la succession de ma mère. Je fus dans une terre considérable, située à quelque distance de Calais, qui lui appartenait. Les affaires ne remplissaient pas tout mon temps. Je cherchai des amusemens conformes à mon âge et à mon humeur. Un gentilhomme de mes voisins me mena chez M. le comte de Mailly, qui passait l'automne dans une terre peu éloignée de la mienne. Il fit de son mieux pour me bien recevoir ; mais la beauté de mademoiselle de Mailly, sa fille, qui était avec lui, aurait pu lui en épargner le soin. Je n'ai point vu de traits plus réguliers ; et, ce qui se trouve rarement ensemble, plus de grâce et d'agrément. Son esprit répond à sa figure, et je crus la beauté de son âme supérieure à l'un et à l'autre. Je l'aimai aussitôt que je la vis ; je ne fus pas long-temps sans le lui dire. Mais, quoiqu'elle m'ait flatté souvent depuis, que son cœur s'était déclaré d'abord pour moi, je n'eus le plaisir de l'entendre dire, que lorsque mon amour fut approuvé par M. de Mailly.

Le consentement de mon père manquait seul à mon bonheur : je me disposai à aller le lui demander ; et, bien sûr de l'obtenir, je partis sans affecter une tristesse que je ne sentais pas. C'était presque ne point quitter mademoiselle de Mailly, que d'aller travailler à ne m'en plus séparer. Je lui disais naturellement tout ce que je pensais. Je n'en suis point étonnée, me répondit-elle ; les occupations que vous allez avoir dont je suis l'objet, vous tiendront lieu de moi : ma situation est bien différente, je vais être sans vous, et je ne ferai rien pour vous.

Mon père reçut la proposition du mariage comme je l'avais espéré : il se disposait même à partir avec moi ; mais tous nos projets furent renversés par une lettre qu'il reçut du roi ; ce prince lui mandait qu'il allait remettre les Flamands dans leur devoir ; qu'il avait besoin d'être secondé par ses bons serviteurs ; qu'il lui ordonnait de le venir joindre avec moi ; que, le destinant à des emplois plus importans, il me donnerait à commander la compagnie de gens d'armes que mon père commandait alors.

Les mouvemens de l'armée, qui s'assemblait de tous côtés, ne nous permettaient pas de différer notre départ ; et, malgré la douleur que j'en ressentais, je ne pouvais me dissimuler ce qu'exigeaient de moi l'honneur et le devoir. J'écrivis à M. le comte de Mailly la nécessité où j'étais de différer mon mariage jusqu'à mon retour de Flandre, et la peine que me causait ce retardement. Que ne dis-je point à sa fille ! Cette absence, bien différente de la première, ne m'offrait aucun dédommagement, et me laissait en proie à toute ma douleur. Il n'y en a jamais eu de plus sensible ; et, si la crainte de me rendre indigne de ce que j'aimais ne m'avait soutenu, je n'aurais pas eu la force de m'éloigner. Les réponses que je reçus de Calais augmentèrent encore mon amour.

La bataille de Cassel, où vous acquîtes tant de gloire, me coûta mon père. Je sentis vivement cette perte, et j'allai chercher, auprès de mademoiselle de Mailly, la seule consolation que je pouvais avoir. Il y avait quelque temps que je n'avais eu de ses nouvelles. J'en attribuais la cause à la difficulté de me faire tenir ses lettres, et je n'avais sur cela que cette espèce d'inquiétude si naturelle à ceux qui aiment. Je volai à Calais, où j'appris qu'elle était avec M. de Mailly. Je la trouvai seule chez elle, et, au lieu de la joie que j'attendais, elle me reçut avec des larmes.

Je ne puis vous dire à quel point j'en fus troublé. Vous pleurez ! m'écriai-je. Grand Dieu ! que m'annoncent ces larmes ? Elles vous annoncent, me répondit-elle en pleurant toujours, que notre fortune est changée, et que mon cœur ne l'est point. Ah ! repris-je avec transport, M. de Mailly veut manquer aux engagemens qu'il a pris avec moi ? Mon père, reprit-elle, est plus à plaindre qu'il n'est coupable : écoutez, et promettez que vous ne le haïrez pas.

Quelque temps après votre départ, il vit dans une maison madame du Boulai. Quoiqu'elle ne soit plus dans la première jeunesse, elle en a conservé la fraîcheur et les agrémens. La manière adroite dont elle a vécu avec un mari d'un âge très-différent du sien, et d'une humeur difficile, lui a attiré l'estime de ceux qui ne jugent que par les apparences. Elle joint à tous ces avantages l'esprit le plus séduisant. Maîtresse de ses goûts et de ses sentimens, elle n'a que ceux qui sont utiles.

Mon père, dont l'âme est susceptible de passion, prit de l'amour pour elle, et lui proposa de l'épouser. J'ai un fils que j'aime, lui répondit-elle, et qui, par sa naissance et par ses qualités personnelles, est digne de mademoiselle de Mailly; si vous m'aimez autant que vous le dites, il faut, pour m'autoriser à me donner à vous, que nous ne fassions qu'une même famille.

Mon père était amoureux, continua mademoiselle de Mailly; sans se souvenir des engagemens qu'il avait pris avec vous, il vint me proposer d'épouser M. du Boulai. La douleur que me donna cette proposition rappela toute sa tendresse pour moi : il ne me déguisa point la violence de sa passion ; il finit par me dire, qu'il ne me contraindrait jamais, et qu'il voulait, si je consentais à son bonheur, tenir ce sacrifice de mon amitié, et nullement de mon obéissance. Voilà où j'en suis : il ne me parle de rien ; mais sa douleur, dont je ne m'aperçois que trop, m'en dit plus qu'il ne m'en dirait lui-même. Il faut que l'un de nous deux sacrifie son bonheur au bonheur de l'autre. Est-ce mon père qui doit faire ce sacrifice ? et dois-je l'exiger ?

Je ne répondis à mademoiselle de Mailly que par les marques de mon désespoir. Je crus n'en être plus aimé. Je vais, me dit-elle, vous faire sentir toute votre injustice, et vous donner une nouvelle preuve de l'estime que j'ai pour vous. Vous connaissez ma situation ; vous m'aimez ; vous savez que je vous aime : décidez de votre sort et du mien ; mais prenez vingt-quatre heures pour vous y déterminer.

Elle me quitta à ces paroles, et me laissa dans l'état que vous pouvez juger. Plus j'aimais, plus je craignis de l'engager dans des démarches qui pouvaient intéresser sa gloire et son repos. Je connaissais combien son père lui était cher ; je savais que le malheur de ce père deviendrait le sien. Après avoir passé les vingt-quatre heures qu'elle m'avait données, je la revis sans avoir le courage de me rendre ni heureux, ni misérable; et nous nous quittâmes sans avoir pris aucune résolution.

A quelques jours de là, elle me rendit compte d'une conversation qu'elle avait eue avec son père. Il renonçait à l'autorité que la nature lui avait donnée, et la rendait par-là plus forte; il n'employait auprès de sa fille que les prières: Vous êtes plus sage que moi, lui disait-il; essayez de triompher de vos sentimens; obtenez de vous d'être un temps sans voir M. de Châlons; si, après cela, vous pensez de même, je vous promets, et je me promets à moi-même, que, quoi qu'il m'en puisse coûter, je vous laisserai libre. Je ne puis, me dit mademoiselle de Mailly, refuser à mon père ce qu'il veut bien me demander, et ce qu'il pourrait m'ordonner. Comme je suis de bonne foi, je vous avouerai encore que je ferai mes efforts pour lui obéir; je sens qu'ils seront inutiles : vous êtes bien puissant dans mon cœur, puisque vous l'emportez sur mon père. Ah! m'écriai-je, vous ne m'aimez plus, puisque vous formez le dessein de ne me plus aimer. Mademoiselle de Mailly ne répondit à mes reproches que par la douleur dont je voyais bien qu'elle était pénétrée. Nous restâmes encore long-temps ensemble; nous ne pouvions nous quitter. Elle m'ordonna enfin de partir, et de lui laisser le soin de notre fortune : J'espère, me dit-elle, que je trouverai le moyen de satisfaire tous les sentimens de mon cœur.

Il fallut obéir : je vins en Bourgogne, où j'appris, au bout de quelques mois, que madame du Boulai avait épousé M. de Mailly. Je ne pouvais revenir de ma surprise, de ce que mademoiselle de Mailly ne m'avait point instruit de ce mariage : cette conduite, tout impénétrable qu'elle était pour moi, me donnait de l'inquiétude et de la douleur, et ne me donnait aucun soupçon.

Je lui avais promis de ne faire aucune démarche que de concert avec elle; mais, comme je ne recevais nulle nouvelle, je me déterminai à aller à Calais *incognito*. Quelque empressement que j'eusse d'exécuter ce projet, il fallut obéir à un ordre que le roi me donna d'aller à Gand, conférer avec le comte de Flandre. Dès que les affaires sur lesquelles j'avais à traiter furent terminées, je pris la route de Calais. Je me logeai dans un endroit écarté, et j'envoyai aux nouvelles un homme adroit et intelligent, dont je connaissais la fidélité.

Après quelques jours, il me rapporta que M. du Boulai était très-amoureux de mademoiselle de Mailly; qu'il en était jaloux; que les assiduités de milord d'Arondel, qui avait paru très-attaché à mademoiselle de Mailly pendant le séjour qu'il avait fait à Calais, lui avaient donné et beaucoup d'inquiétude et beaucoup de jalousie; que M. de Mailly était parti pour la campagne avec toute sa famille.

Je savais que milord d'Arondel est un des hommes du monde les plus aimables; il était amoureux de ma maîtresse, et cette maîtresse paraissait me négliger depuis long-temps : en fallait-il davantage pour faire naître ma jalousie? Malgré ce qu'on venait de me dire, que mademoiselle de Mailly n'était pas à Calais, mon inquiétude me conduisit dans la rue où elle logeait. Il était nuit. Il régnait un profond silence dans la maison; j'aperçus cependant de la lumière dans l'appartement de mademoiselle de Mailly; je crus qu'elle n'était point partie, qu'elle était peut-être seule, et qu'à l'aide de quelque domestique, il n'était pas impossible que je ne pusse m'introduire chez elle. Le plaisir que j'aurais de la revoir, après une si longue absence, m'occupait si entièrement, qu'il faisait disparaître la jalousie que je venais de concevoir, quand cette porte, sur laquelle j'avais constamment les yeux attachés, s'ouvrit; j'en vis sortir une femme, que, malgré l'obscurité, je reconnus pour être à mademoiselle de Mailly.

Je m'avançai vers elle; il me sembla qu'elle me reconnaissait; mais, loin de m'attendre, elle s'éloigna avec beaucoup de vitesse. L'envie de m'éclaircir d'un procédé qui m'étonnait, et de savoir ce qui l'obligeait de sortir à une heure si indue, m'engagea à la suivre. Après avoir traversé plusieurs rues, elle entra dans une maison, en ressortit un instant après avec une autre femme, et revint chez M. de Mailly. Je la suivais toujours, et de si près, que celui qui leur ouvrit la porte crut apparemment que j'étais avec elles, et me laissa entrer.

Elles furent tout de suite à l'appartement de mademoiselle de Mailly. Elles étaient si occupées, et allaient si vite, qu'elles ne prirent pas garde à moi; j'aurais pu même entrer dans la chambre; mais, quoiqu'elle fût fermée, il m'était aisé de comprendre qu'il s'y passait quelque chose d'extraordinaire. Je rêvais à ce que ce pouvait être, quand des cris que j'entendais de temps en temps, qui furent suivis peu de momens après de ceux d'un enfant, m'éclaircirent cet étrange mystère. Je ne puis vous dire ce qui me passait alors dans l'esprit; un état aussi violent ne permet que des sentimens confus. Le battement de mon cœur, l'excès de mon trouble et de mon saisissement étaient ce que je sentais le mieux.

La femme que j'avais vue entrer avec celle de mademoiselle de Mailly, sortit. Je la suivis sans avoir de pensée ni de dessein déterminé. Elle portait avec elle l'enfant qui venait de naître. Ceux qui font la ronde dans les places de guerre passaient alors; je ne sais si elle eut peur d'en être reconnue, ou si elle exécutait ses ordres; mais elle ne les eut pas plus tôt aperçus, qu'elle mit l'enfant à une porte, et gagna une rue détournée.

Ce n'était pas de moi que cette petite créature devait attendre du secours; je lui en donnai cependant, par un sentiment de pitié, où il entrait une espèce d'attendrissement pour la mère. Il me parut aussi que c'était me venger d'elle que d'avoir son enfant en ma puissance. Je le remis à la femme chez qui je logeais, sans avoir eu la force de le regarder, et je fus me renfermer dans ma chambre, abîmé dans mes pensées. Plus je rêvais à cette aventure, moins je la comprenais. Mon cœur était si accoutumé à aimer et à estimer mademoiselle de Mailly, il m'en coûtait tant de la trouver coupable, que j'en démentais mes oreilles et mes yeux. Elle n'avait pu me trahir, elle n'avait pu se manquer à elle-même. Je concluais qu'il y avait quelque chose à tout cela que je n'entendais point.

Je formais la résolution de m'en éclaircir, lorsque la femme à qui je venais de remettre cette petite créature, persuadée que j'en étais le père, vint me l'apporter pour me faire, disait-elle, admirer son extrême beauté. Quoique j'en détournasse la vue avec horreur, je ne sais comment j'aperçus qu'il était couvert d'une hongreline faite d'une étoffe étrangère que j'avais donnée à mademoiselle de Mailly. Quelle vue! mon cher Canaple, et que ne produisit-elle point en moi! Il semblait que je ne me connaissais trahi que depuis ce moment. Tout ce que je venais de penser s'évanouit : je rejetai avec indignation des doutes qui avaient suspendu en quelque sorte ma douleur; elle devint alors extrême, et mon ressentiment lui fut proportionné; peut-être lui aurais-je tout permis, si un événement singulier, qui me força de sortir de Calais dès le lendemain, n'avait donné à ma raison le temps de reprendre quelque empire.

Je ne puis vous dépeindre l'état où j'étais, je m'attendrissais sur moi-même; mon cœur sentait qu'il avait besoin d'aimer. Je me trouvais plus malheureux de renoncer à un état si doux, que je ne l'étais d'avoir été trahi. Enfin, bien moins irrité qu'affligé, toutes mes pensées allaient à justifier mademoiselle de Mailly. Je ne pouvais avoir de paix avec moi même, que lorsque j'étais parvenu à former des doutes. Je lui écrivais, et je lui faisais des reproches; ils étaient accompagnés d'un respect que je sentais toujours pour elle, et dont un honnête homme ne doit jamais se dispenser pour une femme qu'il a aimée. Ma lettre fut rendue fidèlement; mais, au lieu de la réponse que j'attendais, on me la renvoya sans avoir daigné l'ouvrir.

Le dépit que m'inspira cette marque de mépris me fit prendre la résolution de triompher de mon amour, que je n'avais point prise jusque-là, ou que du moins j'avais prise faiblement. Pour mieux y réussir, je me remis dans le monde que j'avais presque quitté; je vis des femmes; je voulais qu'elles me parussent belles; je leur cherchais des grâces; et, malgré moi, mon esprit et mon cœur faisaient des comparaisons qui me rejetaient dans mes premières chaînes.

Nous sommes partis, vous et moi, pour venir joindre notre troupe. Dès que j'ai été à portée de mademoiselle de Mailly, le désir de la voir et de m'éclaircir s'est réveillé dans mon cœur. J'ai dans la tête qu'elle est mariée, et que quelque raison, que je ne sais pas, l'oblige à cacher son mariage. L'enfant que j'ai en ma puissance, et que j'ai vu exposer, ne s'accorde pas trop bien avec cette idée ; mais mon cœur a besoin d'estimer ce qu'il ne peut s'empêcher d'aimer.

J'ai été trois nuits de suite à Calais ; j'ai passé les deux premières à me promener autour de la maison de M. de Mailly ; je fus attaqué la troisième par trois hommes qui vinrent sur moi l'épée à la main ; je tirai promptement la mienne, et, pour n'être pas pris par derrière, je m'adossai contre une muraille. L'un de mes trois adversaires fut bientôt hors de combat : je n'avais fait jusque-là que me défendre ; je songeai alors à attaquer, et je fus si heureux, que mon dernier ennemi, après avoir reçu plusieurs blessures, tomba baigné dans son sang. J'en perdais beaucoup moi-même ; et, me sentant affaiblir, je me hâtai de gagner le lieu où un homme que j'avais avec moi m'attendait. Il étancha mon sang le mieux qu'il lui fut possible. Mes blessures ne se sont point trouvées dangereuses ; et, si mon esprit me laissait quelque repos, j'en serais bientôt quitte ; mais, bien éloigné de ce repos, la lettre que je reçus hier et que voici, me jette dans un nouveau trouble et dans une nouvelle affliction.

Cette lettre, que M. de Canaple prit des mains de son ami, était telle :

« Ne perdez point de temps pour vous éloi-
» gner d'un lieu où l'on conspire votre perte. Je

» devrais peut-être me ranger du côté de vos
» ennemis; mais, malgré votre trahison, je me
» souviens encore que je vous ai aimé, et je
» sens que mon indifférence pour vous sera
» plus assurée, lorsque je n'aurai rien à crain-
» dre pour votre vie. »

Moi! des trahisons! s'écria M. de Châlons, lorsque M. de Canaple eut achevé de lire; et c'est mademoiselle de Mailly qui m'en accuse! elle veut que je sois coupable! elle veut que je ne l'aie pas bien aimée! Comprenez-vous, ajouta-t-il, la sorte de douleur que j'éprouve? Non, vous ne la comprenez pas; il faut aimer pour savoir que la plus grande peine de l'amour est celle de ne pouvoir persuader que l'on aime. Hélas! on ne m'a peut-être manqué que par vengeance! Grand Dieu! que je serais heureux! tout serait pardonné, tout serait oublié, si je pouvais penser que j'ai toujours été aimé! Je ne puis vivre dans la situation où je suis. Il faut, mon cher Canaple, que vous alliez à Calais, que vous parliez à mademoiselle de Mailly. Votre nom vous donnera facilement l'entrée de la maison de son père; mais ne lui dites rien qui puisse l'offenser : je mourrais de douleur si je l'exposais à rougir devant vous; je veux seulement qu'elle sache à quel point je l'aime encore.

Le comte de Canaple, que sa propre expérience rendait encore plus sensible à la douleur de son ami, partit pour Calais, après avoir pris quelques instructions plus particulières.

FIN DE LA PREMIÈRE PARTIE.

LE
SIÉGE DE CALAIS.

NOUVELLE HISTORIQUE.

SECONDE PARTIE.

Monsieur de Canaple, en arrivant à Calais, apprit que M. du Boulai était celui contre qui M. de Châlons s'était battu ; qu'il était mort de ses blessures ; que madame de Mailly ne respirait que la vengeance. Ce temps était peu propre pour aller chez M. de Mailly ; mais un homme du mérite et du rang du comte de Canaple était au-dessus des règles ordinaires. Madame de Mailly, occupée de sa douleur, laissa à mademoiselle de Mailly le soin de faire les honneurs de sa maison : quoiqu'elle s'en acquittât avec beaucoup de politesse, elle ne pouvait cependant cacher son extrême mélancolie.

Si la mort de M. du Boulai, lui dit le comte

de Canaple après quelques autres discours, cause la tristesse où je vous vois, je connais un malheureux mille fois plus malheureux encore qu'il ne croit l'être. Pardonnez-moi, mademoiselle, poursuivit-il, s'apercevant de la surprise et du trouble de mademoiselle de Mailly, d'être si bien instruit; et pardonnez à mon ami de m'avoir confié ses peines, et de m'avoir chargé d'un éclaircissement, que, dans l'état où il est, il ne peut vous demander lui-même.

Quoi! répondit-elle d'une voix basse et tremblante, il est donc blessé? Oui, mademoiselle, répondit M. de Canaple, et, malgré tout ce qu'il souffre, il serait heureux s'il voyait ce que je vois. Ah! dit-elle avec une inquiétude qu'elle ne put dissimuler, il est blessé dangereusement?

Sa vie, répondit le comte de Canaple, dépend de ce que vous m'ordonnerez de lui dire. Mademoiselle de Mailly fut quelque temps dans une rêverie profonde; et, sans lever les yeux, qu'elle avait toujours tenus baissés : Il vous a dit mes faiblesses! lui dit-elle. Mais vous a-t-il confié que dans le temps que je résistais à la volonté d'un père pour me conserver à lui, il violait, pour me trahir, toutes les lois? Vous a-t-il dit qu'il a enlevé mademoiselle de Liancourt, qu'il s'est battu avec son frère ? Que veut-il encore ? pourquoi affecter de passer des nuits sous mes fenêtres ? pourquoi chercher à troubler un repos que j'ai tant de peine à retrouver ? pourquoi attaquer M. du Boulai ? pourquoi le tuer ? pourquoi se faire des ennemis irréconciliables de tout ce qui me doit être le plus cher ? et pourquoi, enfin, suis-je assez misérable pour craindre, à l'égal de la mort, qu'il ne soit puni de ses crimes ! Oui, continua-t-elle, je frémis des liaisons que madame de Mailly prend avec M. de Liancourt pour perdre ce malheureux. Qu'il s'éloigne ! qu'il se mette à couvert de la haine de ses ennemis ! Qu'il vive, et que je ne le voie jamais !

Cette dernière condition, répliqua le comte de Canaple, le met hors d'état de vous obéir. Donnez-moi le temps, mademoiselle, de lui parler ; je suis sûr qu'il ne saurait être coupable. Hélas ! que pourra-t-il vous dire ? repartit-elle. N'importe, parlez-lui ; aussi-bien je vous ai trop montré ma faiblesse, pour vous dissimuler l'inquiétude et la crainte que son état me donne.

M. de Châlons attendait son ami avec une extrême impatience. Qu'allez-vous m'apprendre ? lui dit-il d'une voix entrecoupée, aussitôt qu'il le vit approcher de son lit. Que, si les soupçons que vous avez de la fidélité de mademoiselle de Mailly, répliqua M. de Canaple, n'ont pu éteindre votre amour, elle vous aime encore, quoique vous soyez aussi coupable à ses yeux, qu'elle l'est aux vôtres. Qu'est-ce que votre combat contre M. de Liancourt, et l'enlèvement de sa sœur, dont vous êtes accusé, et dont je n'ai pu vous justifier? Ce que j'ai fait pour mademoiselle de Liancourt, reprit M. de Châlons, n'intéresse ni mon amour ni ma fidélité. Je vous éclaircirai pleinement cette aventure ; mais, mon cher Canaple, dites-moi plus en détail tout ce qu'on vous a dit; les moindres circonstances, le son de la voix, les gestes, tout est important.

Quoique M. de Canaple lui rendît le compte le plus exact de la conversation qu'il venait d'avoir, il ne se lassait point de lui faire de nouvelles questions ; il lui faisait répéter mille fois ce qu'il venait de lui entendre dire. Après toutes ces répétitions, il croyait encore n'avoir pas bien entendu. Vous avouerai-je ma peine? lui disait-il; je ne puis me pardonner les soupçons que je vous ai laissé voir; ils auront fait impression sur vous; vous en estimerez moins mademoiselle de Mailly; croyez, je vous en prie, qu'elle n'est point coupable : pour moi, je n'ai presque plus besoin de le penser; je ne sais même si je ne sentirais point un certain plaisir d'avoir à lui pardonner.

Ce sentiment, qu'il eût été si nécessaire au comte de Canaple de trouver dans madame de Granson, le fit soupirer. Vous avez raison, lui dit-il, on pardonne tout quand on aime. Oui, répliqua M. de Châlons; mais si j'aime assez pour tout pardonner, j'ai toujours trop parfaitement aimé pour avoir besoin d'indulgence. Vous vous souvenez qu'en vous contant les aventures de cette malheureuse nuit, je vous dis qu'un événement singulier m'avait obligé de sortir de Calais ; le voici :

M. de Clisson logeait dans la maison où j'étais ; comme il n'était jamais venu à la cour de France, et qu'il n'était pas à celle de Flandre lorsque j'y avais été, je n'avais pas craint d'en être connu. Nous nous étions parlé plusieurs fois, et nous avions conçu de l'estime l'un pour l'autre. Je viens, me dit-il en entrant dans ma chambre, et en m'abordant avec cette liberté qui règne parmi ceux qui font profession des armes, vous prier de me servir de second dans un combat que je dois faire ce matin. L'honneur ne me permettait pas de refuser, et la disposition où j'étais m'y faisait trouver du plaisir. Je haïssais tous les hommes ; il ne m'importait sur qui j'exercerais ma vengeance.

Je me hâtai de prendre mes armes. Nous allâmes au lieu de l'assignation ; nous avions été devancés par nos adversaires. Le combat commença, et, quoique ce fût avec beaucoup de chaleur, il finit presque aussitôt : nos deux ennemis furent blessés et désarmés : Je vous demande pardon, me dit Clisson, de vous avoir engagé à tirer l'épée contre un homme avec qui il y avait si peu de gloire à acquérir ; mais, si je n'ai pu fournir un assez noble exercice à votre courage, je puis, si vous voulez me suivre, donner à votre générosité un emploi digne d'elle. J'assurai Clisson qu'il pouvait compter sur moi.

Sans perdre un instant, nous nous éloignâmes du lieu du combat ; nous traversâmes la ville, et nous allâmes descendre dans une maison qui était à l'autre bout du faubourg. Deux femmes masquées nous y attendaient. Clisson en prit une, qu'il mit devant lui sur son cheval, et me pria de me charger de l'autre. Dans la disposition où j'étais, j'avoue que, si j'eusse cru qu'il eût été question d'enlever une femme, je ne me serais pas prêté avec tant de facilité à ce qu'on exigeait de moi ; mais il n'y avait plus moyen de reculer. Nous marchâmes avec le plus de vitesse qu'il nous fut possible : la lassitude de nos chevaux nous obligea de nous arrêter, sur la fin du jour, dans un village où, par bonheur, nous en trouvâmes d'autres qui nous menèrent à Ypres. Comme nous n'étions plus sur les terres de France, nos dames, qui avaient grand besoin de repos, y passèrent la nuit.

Ce ne fut que là où j'appris quelle était cette aventure, où vous voyez que j'avais cependant tant de part; les miennes propres m'occupaient trop pour laisser place à la curiosité. Clisson m'apprit qu'à son retour d'Angleterre, où il avait passé avec la comtesse de Montfort, lui et M. de Mauny s'étaient arrêtés à Calais; qu'ils étaient devenus amoureux, lui, de mademoiselle d'Auxi, et Mauny, de mademoiselle de Liancourt, toutes deux sous la puissance de leurs frères, qui avaient résolu de faire un double mariage, et, dans cette intention, les avaient fait élever ensemble, sous la conduite d'une vieille grand'-mère de mademoiselle de Liancourt. L'une et l'autre, révoltées du joug qu'on voulait leur imposer, s'étaient affermies dans la résolution de n'épouser que quelqu'un qu'elles pussent aimer.

M. de Clisson et M. de Mauny leur inspirèrent les sentimens qu'elles voulaient avoir pour leurs maris. Il fut résolu entre eux qu'elles prendraient leur temps pour sortir de la maison de madame de Liancourt; que leurs amans, après avoir reçu leur foi, les emmèneraient en Bretagne. Mauny fut obligé de passer en Angleterre ; il avait de fortes raisons pour ne pas déclarer son mariage, et Clisson fut chargé seul de l'exécution du projet. Les dames, après s'être sauvées la nuit, étaient venues se réfugier dans cette maison du faubourg, où elles étaient cachées depuis deux jours, lorsque Clisson et moi les allâmes chercher.

Les deux frères, avertis de leur fuite, ne doutèrent pas que Clisson n'en fût l'auteur; aucun soupçon ne tomba sur M. de Mauny, qui était absent depuis assez long-temps. M. d'Auxi et M. de Liancourt appelèrent M. de Clisson en duel, persuadés que celui qu'il choisirait pour second ne pourrait être que le ravisseur de mademoiselle de Liancourt. La crainte qu'on ne découvrît le lieu où ces dames étaient cachées obligea Clisson, après le combat, de me prier de l'aider à les en tirer. Je juge que M. de Mauny a fait passer sa femme en Angleterre, où peut-être n'a-t-il pas encore la liberté de déclarer son mariage.

Voilà, continua M. de Châlons, ce qui me donne l'air si coupable : il y va de tout mon bonheur que mademoiselle de Mailly en soit instruite : tous les momens qui s'écouleront jusque-là sont perdus pour mon amour.

M. de Canaple ne tarda pas à satisfaire son

ami; il vit mademoiselle de Mailly; il lui apprit tout ce que M. de Châlons venait de lui apprendre. Elle écoutait avidement tout ce qui pouvait justifier M. de Châlons : Hélas! disait-elle, s'il est innocent, je suis encore plus à plaindre; mais ne songeons présentement qu'à le sauver. Je tremble qu'il ne soit découvert dans le lieu où il est; il faut prendre des mesures auprès du roi. Votre ami est malheureux; vous l'aimez; puis-je ajouter à ces motifs l'intérêt d'une fille que vous ne connaissez que par ses faiblesses? Ne donnez point ce nom, mademoiselle, répondit le comte de Canaple, à des sentimens que leur constance rend respectables.

L'intérêt de M. de Châlons demandait que M. de Vienne, gouverneur de Calais, fût instruit de ce qui s'était passé. M. de Canaple s'empressa de se charger d'un soin qui allait lui donner des liaisons nécessaires avec le père de madame de Granson. Il n'en avait rien appris depuis son départ de Bourgogne; il espérait en savoir des nouvelles; il en entendrait parler; il en parlerait lui-même : tous ces petits biens deviennent considérables, surtout pour ceux qui n'osent s'en promettre de plus grands.

M. de Vienne vit avec plaisir le comte de Canaple; il connaissait aussi M. de Châlons; la probité de l'un et de l'autre ne lui était point

suspecte ; il ajouta une foi entière à ce que
M. de Canaple lui dit de l'innocence de son
ami. Il se chargea d'obtenir du roi les ordres
nécessaires pour la sûreté de M. de Châlons.

Le comte de Canaple, toujours occupé de son
amour, ne négligeait rien pour s'insinuer dans
les bonnes grâces de M. de Vienne ; il lui rendait des soins, il voulait être aimé de ce que
madame de Granson aimait ; et, quoiqu'il n'en
dût attendre aucune reconnaissance, qu'elle
pût même l'ignorer toujours, cette occupation
satisfaisait la tendresse de son cœur. Il lui fallut
plusieurs jours pour amener M. de Vienne à lui
parler de ce qu'il désirait ; car, quoiqu'il se fût
bien promis d'en parler lui-même, la timidité
inséparable du véritable amour le retint long-temps.

M. de Vienne, un des plus fameux capitaines
de son siècle, ne s'entretenait volontiers que de
guerre. Il fallut essuyer le récit de bien des combats, avant d'avoir acquis le droit de faire des
questions. Enfin, M. de Canaple, enhardi par
la familiarité qu'il avait acquise, osa demander
des nouvelles de madame de Granson. Elle est,
répondit M. de Vienne, à la campagne depuis
le départ de son mari. C'est sans doute à Vermanton ? dit M. de Canaple. Non, répliqua
M. de Vienne, elle s'en est dégoûtée, et ne

veut plus y aller; elle veut même s'en défaire.

M. de Canaple, éclairé par son amour, sentit la cause de ce dégoût, et en fut vivement touché ; mais, comme ce lieu l'intéressait infiniment, même en l'affligeant, il voulut en être le maître. Un homme à lui fut envoyé en Bourgogne, avec ordre d'acheter Vermanton, à quelque prix qu'il fût. L'acquisition des meubles était surtout recommandée; toutes les choses qui avaient appartenu à madame de Granson, et dont elle avait fait usage, étaient d'un prix infini pour le comte de Canaple ; ce lit où il avait été si heureux n'avait pas même de privilége. L'amour, quand il est extrême, n'admet point de préférence.

Les cœurs sensibles se devinent les uns les autres. Madame de Granson comprit ce qui obligeait le comte de Canaple à offrir un prix excessif de Vermanton; elle crut même que ce lieu ne lui était cher que par la même raison qu'elle avait pour le trouver odieux, et mit obstacle à l'acquisition qu'il voulait en faire. Le comte de Canaple regarda ce refus comme une nouvelle marque de haine.

Ce que M. de Vienne lui contait de la retraite où sa fille vivait depuis l'absence de M. de Granson le confirmait dans cette opinion. Les malheureux tournent toujours leurs pensées du côté qui peut augmenter leurs peines. Il se persuada que madame de Granson aimait encore plus son mari qu'elle ne l'avait aimé. C'est moi, disait-il, qui lui ai appris à aimer; son cœur a été instruit par le mien de toutes les délicatesses de l'amour; ma passion lui sert de modèle; elle fait pour son mari ce qu'elle sent bien que je ferais pour elle, et j'ai le malheur singulier que ce que l'amour m'a inspiré de plus tendre est au profit de mon rival.

Ces réflexions désespérantes jetaient le comte de Canaple dans une tristesse qui n'échappa pas à mademoiselle de Mailly. Elle connut qu'il était amoureux; et, sans le lui dire, elle en fut plus disposée à prendre beaucoup d'amitié pour lui, et à lui donner sa confiance. C'était aussi pour M. de Canaple un soulagement de parler à quelqu'un dont l'âme était sensible, et qui aussi-bien que lui éprouvait les malheurs de l'amour.

Cependant, M. de Châlons guérissait de ses blessures; il avait quitté le lit; il pressait son ami, toutes les fois qu'il le voyait, d'obtenir de mademoiselle de Mailly qu'il pût lui parler. Ce n'est que par elle, lui disait-il, que je veux démêler cette étrange aventure : je connais sa franchise et sa vérité; puisqu'elle m'aime encore, il lui en coûtera moins de s'avouer coupable, qu'il ne lui en coûterait de me tromper.

Que me demandez-vous ? dit mademoiselle de Mailly au comte de Canaple, quand il lui fit la prière dont il était chargé. Puis-je voir un homme qui a rempli de deuil la maison de mon père ? Cet obstacle, qui n'est déjà que trop fort, n'est pas le seul qui nous sépare pour jamais. Je l'ai cru infidèle ; qu'il tâche de le devenir ; l'intérêt de son repos le demande ; et, de la façon dont j'ai le cœur fait, ce sera une espèce de consolation pour moi, de penser que du moins il ne sera pas malheureux. De quel ordre, répliqua M. de Canaple, me chargez-vous ? Songez que ce serait donner la mort à mon ami. Vous ne doutez pas que je ne sois aussi à plaindre, et peut-être plus à plaindre que lui, répliqua mademoiselle de Mailly ; dites, s'il le faut, que je ne mérite plus d'être aimée. Serait-il possible que ce fût une consolation pour lui ? Non, je ne le puis penser ; je sais, du moins, que mon cœur n'a jamais été plus cruellement déchiré, que lorsque je l'ai cru coupable. Mais, dit encore le comte de Canaple, ne m'expliquerez-vous point les motifs d'une conduite qu'il importe tant à M. de Châlons de savoir ? Il n'en serait pas moins malheureux, reprit-elle, et j'aurais dit ce que je ne dois point dire. Qu'il lui suffise que la fortune seule a causé ses malheurs et les miens ; que j'avais peine à cesser de l'aimer dans un temps où je croyais ne pouvoir plus l'estimer. Plût à Dieu, dit-elle, en poussant un profond soupir, avoir toujours cru en être aimée ! Si je puis encore lui demander quelque chose, je lui demande de s'éloigner d'un lieu où sa présence ne fait qu'augmenter mes maux.

Malgré le respect de M. de Châlons pour mademoiselle de Mailly, il n'aurait pu se soumettre à ses ordres, si son honneur et son devoir ne l'avaient obligé d'obéir à ceux qu'il reçut du roi. M. de Canaple et lui furent mandés à Paris, pour délibérer sur la campagne prochaine.

Madame de Granson y était arrivée depuis quelques jours pour secourir son mari, qui avait été dangereusement malade. Il l'aurait volontiers dispensée de tant de soin. Son cœur n'avait pu demeurer oisif au milieu d'une cour qui respirait la galanterie : les belles femmes qui la composaient avaient eu part tour à tour à ses hommages. Madame de Montmorency était la dernière à qui il s'était attaché, et sa passion pour elle durait encore, lorsqu'il tomba malade.

Madame de Granson ne s'aperçut pas d'abord de l'indifférence dont on payait ses soins ; ou, si elle s'en aperçut, elle l'attribua à l'état où était M. de Granson ; mais, comme cette indifférence augmentait, elle vit enfin ce qu'elle n'avait pas vu d'abord. Ce fut presque un soulagement pour elle; il lui semblait qu'elle en était un peu moins coupable à son égard. Délivrée de la nécessité qu'elle s'imposait de l'aimer, elle agissait avec lui d'une manière plus libre et plus naturelle.

Elle ne s'était point précautionnée pour éviter le comte de Canaple, qu'elle croyait loin de Paris. Il la trouva dans la chambre de M. de Granson, lorsqu'il y vint. La surprise et l'embarras de l'un et de l'autre furent extrêmes. M. de Granson en avait aussi sa part ; c'était un caractère faible, toujours tel que les personnes avec qui il vivait voulaient qu'il fût. La présence du comte de Canaple, dont il connaissait la vertu, lui reprochait sa conduite ; il craignait sa sévérité : il eût cependant bien voulu continuer la sorte de vie qu'il menait alors.

Après quelques discours généraux, ces trois personnes, qui ne savaient que se dire, gardèrent le silence. Madame de Granson, avertie qu'elle devait fuir le comte de Canaple, par le peu de répugnance qu'elle avait de le voir, voulut sortir; mais M. de Granson l'arrêta. Comme il était le plus libre des trois, il se mit à faire des questions à son ami, sur M. de Vienne. Quelque intéressée que fût madame de Granson à cette conversation, la crainte d'adresser la parole à M. de Canaple l'empêchait d'y prendre part. Mais M. de Vienne avait écrit à sa fille et à M. de Granson beaucoup de choses avantageuses du comte de Canaple; M. de Granson s'empressa de les lui dire, et en prit sa femme à témoin. Il est vrai, dit-elle en baissant les yeux.

A quelques momens de là, M. de Granson eut un ordre à donner à un de ses gens, et madame de Granson se vit obligée de dire quelques mots à M. de Canaple, pour ne pas même lui donner occasion de parler de M. de Vienne. Elle voulut lui faire parler des dames de Calais. Je n'ai rien vu, madame, lui dit-il d'un air timide et sans oser la regarder, que le père.... Il voulait dire de madame de Granson; mais il s'arrêta tout d'un coup, et, se reprenant après quelques momens de silence, je n'ai rien vu que M. de Vienne.

Toutes ces marques de tendresse n'échappaient pas à madame de Granson; malgré elle, le coupable disparaissait, et ne lui laissait voir qu'un homme aimable et amoureux. A mesure que cette impression devenait plus forte, elle le fuyait avec plus de soin; mais la nécessité d'être dans la chambre de son mari, et le droit qu'avait M. de Canaple d'y venir à toute heure, lui en ôtaient la liberté. Il est vrai qu'il usait de ce privilége avec tant de ménagement, qu'insensiblement madame de Granson s'accoutuma à le voir.

L'insensibilité que son mari avait pour elle fit alors une impression bien différente sur son esprit; elle ne pouvait s'empêcher, depuis que M. de Canaple en était témoin, de la sentir et d'en être blessée. Ce sentiment, dont elle ne tarda pas à démêler la cause, lui donnait de l'indignation contre elle-même; mais, malgré toute la sévérité de ses réflexions, elle ne put, à quelques jours de là, être maîtresse de sa sensibilité.

M. de Granson, à son départ de Bourgogne, lui avait demandé, au défaut de son portrait qu'il n'avait pas eu le temps de faire faire, un bracelet de grand prix où était celui de feue madame de Vienne, à qui sa fille ressemblait si parfaitement, que ce portrait paraissait être le sien. Elle s'en était détachée avec beaucoup de peine, et avait prié M. de Granson de le garder soigneusement. Comme la conversation était peu animée entre le mari et la femme, et que la présence de M. de Canaple y mettait encore plus de contrainte, madame de Granson, ne sachant que dire, s'avisa de redemander ce portrait à M. de Granson. Il fut si embarrassé de cette demande, et si peu maître de son embarras, que madame de Granson comprit qu'il ne l'avait plus. Elle ne se trouva nullement préparée à soutenir cette espèce de mépris. Quelques larmes coulèrent de ses yeux; et, pour les cacher, elle sortit de la chambre; mais ce soin était inutile, elles ne pouvaient échapper à l'attention du comte de Canaple; et, quoique ce qu'il voyait dût encore fortifier sa jalousie, un attendrissement pour le malheur de ce qu'il aimait, l'indignation qu'il conçut contre M. de Granson, firent taire tout autre sentiment.

Puis-je croire ce que je vois? lui dit-il aussitôt qu'ils furent seuls. Quoi! vous êtes sans amour et même sans égard pour votre femme, pour cette femme qui mérite les respects et les adorations de toute la terre? Elle verse des larmes; vous la rendez malheureuse; et où donc avez-vous trouvé des charmes assez puissans pour effacer l'impression que les siens avaient faite sur votre cœur?

Que voulez-vous? répliqua M. de Granson, ce n'est pas ma faute. Après tout, où prenez-vous qu'on doive toujours être amoureux de sa femme? ce sentiment est si singulier, qu'il faudrait, si je l'avais, le cacher avec soin. Je vous l'avouerai encore, la passion de ma femme, dont je reçois tous les jours de nouvelles marques, m'embarrasse et ne me touche plus.

M. de Canaple, occupé si tendrement jusque-là des intérêts de madame de Granson, sentit à ce mot de passion réveiller toute sa jalousie. Le dépit dont il était animé lui faisait souhaiter que M. de Granson fût encore plus coupable. Il n'eut plus la force de désapprouver sa conduite, et il le quitta, plus fâché contre madame de Granson qu'il ne l'avait été contre lui.

Elle a donc de la passion! disait-il. Si mon amour n'a pu la toucher, il aurait du moins dû lui apprendre le prix dont elle est, et la sauver de la faiblesse et de la honte d'aimer qui ne l'aime pas. Je lui pardonnerais, je l'admirerais même, si ses démarches n'étaient dictées que par le devoir; mais elle aime, mais elle est jalouse; et, tandis que je ne suis occupé que d'elle, elle n'est occupée que de la perte d'un cœur qui ne vaut pas le mien.... Hélas! sa vertu a fait naître sa tendresse; elle est malheureuse aussi-bien que moi; avec cette différence, que je ne le suis que pour avoir donné entrée dans mon cœur à un amour que tant de raisons m'engageaient à combattre. Je ne puis être aimé: il faut me faire une autre espèce de bonheur; il faut parler à son mari; il faut encore le ramener à elle ; il faut qu'elle me doive, s'il est possible, la douceur dont elle jouira.

Comme madame de Granson avait paru sensible à la perte du bracelet, M. de Canaple mit tout en usage pour le recouvrer, et y réussit. La ressemblance du portrait était une furieuse tentation de le garder ; mais ce plaisir n'eût pas été comparable à celui de donner à madame de Granson une preuve si sensible de ses soins, et une satisfaction qu'elle ne devrait qu'à lui. Il espérait même qu'elle démêlerait que c'était par respect qu'il n'avait osé garder ce qu'elle n'aurait pas voulu lui donner.

Malgré la liberté dont il jouissait chez M. de Granson, il y avait des heures, depuis sa maladie, où l'entrée de sa chambre n'était permise qu'à ses domestiques. M. de Canaple, pour avoir le prétexte d'aller dans l'appartement de madame de Granson, choisit une de ces heures. Rassuré par l'action qu'il allait faire, son air et sa contenance étaient moins timides. Madame de Granson en fut blessée, et jeta sur lui un regard qui lui apprit ce qui se passait en elle. C'est pour vous remettre, madame, lui dit-il, le portrait dont il m'a paru que la perte vous affligeait, que j'ai osé prendre la liberté d'entrer dans votre appartement. Je n'ai jamais compris, poursuivit-il en le lui présentant, comment il était possible que M. de Granson ait pu se dessaisir d'une chose qui lui devait être si précieuse ; et je le comprends encore moins dans ce moment.

Ces dernières paroles furent prononcées d'un ton bas et attendri. Madame de Granson, étonnée, attendrie elle-même du procédé de M. de Canaple, ne savait quel parti prendre. C'était lui faire une faveur, de recevoir cette marque de ses soins; et, en la lui refusant, elle lui laissait son portrait. Elle se détermina au parti le plus doux. Son cœur lui faisait cette espèce de trahison, sans qu'elle s'en aperçût. Cependant, toujours également occupée de remplir ses devoirs avec la plus grande exactitude : J'eusse souhaité, monsieur, lui dit-elle en prenant le portrait, que vous eussiez bien voulu le remettre à M. de Granson; mais je ne lui laisserai pas ignorer cette nouvelle marque de votre amitié. Pour finir une conversation qui l'embarrassait, elle se leva dans le dessein de passer chez M. de Granson; et M. de Canaple n'osa l'y suivre.

Madame de Granson entra dans la chambre de son mari pour lui apprendre ce qui venait de se passer ; mais, lorsqu'il fut question de parler, elle s'y trouva embarrassée. Il lui vint dans l'esprit que c'était tromper M. de Granson, et le tromper de la manière la plus indigne, que de l'engager à quelque reconnaissance pour M. de Canaple. Cette idée, si capable d'alarmer sa vertu, la détermina au silence.

A mesure que la santé de M. de Granson se rétablissait, ses amis se rassemblaient chez lui. Madame de Granson se montrait peu, et se montrait toujours négligée; mais enfin elle se montrait : il n'était pas possible que sa beauté ne fît impression. M. de Châtillon, quoique engagé, par le caractère qu'il s'était donné dans le monde de n'être point amoureux, ne put s'empêcher d'en être touché plus sérieusement qu'il n'eût fallu pour son repos. Sa présomption naturelle ne lui laissait pas prévoir de mauvais succès; il n'avait besoin que d'une occasion de se déclarer : elle aurait été difficile à trouver, si M. de Granson, qui craignait surtout qu'on ne le soupçonnât d'être amoureux et jaloux de sa femme, ne l'avait obligée de demeurer auprès de lui dans le temps qu'il y avait le plus de monde.

Quoique la galanterie et surtout l'amour parussent aux jeunes gens de la cour une espèce de ridicule, la présence de madame de Granson donnait le ton galant à toutes les conversations. Elle n'y prenait nulle part. M. de Canaple se condamnait devant elle au même silence; et, lorsqu'elle n'y était pas, la crainte d'être deviné l'engageait encore à beaucoup de ménagement. Mais toutes ces considérations l'abandonnèrent dans la chaleur d'une dispute où il était question des plaisirs de la galanterie et de ceux de l'amour. Il ne put endurer qu'ils fussent comparés; et, sans se souvenir qu'il jouait dans le monde le rôle d'indifférent, il se mit à faire la peinture la plus vive et la plus animée de deux personnes qui s'aiment, et finit par assurer avec force qu'il ne serait pas touché des faveurs de la plus belle femme du monde dont il ne posséderait pas le cœur.

Où sommes-nous? s'écria M. de Granson. Depuis quand le comte de Canaple connaît-il toutes ces délicatesses? Le croiriez-vous, madame? dit-il à madame de Granson qui entrait dans ce moment; ce Canaple, si éloigné de l'amour, est devenu son plus zélé défenseur. Il ne veut point de galanterie, il veut de belle et bonne passion; et, de la façon dont il en parle, en vérité, je le crois amoureux.

La vue de madame de Granson imposa tout d'un coup silence au comte de Canaple; et, loin de répondre, il se reprochait comme une indiscrétion ce qu'il venait de dire. Son embarras aurait été sans doute remarqué, si M. de Châlons, qui était aussi chez M. de Granson, n'eût pris la parole : Je pense, dit-il, comme M. de Canaple; le plaisir d'aimer est le plus grand bonheur, et peut-être sentirait-on moins le malheur d'être trahi, sans la nécessité où l'on se trouve alors de renoncer à un état si doux. Mais, répliqua en riant M. de Montmorency, pourquoi vous faire cette violence? Vous pouvez aimer tout à votre aise une maîtresse qui vous aura trompé ; personne n'y mettra obstacle, et j'ose vous assurer que votre félicité ne sera ni troublée ni enviée.

Vous en rirez tant qu'il vous plaira, dit M. de Châlons; mais je pardonnerais volontiers, pourvu que je trouvasse, dans la sincérité du repentir et dans un aveu sans déguisement, de quoi me persuader que j'étais aimé, même dans le temps que j'étais trahi. Je sens qu'il y a une espèce de douceur à pardonner à ce qu'on aime; c'est un nouveau droit qu'on acquiert d'être aimé ; et on en aime soi-même davantage.

Avec de pareilles maximes, vous n'avez garde d'être jaloux, dit M. de Granson. Du moins le suis-je très-différemment de la plupart des hommes, répliqua-t-il, qui ne connaissent ce sentiment que par un amour-propre effréné. Le mien n'a rien à démêler avec les infidélités qu'on peut me faire; elles n'affligent que mon cœur.

J'avoue, interrompit M. de Châtillon, qui n'avait point parlé jusque-là, que j'entends mal toutes ces distinctions de l'amour et de l'amour-propre; je sais seulement que les femmes préfèreront toujours un amant dont la jalousie sera pleine d'emportemens, à tous vos égards et à toutes vos délicatesses.

Pourriez-vous pardonner, madame, dit-il à madame de Granson, en s'approchant de son oreille, à un homme qui craindrait de perdre votre cœur et qui conserverait encore quelque raison? Personne, répondit-elle tout haut d'un ton fier et dédaigneux, ne sera à portée de faire une pareille perte : et, sans le regarder, sans lui donner le temps de répondre, elle se leva pour sortir.

Quoique M. de Canaple n'osât jeter les yeux sur elle, son attention et son application suppléaient à ses yeux. Il s'était aperçu de la passion de M. de Châtillon, presque aussitôt que lui-même. Un homme de ce caractère n'était pas un rival dangereux auprès de madame de Granson. Mais un rival, quelque peu redoutable qu'il puisse être, importune toujours. La réponse de madame de Granson, et le ton dont elle fut faite, le dédommagèrent de la peine qu'il avait eue de voir M. de Châtillon oser lui parler à l'oreille. Un amant, et surtout un amant malheureux, prend comme une faveur les rigueurs que l'on exerce contre ses rivaux.

M. de Châtillon n'était pas homme à se rebuter par celle qu'il venait d'essuyer. Il suivit madame de Granson, dans l'espérance de lui donner la main. M. de Canaple, qui n'avait plus rien qui l'arrêtât dans la chambre, sortit aussi. Ils se trouvèrent tous deux auprès du chariot de madame de Granson, lorsqu'elle voulut y monter. M. de Canaple n'osait cependant lui présenter la main; mais M. de Châtillon ne garda pas tant de ménagement, et madame de Granson, irritée de sa hardiesse, occupée de la réprimer, prit celle de M. de Canaple, et ne s'aperçut combien la préférence qu'elle lui donnait était flatteuse, que parce qu'elle sentit que cette main était tremblante. Aussi se hâta-t-elle de la quitter et de monter dans son chariot.

Cet instant était le premier où M. de Canaple avait ressenti quelque douceur. Il eût bien voulu se trouver seul, et en jouir à loisir; mais M. de Châlons, qui le joignit dans le moment, ne lui en donna pas la liberté. Que vous êtes heureux! lui dit-il; car, malgré les soupçons que vous avez fait naître aujourd'hui, je suis persuadé que vous n'aimez rien. Pour moi, je suis la victime d'une passion qui ne me promet que des peines, et que je n'ai pas même la force de combattre.

M. de Canaple ne pouvait avouer qu'il était amoureux, et ne pouvait aussi se résoudre à le désavouer; c'eût été blesser son amour ou sa discrétion. Ne parlons point de moi, répondit-il, je suis ce que je puis, et je ne conseillerais à personne d'envier ma fortune.

M. de Châlons, plein de ses sentimens, ne s'occupa pas à pénétrer ceux de son ami. Je suis plus agité aujourd'hui que je ne l'ai encore été, lui dit-il; la peinture que je viens de faire de mes sentimens les a réveillés et gravés plus profondément dans mon cœur. Par grâce, écrivez à mademoiselle de Mailly; c'est une liberté qui ne m'est pas permise; mais ce sera presque recevoir une de mes lettres, que d'en recevoir une des vôtres. Je l'occuperai du moins quelques momens; et quelle douceur n'est-ce pas pour moi !

Le comte de Canaple était dans les dispositions nécessaires pour bien exprimer les sentimens de son ami; mais cet ami était trop amoureux pour être aisé à contenter. La lettre fut faite et refaite plus d'une fois, et remise enfin à un homme de M. de Canaple, avec ordre de la porter à Calais, et d'en rapporter la réponse.

Cependant le départ du roi était fixé, et tous ceux qui n'étaient point attachés particulièrement à sa personne, voulurent le devancer, et se disposèrent à partir. M. de Canaple fut de ce nombre. La peine de s'éloigner de ce qu'on aime n'est pas, pour un amant malheureux, ce qu'elle est pour un amant aimé.

Lorsque la santé de M. de Granson lui permit de sortir de la chambre, il voulut que madame de Granson fût présentée au roi et aux reines. Sa beauté fut admirée de tout le monde. Les louanges qu'on lui prodigua augmentèrent les empressemens de M. de Châtillon : il la suivait partout; et, malgré la mode et le ton qu'il avait pris dans le monde, il lui rendait des soins assez à découvert. Madame de Granson, importunée de ses soins, de mauvaise humeur contre elle et contre l'amour, se vengeait par les rigueurs qu'elle exerçait sur lui, de ce qu'elle sentait pour son rival. Ce rival en était souvent témoin; et, quoiqu'il fût traité lui-même avec encore plus de sévérité, elle n'était pas du moins accompagnée du dédain et du mépris dont on accablait M. de Châtillon. Madame de Granson ne put éviter les adieux de l'un et de l'autre. M. de Châtillon osa encore parler le même langage; M. de Canaple, au contraire, ne prononça pas un seul mot.

Cette différence de conduite n'était que trop remarquée par madame de Granson. Les reproches qu'elle ne cessait de se faire tournaient au profit de ses devoirs; elle croyait toujours ne pas les remplir assez bien. Loin d'être rebutée par le peu d'égards que M. de Granson lui marquait, elle redoublait de soins et d'attentions.

Comme il suivait le roi, il ne partit pas sitôt que M. de Canaple. Madame de Granson s'aperçut que sa présence le contraignait. Sans lui faire de reproche, sans marquer le moindre mécontentement, elle se disposa à aller à Calais, pour être plus à portée des nouvelles de l'armée, et pour être avec un père qu'elle aimait, et dont elle était tendrement aimée. C'était, dans la disposition où son cœur était alors, une consolation et un besoin, de pouvoir se livrer aux sentimens d'une amitié permise.

M. de Vienne reçut sa fille avec joie : elle fut visitée de tout ce qu'il y avait dans la ville de gens considérables. Mademoiselle de Mailly ne fut pas des dernières à s'acquitter de cette espèce de devoir. Elles avaient l'une et l'autre les qualités qui préviennent si favorablement, et qui font naître l'inclination; aussi, dès le premier moment de la connaissance, se trouvèrent-elles dans la même liberté que si elles s'étaient connues depuis long-temps. Madame de Granson, charmée des agrémens et de l'esprit de mademoiselle de Mailly, en parlait souvent à M. de Vienne.

Je voudrais, lui disait-elle, passer mes jours avec une si aimable fille; mais je meurs de peur qu'elle ne nous soit bientôt enlevée par quelque grand mariage. Ce mariage pourrait au contraire la rapprocher de vous, répondit M. de Vienne. Canaple, dans le séjour qu'il a fait ici, a paru fort attaché à elle; il y est revenu sans autre besoin que celui de la voir; et l'on m'amena, il y a quelques jours, un homme chargé d'une lettre pour elle, qui n'avait point d'abord voulu dire son nom, mais qui fut obligé de m'avouer qu'il appartenait au comte de Canaple. De l'humeur dont il est, une si grande assiduité prouve beaucoup. Madame de Granson sentit à ce discours un trouble et une émotion qu'elle n'avait jamais connus. Elle n'avait plus la force de continuer la conversation, lorsque mademoiselle de Mailly entra.

M. de Vienne, qui avait plus de franchise que de politesse, ne craignit pas de l'embarrasser en lui répétant ce qu'il venait de dire à sa fille. Mademoiselle de Mailly ne put entendre sans rougir un nom qui était lié dans son imagination à celui de son amant. Mais on ne se retient guère sur les choses qui intéressent le cœur, surtout lorsqu'on peut s'y livrer sans se faire des reproches. Mademoiselle de Mailly, après avoir dit légèrement que M. de Canaple n'était point amoureux d'elle, se fit un plaisir de le louer des qualités qui lui étaient communes avec M. de Châlons, et le loua avec vivacité.

Madame de Granson l'avait vu jusque-là des mêmes yeux et plus favorablement encore; mais de ce qu'il paraissait tel à mademoiselle de Mailly, il cessa de lui paraître le même. Maîtrisée par un sentiment qu'elle ne connaissait pas, elle ne put s'empêcher de contredire. M. de Vienne, qui trouvait sa fille injuste, prit parti contre elle. Mademoiselle de Mailly, fortifiée par l'autorité de M. de Vienne, soutint d'abord son opinion avec une chaleur peu propre à ramener madame de Granson; mais, comme elle avait l'esprit dans une situation plus tranquille, elle se hâta de finir la dispute.

Madame de Granson, restée seule, se trouva saisie d'une douleur inquiète et piquante, qu'elle n'avait point encore éprouvée. Les réflexions qu'elle faisait sur ce qui venait de se passer lui donnaient des soupçons, et même des certitudes, dont elle se sentait accablée. Je n'en saurais douter, disait-elle, il est amoureux, il est aimé : l'amour, et l'amour content, peut seul inspirer ce que je viens de voir.

Quoi! tandis que j'avais besoin de ma vertu

pour me souvenir de l'outrage qu'il m'a fait; tandis que je ne le croyais occupé qu'à le réparer; tandis que les apparences de son respect faisaient sur mon cœur une impression si honteuse, il aimait ailleurs! Comment ai-je pu m'y tromper? comment ai-je pu donner une interprétation si forcée à ses démarches? comment ai-je pu croire qu'un homme amoureux fût toujours si maître de lui? Non! non! il m'aurait parlé au risque de me déplaire. Elle se rappelait ensuite que, dans cette conversation où le comte de Canaple soutenait le parti de l'amour, il s'était tu dès qu'elle avait paru. Sa délicatesse aurait été blessée, disait-elle, de parler d'amour devant toute autre femme que devant sa maîtresse. Que sais-je s'il ne croyait pas avoir des ménagemens à garder à mon égard? Qui me dit qu'il n'a pas soupçonné ma faiblesse? Cette pensée arracha des larmes à madame de Granson; et, comme elle n'apercevait plus rien dans la conduite du comte de Canaple qui pût l'excuser, tout son ressentiment se réveilla. Il aurait eu peine à se conserver, au milieu des louanges qu'on donnait tous les jours à la valeur du comte de Canaple, et dans un temps où sa vie était exposée à tant de dangers : mais mademoiselle de Mailly, qui voyait dans les périls de M. de Canaple ceux de M. de Châlons, y paraissait si sensible, que madame de Granson cessait de l'être.

L'éloignement, le dégoût, avaient succédé dans son cœur à l'inclination qu'elle s'était d'abord sentie pour elle. Le hasard fit encore qu'elles se trouvèrent dans l'appartement de M. de Vienne quand on apprit que l'armée marchait aux ennemis, et que la troupe de M. de Canaple et celle de M. de Châlons devaient commencer l'attaque. Mademoiselle de Mailly, saisie à cette nouvelle, ne put cacher son trouble. Madame de Granson n'était pas dans un état plus tranquille. M. de Vienne attribuait le chagrin où il la voyait plongée à la crainte où elle était pour M. de Granson, et achevait de l'accabler par les soins qu'il prenait de la rassurer, et par les louanges qu'il ne cessait de donner à sa sensibilité. Que penserait mon père? disait-elle; que penserait tout ce qui m'environne, si le fond de mon cœur était connu, s'il savait que ces larmes dont il me loue ne prouvent que ma faiblesse? Il faut du moins que la connaissance que j'en ai rappelle ma vertu, et que je me délivre de la peine cruelle d'être pour moi-même un objet de mépris.

La perte de la bataille de Créci qu'on apprit alors, et les blessures dangereuses que M. de

Granson y avait reçues, donnèrent à la vertu de madame de Granson un nouvel exercice. Elle ne balança pas un moment sur le parti qu'elle avait à prendre ; et, sans être arrêtée par les prières de M. de Vienne, et par les dangers où elle s'exposait en traversant un pays plein de gens de guerre, elle partit sur-le-champ. Son père, n'ayant pu la retenir, lui donna une escorte nombreuse : ils furent attaqués à diverses reprises par des partis ennemis qu'ils repoussèrent avec succès. L'idée de M. de Canaple se présentait souvent pendant la route à madame de Granson : l'incertitude où elle était de son sort, dont elle avait eu le courage de ne point s'informer, diminuait sa colère, et la disposait à avoir plus de pitié que de ressentiment.

Le troisième jour de sa marche, sa petite troupe, qui s'était affaiblie par les combats précédens, fut attaquée par des gens d'armes anglais, très-supérieurs en nombre. Madame de Granson allait tomber dans les mains des vainqueurs, si un chevalier, qui allait à Calais, ne fût venu à son secours. Il vit de loin le combat; et, quoiqu'il fût accompagné de très-peu de monde, il ne balança pas à attaquer les Anglais. Les Français, qui avaient été mis en déroute, reprirent courage, se rallièrent à lui, et l'aidèrent à vaincre ceux qui s'étaient déjà saisis du char de madame de Granson.

Le trouble où elle était ne lui avait pas permis de distinguer ce qui se passait ; et, prenant son libérateur pour son ennemi, lorsqu'il vint à son chariot : Si vous êtes généreux, lui dit-elle d'une voix que la crainte changeait presque entièrement, mais qui ne pouvait jamais être méconnaissable pour celui à qui elle parlait, vous me mettrez promptement à rançon. Quoi ! s'écria-t-il, sans lui donner le temps d'en dire davantage ; c'est madame de Granson ! et c'est elle qui me prend pour un ennemi ! non, madame, vous n'en avez point ici, lui dit-il : tout ce qui vous environne est prêt à sacrifier sa vie pour vous défendre, et pour vous obéir.

La fierté de madame de Granson, et une certaine hauteur de courage qui lui était naturelle, lui avaient donné des forces dans le commencement de cette aventure ; mais la voix de M. de Canaple la mit dans un état bien plus difficile à soutenir que celui dont elle venait de sortir. Mille pensées différentes se présentaient en foule à son esprit : cet homme, qui l'avait outragée, qu'il fallait haïr pour se sauver de la honte de l'aimer, venait d'exposer sa vie pour elle ; et ce même homme allait à Calais, sans doute pour voir mademoiselle de Mailly.

La reconnaissance du service ne pouvait subsister avec cette réflexion, et ne laissait dans l'âme de madame de Granson que le chagrin de l'avoir reçu. M. de Canaple attendait les ordres qu'elle voudrait lui donner, et les aurait attendus long-temps, si l'écuyer de M. de Vienne, qui conduisait l'escorte, n'était venu la presser de se déterminer. Elle voulait suivre son dessein; mais elle ne voulait pas que M. de Canaple l'accompagnât. Le secret dépit dont elle était animée ne lui permettait pas de recevoir de lui un service, qu'elle ne pouvait plus mettre sur le compte du hasard.

Votre générosité en a assez fait, lui dit-elle, monsieur; pressez-vous d'aller à Calais, où je juge que des raisons importantes vous appellent. Il est vrai, madame, dit le comte de Canaple, que j'ai ordre de me rendre à Calais; mais, quelque précis qu'il soit, je ne puis l'exécuter que lorsque vous serez en lieu où vous n'aurez plus rien à craindre.

Madame de Granson, ne pouvant faire mieux, se laissa conduire. L'état fâcheux où elle trouva M. de Granson en arrivant à Amiens, la dispensa de faire des remercîmens à M. de Canaple, qui repartit sur-le-champ pour Calais.

M. de Granson avait aimé passionnément sa femme; ce qu'elle faisait pour lui dans un temps si voisin de celui où il lui avait manqué, la pensée que la mort les allait séparer, réveillèrent sa tendresse, et lui tendant la main aussitôt qu'il la vit : Je n'étais pas digne de vous, lui dit-il ; le ciel me punit de n'avoir pas connu le bien que je possédais. Je me reproche tous les torts que j'ai eus ; pardonnez-les-moi, et ne vous en souvenez qu'autant que ce souvenir sera nécessaire à votre consolation.

Madame de Granson arrosait de ses larmes la main que son mari lui avait présentée : le repentir qu'il lui marquait la pénétrait de honte et de douleur ; elle se trouvait la seule coupable ; elle se reprochait de n'avoir pas aimé M. de Granson ; et l'erreur où il était là-dessus lui paraissait une espèce de trahison. Je n'ai rien à vous pardonner, lui dit-elle en continuant de répandre un torrent de larmes, je donnerais ma vie pour conserver la vôtre. M. de Granson voulut répondre ; mais ses forces l'abandonnèrent ; il fut long-temps dans une espèce de faiblesse dont il revint sans reprendre connaissance, et il mourut deux jours après l'arrivée de madame de Granson.

Ce spectacle, toujours si touchant, l'était encore plus pour elle par les circonstances qui l'avaient accompagné. Comme on n'était point instruit du péril qui menaçait Calais, elle y retourna, persuadée que rien dans le monde ne pouvait l'intéresser que M. de Vienne.

M. de Canaple, en y arrivant, n'avait donné à M. de Vienne aucune espérance sur la vie de M. de Granson. La calamité publique, dit ce grand capitaine, ne me laisse pas sentir mes malheurs particuliers : mais comment est-il possible qu'une armée composée de toute la noblesse de France, c'est-à-dire de ce qu'il y a de plus brave dans l'univers, ait été battue !

Il fallait pour vaincre, répondit M. de Canaple, plus de prudence et moins de valeur. Cette noblesse dont vous parlez en a trop cru son courage, et a méprisé les précautions. Le roi, après être parti d'Abbeville où il était campé, détacha quelques troupes sous la conduite de MM. des Noyers, de Beaujeu, d'Aubigny et de Drosmenil, pour aller reconnaître les Anglais. A leur retour, Drosmenil, enhardi par une réputation sans tache et par une intrépidité de courage dont il se rendait témoignage, eut seul la force de dire au roi qu'il ne fallait point attaquer les ennemis.

Quoique l'armée fût déjà en marche, le roi, convaincu par les raisons de ce vaillant homme, envoya ordre aux Génois, qui faisaient l'avant-garde, de s'arrêter. Soit qu'ils aient été gagnés, comme on le soupçonne, soit qu'ils aient craint de perdre leur rang, ils ont refusé d'obéir. La seconde colonne, qui a vu la première en marche, a continué de marcher. La bataille s'est trouvée engagée, et les généraux ont été obligés de suivre l'impétuosité des troupes.

Elles n'ont jamais montré plus d'ardeur; mais nous avons combattu sans ordre, dans un terrain qui nous était désavantageux, et contre une armée plus nombreuse, où la discipline est observée. Malgré ces avantages, la troupe que je commandais a enveloppé le prince de Galles. Ce jeune prince, à qui Édouard [1] a refusé le secours qu'il lui avait envoyé demander, ne trouvant plus de ressource que dans son courage, a fait des prodiges de valeur. Ses gens, animés par son exemple, ont redoublé leurs efforts, et il nous a échappé. Je me suis vu moi-même abandonné des miens; et, si la nuit n'avait favorisé ma retraite, je serais mort, ou prisonnier. J'ai eu encore le bonheur de dégager le pauvre Granson d'une troupe de soldats dont il était environné. Je l'ai conduit à Amiens. Le roi, qui s'y est retiré, m'a donné l'ordre de venir ici pour voir l'état de la place, et pour

---

[1] Le roi d'Angleterre, quand on lui demanda un renfort pour le prince de Galles, répondit : *Il faut que l'enfant gagne ses éperons.*

consulter avec vous sur les moyens de la conserver.

Un homme envoyé par mademoiselle de Mailly à M. de Canaple, pour le prier qu'elle pût le voir un moment, ne donna pas le temps à M. de Vienne de lui répondre. Il suivit l'homme qui lui avait été envoyé, et promit à M. de Vienne qu'il serait bientôt de retour.

Mademoiselle de Mailly, aussitôt qu'elle l'avait entendu, s'était levée avec promptitude pour aller au-devant de lui; mais son trouble et son agitation étaient si grands, qu'il ne lui fut pas possible de faire un pas; et, se laissant aller sur sa chaise : Ah ! monsieur, s'écria-t-elle aussitôt qu'elle vit le comte de Canaple, ne me dites rien; je mourrai de mon incertitude, mais je n'ai pas la force d'en sortir. Je vous assure, lui dit-il, que je n'ai rien de si terrible à vous apprendre. Serait-il possible, s'écria-t-elle encore avec une espèce de transport, que je fusse si heureuse! Quoi ! il serait sauvé? Et où est-il? N'est-il point blessé? Je ne puis vous répondre positivement, répliqua M. de Canaple, je sais qu'il ne s'est point trouvé dans le nombre des morts, et qu'il est tout au plus prisonnier. Ah! dit-elle, il ne se sera rendu qu'à l'extrémité; s'il est prisonnier, je le vois couvert de blessures. Hélas ! c'est moi qui ai ajouté le désespoir à sa bravoure naturelle : il s'est peu soucié de ménager une vie que j'ai rendue si malheureuse.

L'abondance des larmes qu'elle répandait, les sanglots redoublés qui lui coupaient la parole, arrêtèrent ses plaintes, et donnèrent au comte de Canaple le temps de la rassurer un peu. Il lui promit, en la quittant, d'envoyer au camp des Anglais, pour s'informer si M. de Châlons était prisonnier, et pour demander qu'il fût mis à rançon.

Un écuyer annonça le lendemain à M. de Vienne l'arrivée de madame de Granson, et lui apprit la mort de son maître. M. de Vienne, qui y était préparé, et qui d'ailleurs mettait au rang des premiers devoirs celui de citoyen, ne laissa pas d'achever de régler avec M. de Canaple ce qui était nécessaire pour la défense de Calais. Comme le temps pressait, M. de Canaple partit sans avoir tenté de faire une visite à madame de Granson, qu'il ne lui était pas permis de voir dans la circonstance présente. La perte de son mari l'avait plus touchée qu'elle n'aurait dû l'être naturellement ; mais les reproches qu'elle se faisait de ne l'avoir jamais aimé, et d'avoir été sensible pour un autre, effaçaient les mauvais procédés qu'il avait eus pour elle ; elle sentait d'ailleurs que, pour résister à sa faiblesse, les chaînes du devoir lui étaient utiles. Cette liberté, dont elle ne pouvait faire usage, devenait un poids difficile à porter.

M. de Vienne lui conta que M. de Canaple, dans le peu de séjour qu'il avait fait à Calais, avait vu mademoiselle de Mailly. Les périls du siége le font frémir, lui dit-il; il m'a conseillé de faire sortir de la ville toutes les femmes de considération; et, pour être en droit de me presser sur mademoiselle de Mailly, il m'a beaucoup pressé sur votre compte. Vous me donneriez effectivement beaucoup de tranquillité, poursuivit M. de Vienne, si vous vouliez vous retirer dans mes terres de Bourgogne.

Madame de Granson était dans cet état de tristesse et d'accablement où, à force de malheurs, on n'en craint plus aucun. Ne me privez pas de la seule consolation qui me reste, dit-elle à M. de Vienne : je saurai périr avec vous, s'il le faut; toute femme que je suis, vous n'avez rien à craindre de ma timidité; mais contentez M. de Canaple, et engagez mademoiselle de Mailly à sortir de Calais. M. de Vienne lui promit d'y travailler.

Le départ de mademoiselle de Mailly eût été une consolation pour madame de Granson; elle n'eût pas même voulu avoir un malheur commun avec elle; mais la fortune lui refusa cette faible consolation. Madame de Mailly, dont les passions étaient violentes, avait conçu tant de chagrin de ne pouvoir satisfaire sa haine et sa vengeance, qu'elle en était tombée malade. Mademoiselle de Mailly ne pouvait se séparer de sa belle-mère, encore moins abandonner un père dans un temps si malheureux. M. de Vienne, qui avait pour M. de Mailly les égards dus à sa naissance, le laissa le maître de son sort, dès qu'il fut instruit de ses raisons, et n'obligea personne de sa maison de subir l'ordonnance qu'il fit publier, que tous ceux qui étaient inutiles à la défense de la place, eussent à en sortir.

Édouard ne tarda pas à venir reconnaître Calais; et, persuadé qu'il ne pouvait l'emporter par la force, il résolut de l'affamer. Dans ce dessein, on établit entre la rivière de Haule et la mer, un camp qui prit la forme d'une nouvelle ville. Philippe, à qui la perte de la bataille de Créci n'avait rien fait perdre de son courage, se préparait à tout mettre en usage pour sauver une place si importante. M. de Canaple l'avait assuré, à son retour, que M. de Vienne se défendrait jusqu'à la dernière extrémité, et donnerait le temps d'assembler une nouvelle armée. Philippe, pour être plus à portée de faire des recrues, quitta la Picardie, et laissa, pour la défendre, mille hommes d'armes, sous la conduite de M. de Canaple.

Les soins qu'il s'était donnés pour être instruit du sort de M. de Châlons, avaient été inutiles ; mais, pour ne pas désespérer mademoiselle de Mailly, il lui avait laissé des espérances qu'il n'avait pas lui-même.

Il était vrai cependant que M. de Châlons était prisonnier ; il avait été trouvé, après la bataille, sous un monceau de morts, ayant à peine quelque reste de vie. Milord d'Arondel, qui était alors sur le champ de bataille occupé à faire donner du secours à ceux qui pouvaient encore en recevoir, jugeant, par les armes de M. de Châlons, que c'était un homme de considération, ordonna qu'il fût mis dans une tente particulière. Quelques papiers qui furent trouvés dans ses habits, et portés à milord d'Arondel, lui apprirent le nom du prisonnier, et redoublèrent son attention pour lui. Il imagina qu'il pourrait en tirer quelque service qui importait à son repos ; mais, comme Édouard ne voulait point permettre le renvoi des prisonniers, tant que la guerre durerait, milord d'Arondel prit des précautions pour être maître du sien. Il chargea un homme sage et attaché à lui, de le garder et de le faire servir avec toutes sortes de soins.

Il ne fut de long-temps en état de reconnaître ni même de sentir les bons traitemens qu'il recevait ; ses blessures étaient si grandes, qu'on désespéra plus d'une fois de sa vie. Lorsqu'il fut mieux, il voulut savoir à qui le sort des armes l'avait donné ; mais ceux qui étaient auprès de lui ne purent l'en instruire. Milord d'Arondel, dans la crainte de le découvrir, s'était contenté d'apprendre de ses nouvelles, et avait remis à le voir, quand il serait en état de recevoir sa visite. Il l'avait fait transporter dans une maison de paysan, qu'on avait rendue le plus commode qu'il avait été possible, et où il était plus aisé de le cacher, que dans le camp.

Milord d'Arondel s'y rendit sans suite, aussitôt que son prisonnier fut en état de le recevoir. Je vois avec plaisir, lui dit-il, en s'asseyant auprès de son lit, que les soins que nous avons pris, pour conserver la vie d'un si brave homme, n'ont pas été inutiles. Ce que vous avez fait pour me sauver la vie, répliqua M. de Châlons, ne satisferait pas pleinement votre générosité, si vous ne tâchiez encore de diminuer la honte de ma défaite, par les éloges que vous donnez à une bravoure qui m'a si mal servi. Je ne sais, cependant, si je puis me plaindre d'un malheur qui m'a mis à portée de connaître un ennemi si généreux.

Ne me donnez point ce nom, répliqua milord d'Arondel; nos rois se font la guerre, l'honneur nous attache à leur suite; mais, lorsque nous n'avons plus les armes à la main, l'humanité reprend ses droits, et la valeur que nous avons employée les uns contre les autres, dans la chaleur du combat, devient un nouveau motif d'estime, lorsqu'il est fini. Celle que j'ai pour vous, n'a pas attendu pour naître que je vous visse les armes à la main; votre mérite m'est connu depuis long-temps; j'ai souhaité cent fois d'avoir un ami tel que vous, et la fortune ne pouvait me servir mieux, que de me donner quelque droit à une amitié dont je connais d'avance tout le prix.

Si je suis digne d'être votre ami, répondit M. de Châlons, si vous avez quelque estime pour moi, vous ne douterez pas que la vie, que vous m'avez conservée avec tant de générosité, ne soit à vous : oui, je suis prêt de la sacrifier à votre service, et ce sera moins pour m'acquitter envers vous, que pour satisfaire à l'inclination et à l'admiration que m'inspire la noblesse de votre procédé. Ne me laissez pas ignorer plus long-temps le nom de mon bienfaiteur. Apprenez-moi, de grâce, comment je vous suis connu, et par quel bonheur vous avez pris de moi une idée si avantageuse.

Mon nom est d'Arondel, reprit-il; à l'égard de ce que vous désirez apprendre de plus, je ne puis vous satisfaire qu'en vous faisant l'histoire d'une partie de ma vie. Vous verrez, par le secours que je vous demanderai, et par l'importance des choses que j'ai à vous dire, que ma confiance n'a pas besoin d'être appuyée sur une connaissance plus particulière. Mais ce récit, poursuivit-il, en se levant pour sortir, demande plus de temps que je n'en ai présentement; je craindrais, d'ailleurs, de vous fatiguer par une trop longue attention.

Milord d'Arondel avait raison de penser que son prisonnier n'était pas en état de l'entendre; il n'avait pas plus tôt entendu prononcer son nom, qu'il avait été saisi d'un tremblement universel et si grand, que les gens chargés de le servir, s'en étant aperçus, vinrent à lui pour le secourir; mais leurs soins, qu'il ne devait qu'à une main odieuse, furent rejetés avec une espèce d'emportement : il ordonna d'un ton si ferme qu'on le laissât en repos, qu'il fallut lui obéir.

Dans quel abîme de maux se trouvait-il plongé! Cet homme qui avait détruit toute sa félicité, cet homme pour qui il avait une haine si légitime, était le même qui lui avait sauvé la vie, et qui achevait de l'accabler par la générosité et la franchise de ses procédés. Il me demande mon secours, disait-il, apparemment pour achever de m'arracher le cœur; car quel autre besoin pourrait-il avoir de moi que celui de le servir dans son amour?

Quoi! j'ai été si parfaitement oublié, qu'il n'a jamais entendu prononcer mon nom! il n'a point eu à me combattre dans ce cœur qu'il m'a enlevé! et il jouit de la douceur de croire qu'il a été le seul aimé! Ah! je la lui ferai perdre cette douceur; il saura que j'ai été son rival, et il le saura aux dépens de sa vie!

Ces projets de vengeance, si peu conformes à la probité de M. de Châlons, ne pouvaient être de longue durée. Il fallait s'acquitter des obligations qu'il avait à milord d'Arondel, avant que d'agir en ennemi. La guerre pouvait peut-être lui en fournir les moyens; mais il n'était pas libre, et il ne voulait pas devoir sa liberté à son ennemi: il pouvait lui offrir la plus forte rançon; serait-elle acceptée? et au cas qu'elle ne le fût pas, quel parti devait-il prendre? L'honneur lui permettait-il encore d'écouter les secrets qu'on voulait lui confier? Il est vrai qu'il aurait par-là des éclaircissemens qui importaient à son repos.

Je saurai, disait-il, ce que j'aurais tant d'intérêt de savoir; je saurai pourquoi l'on m'a trahi. Hélas ! reprenait-il, qu'ai-je besoin d'en chercher d'autres causes, que l'inconstance naturelle des femmes ! milord d'Arondel n'a que trop de quoi la justifier. Il était présent, j'étais absent ; il a été aimé, et j'ai été oublié.

Tout le cœur de M. de Châlons se révoltait contre cette idée, et lui reprochait qu'il faisait une injure mortelle à mademoiselle de Mailly. Puis-je la reconnaître à cette faiblesse? disait-il. Est-ce elle que je dois soupçonner de s'être laissé séduire par les avantages de la figure? Ne sais-je pas que c'est à quelque vertu qu'elle a cru reconnaître en moi que j'ai dû le bonheur de lui plaire ?

L'agitation, le trouble, et les sentimens différens dont M. de Châlons était rempli, ne lui permirent de long-temps de se déterminer sur ce qu'il devait faire. La nuit entière et une partie de la journée suivante furent employées à déplorer le malheur de sa condition. Il se résolut enfin à savoir ce que milord d'Arondel avait à lui dire, à régler sur cela ses démarches ; bien résolu, quoi qu'il pût apprendre, de cacher avec soin qu'il avait été aimé. La tendresse qu'elle a eue pour moi, disait-il, est un secret qu'elle m'a confié, et qu'aucune raison ne m'autorisera jamais à violer : et il ne se rappelait qu'avec honte, qu'il avait pensé différemment dans les premiers momens de sa surprise et de sa douleur.

Le trouble où il était augmenta encore. On vint lui dire qu'une femme, conduite par un des gens de milord d'Arondel, demandait à lui parler; elle ne fut pas plus tôt introduite dans la chambre, qu'elle se jeta à genoux à côté du lit de M. de Châlons, en lui présentant, de la manière la plus touchante, un enfant qu'elle tenait entre ses bras. J'ai tout perdu, lui dit-elle en répandant beaucoup de larmes; je suis chassée de ma patrie; j'ai laissé dans Calais mes frères, mon mari, mon père, exposés à toutes les horreurs de la guerre et de la famine; je je n'ai d'espérance que dans votre secours; je viens vous le demander au nom de cet enfant que je vous ai conservé au milieu de tant de périls.

Les passions violentes, que les réflexions venaient en quelque façon de calmer, se réveillèrent avec un nouvel emportement dans l'âme de M. de Châlons, à cette vue : Retirez-vous, dit-il, d'un ton où la colère et la douleur se faisaient sentir; ôtez de devant mes yeux cette misérable créature, fruit de la trahison la plus insigne. La femme, effrayée de ce qu'elle entendait, demeurait immobile, et ce malheureux enfant étendait ses petits bras pour embrasser

M. de Châlons, et lui donnait le nom de père.

Ce nom augmentait encore le sentiment de douleur dont il était déjà pénétré. Le bonheur de celui à qui appartenait légitimement un nom si doux se peignait plus vivement à son imagination ; et, ne pouvant soutenir des idées aussi déchirantes, il repoussa cette innocente créature ; et, s'adressant à la femme qui était toujours à genoux : Encore une fois, lui dit-il, retirez-vous ; que je ne vous voie jamais ; et, faisant signe aux gens qui le servaient qu'on la fît sortir, il se tourna de l'autre côté, le cœur plein de douleur, de colère et de vengeance.

Ce qui venait de se passer n'aurait dû apporter aucun changement à sa situation ; il était instruit depuis long-temps de ce qui faisait le sujet de son désespoir, mais le temps avait affaibli ces idées. La connaissance de milord d'Arondel ne les avait déjà que trop douloureusement retracées à son souvenir ; elles venaient de se réveiller d'une manière encore plus violente.

Après bien des incertitudes, le fond de son caractère plein de douceur prévalut enfin. L'amour extrême qu'il avait pour mademoiselle de Mailly lui inspirait aussi quelque compassion pour son enfant. Un sentiment de justice se joignait à cette compassion. Pourquoi satisfaire sa vengeance aux dépens de ce petit infortuné? est-il coupable de sa naissance? il ne la connait seulement pas. De quel droit l'enlever à ses parens? ne valait-il pas mieux le rendre à celui qu'il en jugeait le père? il s'acquittait par-là de la reconnaissance qu'il lui devait, de cette reconnaissance qui n'était pas le moins sensible de ses maux. Il fallait, avant toutes choses, écouter le récit que milord d'Arondel devait lui faire; mais comment soutenir cette affreuse confidence? serait-il maître de lui et de son transport? pourrait-il entendre des choses dont la seule idée le faisait frisonner? qu'importe après tout! disait-il; je ne puis que mourir, et la mort est préférable au trouble où je suis.

M. de Châlons, en conséquence de ses résolutions, donna les ordres nécessaires, et se disposa à recevoir milord d'Arondel.

FIN DE LA SECONDE PARTIE.

LE
SIÉGE DE CALAIS.

NOUVELLE HISTORIQUE.

―――

TROISIÈME PARTIE.

Milord d'Arondel, retenu par les occupations de la guerre, ne put qu'après quelques jours satisfaire le désir qu'il avait de revoir son prisonnier. Pourrez-vous bien m'écouter aujourd'hui? lui dit-il en entrant dans sa chambre et en s'asseyant auprès de lui. M. de Châlons répondit quelques mots d'une voix tremblante, que milord d'Arondel attribua à la faiblesse où il était encore; et, ne voulant pas perdre des momens qui lui étaient précieux, il lui parla ainsi :

J'avais à peine fini mes exercices, qu'Édouard, par des raisons de politique, résolut de me marier avec mademoiselle d'Hamilton : il espérait, en formant des alliances entre les premières maisons d'Angleterre et d'Écosse, unir peu à peu les deux nations. Mon père se prêta aux vues du roi : comme on ne voulait point employer l'autorité pour obtenir le consentement de la maison d'Hamilton, et que la jeunesse de mademoiselle d'Hamilton donnait tout le temps de l'obtenir, le dessein du roi demeura secret entre mon père et lui.

Je fus envoyé en Guyenne. La paix qui était alors entre les deux couronnes, me fit naître le désir de voir la cour de France. Je m'y liai d'amitié avec le jeune Soyecourt, dont le caractère me convenait davantage que celui des autres gens de mon âge avec qui j'avais fait société. Je le retrouvai à Calais, où je m'étais proposé de m'arrêter. Il s'empressa de me faire les honneurs de la ville. La maison de madame de Mailly était la plus considérable ; j'y fus reçu, et traité comme un homme dont le nom s'attirait quelque distinction.

Soyecourt me proposa, peu de jours après, d'aller à une abbaye, à un quart de lieue de la ville, où une fille de condition devait prendre le voile. J'y consentis : nous trouvâmes l'église pleine de toutes les personnes qui avaient quelque nom ; la foule était grande, et la chaleur excessive. Je m'approchai, autant qu'il me fut possible, de l'endroit où se faisait la cérémonie. Une fille, qui y avait quelque fonction, et qu'un voile, qui lui couvrait en partie le visage, m'empêchait de voir, tomba évanouie.

On s'empressa de la secourir; je m'empressai comme les autres : je lui fis avaler d'une liqueur spiritueuse que je me trouvai par bonheur sur moi. La connaissance ne lui revenait point; il fallut lui faire prendre l'air. J'aidai à la porter hors de l'église. Sa coiffure, que sa chute avait dérangée, laissait tomber sur son visage et sur sa gorge des cheveux naturellement bouclés, du plus beau blond du monde; ses yeux, quoique fermés, donnaient cependant passage à quelques larmes. Des soupirs précipités, qu'elle poussait à tout moment, la douceur de son visage, son âge, qui ne paraissait guère au-dessus de seize ans; tout cela la rendait touchante au dernier point.

Mademoiselle de Mailly, que j'avais déjà vue auprès de madame sa belle-mère, vint à elle, et la secourut, avec des témoignages d'amitié dont je lui savais autant de gré que d'un service qu'elle m'aurait rendu. Il me parut que l'état de cette fille lui faisait une sorte de compassion, qui n'était point celle que l'on a pour un mal aussi passager; je crus même entendre qu'elle lui disait quelques mots de consolation.

Soyecourt, qui n'avait pas eu d'abord connaissance de cet accident, accourut à nous, comme un homme éperdu. Cette fille reprenait dans ce moment la connaissance; elle promenait languissamment ses yeux sur tout ce qui l'environnait, et, comme je lui étais inconnu, elle les fixa sur moi. Son regard, le plus beau du monde, et le plus touchant, le devenait encore davantage, par la tristesse qui y était répandue; j'en fus pénétré, et, dès lors, que n'aurais-je point fait pour adoucir ses peines! Mademoiselle de Mailly, après lui avoir dit quelques mots à l'oreille, et nous avoir remerciés de notre secours, la prit sous les bras, et entra avec elle dans la maison, où il ne nous était pas permis de la suivre.

Soyecourt et moi restâmes encore quelque temps ensemble. L'état où je l'avais vu, lorsqu'il nous avait abordés, me faisait soupçonner qu'il était amoureux, et ce que je commençais à sentir moi-même m'engageait à m'en éclaircir.

Quelle est cette personne, pour laquelle vous venez de montrer tant de sensibilité? lui dis-je. C'est, me répondit-il, mademoiselle de Roye, nièce de madame de Mailly. Elle n'a aucune fortune; la mienne dépend d'un oncle qui ne me permettra jamais d'épouser une fille sans bien. Malgré tous ces obstacles, j'en suis devenu amoureux, et je suis d'autant plus à plaindre, que, bien loin de pouvoir contribuer à son bonheur, je crains, au contraire, que l'attachement que je lui ai marqué n'ait hâté la résolution où l'on est de lui faire prendre le parti du cloître.

Ce n'était point assez pour moi d'être instruit que Soyecourt était amoureux : il fallut encore savoir s'il était aimé. Je ne saurais m'en flatter, me dit-il ; je crois que je l'aurais aimée dix ans, sans qu'elle eût daigné s'en apercevoir ; et, lorsque j'ai parlé, elle ne s'est point avisée de contester la sincérité de mes sentimens.

Je veux bien vous croire, me dit-elle, pourvu que vous me croyiez aussi. Mon état et ma fortune suffiraient pour mettre un obstacle invincible à vos prétentions, et cet obstacle, tout invincible qu'il est, n'est cependant pas le plus fort. Je ne sais si je suis née insensible; mais vos soins et votre amour n'ont fait nulle impression sur mon cœur. Je ne m'en suis pas tenu, poursuivit Soyecourt, à cette première déclaration ; j'ai mis tout en usage, et tout a été inutile; elle m'écoute avec une douceur mille fois plus accablante que ne seraient les rigueurs.

Ne voyez-vous pas, me dit-elle quelquefois, que vous avez fait auprès de moi tout le progrès que vous pouvez y faire ? je vous trouve aimable ; je vous estime ; je crois que vous m'aimez véritablement, et tout cela ne me touche point : perdez une fantaisie qui vous rend malheureux, et ne me donnez pas plus long-temps le déplaisir de voir vos peines ; car c'en est un pour moi.

Ma curiosité augmentait à mesure que Soyecourt parlait ; les moindres détails me paraissaient intéressans. Mais, lui dis-je, peut-être que la sagesse de mademoiselle de Roye est le plus grand obstacle, et que, si elle voyait quelque possibilité que vous pussiez l'épouser un jour, elle vous traiterait différemment ? Ne pensez pas, me répondit-il, que j'aie négligé ce moyen. Quoique mon bien soit médiocre, il pourrait suffire pour vivre dans une aisance raisonnable. Je suis persuadé, d'ailleurs, que le ressentiment de mon oncle ne tiendrait pas contre les charmes et le caractère de mademoiselle de Roye, et je le lui ai dit avec toute la force que donne la persuasion, et avec toute la vivacité du sentiment.

Vous comptez trop sur le pouvoir de mes charmes, m'a-t-elle répondu ; et, quand j'y compterais autant que vous, je n'en serais pas plus disposée à accepter vos propositions. Tout mon cœur suffirait à peine pour m'acquitter de ce que je vous devrais ; des sentimens d'estime et de reconnaissance paieraient mal les vôtres ;

je me reprocherais toujours d'être ingrate, et je ne pourrais cesser de l'être.

Tout ce que Soyecourt m'apprenait me peignait mademoiselle de Roye si aimable, par une noble franchise qui n'appartenait peut-être qu'à elle seule, qu'il acheva, par ses discours, l'impression que sa figure avait déjà faite sur moi. Une insensible piquait mon amour-propre, et, quoique je ne crusse pas assurément valoir mieux que Soyecourt, je me persuadais que je saurais mieux aimer, et que la vivacité de mes sentimens me donnerait des moyens de plaire qu'il n'avait pu employer. L'amitié qui était entre nous ne me faisait naître aucun scrupule : je ne pouvais lui faire de tort, puisqu'il n'était pas aimé.

J'allai, dès que je le pus, chez madame de Mailly : mademoiselle de Mailly était avec elle ; je lui demandai des nouvelles de mademoiselle de Roye. Comment monsieur, dit madame de Mailly en s'adressant à elle, est-il instruit de l'accident d'Amélie ? Il en a été témoin, répondit mademoiselle de Mailly, et c'est en partie par ses soins que mademoiselle de Roye a repris la connaissance. Il me paraît, dit madame de Mailly d'un ton où je sentais de l'aigreur, qu'il aurait été plus convenable qu'Amélie fût secourue par les personnes du couvent, que par un homme de l'âge et de la figure de milord d'Arondel. Elle est ici, me dit-elle; mademoiselle de Mailly, qui a de la bonté pour elle, a désiré que j'envoyasse la chercher.

Mademoiselle de Roye se montra quelques momens le lendemain dans la chambre de sa tante. Quoiqu'elle fût abattue et que la mélancolie fût répandue sur toute sa personne, elle ne m'en parut pas moins aimable; peut-être même me le parut-elle davantage. Madame de Mailly m'examinait; je m'en aperçus, et je me contraignis au point de ne regarder mademoiselle de Roye et de ne lui parler qu'autant que la politesse le demandait. Pour elle, à peine osait-elle lever les yeux, et prononcer quelques mots.

Cependant je prenais insensiblement du crédit auprès de madame de Mailly, et je tâchais de l'augmenter, dans l'intention de l'employer pour mademoiselle de Roye : ce que j'avais vu m'avait appris que sa tante la traitait tout-à-fait mal. Je réussis dans mon projet, beaucoup au-delà de mes espérances. Madame de Mailly me marquait, dans toutes les occasions, des distinctions flatteuses, en conservant cependant cet air austère dont apparemment elle s'est fait une habitude.

Soyecourt n'osait se montrer dans la maison,

qu'aux heures où tout le monde y était reçu : mademoiselle de Roye n'y était presque jamais alors. Il me parlait souvent de ses peines : j'eusse pu lui rendre confidence pour confidence, et prendre pour moi les conseils que je lui donnais de travailler à se guérir. Mais son malheur, loin de me rebuter, semblait m'encourager; et puis, à vous dire la vérité, j'étais entraîné par un penchant plus fort que les réflexions. Sans avoir de dessein déterminé, sans songer quelles seraient les suites de ma passion, je m'y livrais tout entier.

M. de Mouy, oncle de Soyecourt, alarmé de l'amour de son neveu, vint à Calais pour l'en faire partir. Madame de Mailly, qu'il connaissait, étala à ses yeux une raison et une générosité dont l'éloignement qu'elle avait pour sa nièce lui rendait l'exercice très-facile.

Je me suis opposée, lui dit-elle, autant qu'il m'a été possible, à l'inclination de M. de Soyecourt; c'est pour en prévenir les suites, que j'ai pressé mademoiselle de Roye d'exécuter la résolution où elle est de prendre le parti du cloître, le seul qui puisse convenir à une fille comme elle. Si vous m'en croyez, ajouta madame de Mailly, vous ferez partir M. de Soyecourt ; il ne faut pas qu'il soit témoin d'une cérémonie qui pourrait l'attendrir encore.

Une conduite dont les motifs paraissaient si honnêtes attira l'admiration et les remercîmens de M. de Mouy. Pour y répondre, il crut devoir lui-même parler à mademoiselle de Roye, et lui expliquer les raisons qu'il avait de s'opposer au dessein de son neveu.

Mademoiselle de Roye les reçut avec tant de douceur, tant de raison, tant de vérité, que lui, qui avait toujours eu pour le mariage le plus grand éloignement, sentit qu'une personne de ce caractère ferait la félicité d'un mari. Les charmes de mademoiselle de Roye achevèrent ce que son esprit avait commencé; et l'oncle, après quelques jours, fut aussi amoureux que le neveu. Quoique cette démarche démentît toute sa conduite passée, il se détermina à se proposer lui-même.

Un établissement aussi avantageux mis en parallèle avec le cloître, auquel il paraissait que mademoiselle de Roye ne se déterminait que par effort de raison, ne laissait pas douter à M. de Mouy que sa proposition ne fût reçue avec joie. Quel fut son étonnement de trouver mademoiselle de Roye dans des sentimens bien différens? Ne croyez pas, lui dit-elle, qu'une inclination secrète pour M. de Soyecourt cause mon refus; pour ne vous laisser aucun doute, je vais me hâter de renoncer absolument au monde.

J'étais si souvent chez madame de Mailly, qu'il était difficile que j'ignorasse ce qui se passait. Mademoiselle de Mailly, qui m'honorait de quelque estime et de quelque confiance, m'en avait dit une partie, et madame de Mailly m'apprit tout ce que je ne savais pas. Un jour que j'étais seul avec elle, et que je lui disais de ces sortes de galanteries que l'usage autorise : Vous me traitez trop comme les autres femmes, me dit-elle; que prétendez-vous par ces galanteries ? vous savez que je ne dois pas même les entendre ; toute ma tendresse est due à M. de Mailly. J'avoue cependant que, quoique ma confiance soit très-grande pour lui, il y a mille choses que, pour l'intérêt de son repos, je suis obligée de lui cacher. Je voudrais avoir un ami assez sûr, pour lui dire ce que je ne lui dis point, et assez éclairé, pour m'aider à me conduire dans des occasions délicates.

Les qualités qu'on demandait dans cet ami étaient celles dont on m'avait loué souvent moi-même : je voyais, par tout ce qui avait précédé, qu'on voulait que je fusse cet ami. Il fallut dire ce qu'on attendait de moi : le fond de mon cœur y répugnait; mais il y a des cas où le plus honnête homme se trouve forcé à faire au-delà de ce qu'il voudrait : me voilà donc lié avec madame de Mailly. Comme j'avais déclaré plusieurs fois que je demeurerais en France tout le temps que mon père demeurerait en Écosse, où son séjour devait être long, la crainte de mon absence n'apportait aucun obstacle à notre liaison.

Quelque temps après cette conversation, elle me fit prier d'aller chez elle, à une heure où je ne pouvais trouver personne. Je suis, me dit-elle, dans un de ces cas dont je vous ai parlé ; j'ai mille chagrins que je dévorerais seule, si je n'avais la liberté de vous les confier. L'intérêt de mon fils m'a engagée dans un second mariage; mademoiselle de Mailly devait être le prix de ma complaisance : elle avait demandé du temps pour se résoudre; ce temps est expiré; cependant, elle ne se détermine point; il semble même qu'elle affecte de traiter M. du Boulai plus mal qu'elle ne le traitait d'abord. M. de Mailly n'a pas la force de se faire obéir ; j'ai tout à la fois à soutenir la douleur de mon fils, et la honte d'avoir fait une démarche inutile; je ne trouve d'ailleurs que de l'opposition à tout ce que je veux. Mademoiselle de Roye s'avise de refuser les offres de M. de Mouy, qui, malheureusement pour lui, en est devenu amoureux, et qui est assez fou pour vouloir l'épouser. L'héroïsme dont elle se pare ne me fait point illusion : elle aime sûrement Soyecourt, et veut se conserver à lui. Mademoiselle de Mailly et elle sont dans le secret l'une de l'autre ; car les femmes ne sont jamais liées que par ces sortes de confidences. Ces personnes qui paraissent si raisonnables, ne sont rien moins que ce qu'elles paraissent.

L'envie et la jalousie de madame de Mailly s'exercèrent dans le portrait qu'elle me fit de l'une et de l'autre, et me confirmèrent dans la mauvaise opinion que j'avais déjà conçue de son caractère, que je découvrais à tous égards très-différent de celui qu'elle se donnait dans le monde.

Comme j'étais bien éloigné de profiter de ses faiblesses, ses expressions étaient prises littéralement ; je ne sortais point des bornes de l'amitié, et je croyais me conserver par-là le droit de lui déclarer, lorsque je le voudrais, mes sentimens pour mademoiselle de Roye.

Les soupçons qu'on venait de me donner, qu'elle aimait Soyecourt, firent une vive impression sur moi ; j'en fus troublé et alarmé ; ce qu'il m'avait dit, qui aurait dû me rassurer, ne me rassurait plus ; je m'imaginais qu'on lui cachait son bonheur. Mademoiselle de Roye m'avait touché surtout parce que je l'avais crue insensible ; la découverte d'un rival aimé changeait toutes mes idées, et ne changeait pas mon cœur. Je l'avais vue jusque-là sans oser tenter de lui parler : il me parut alors que je lui devais moins d'égards et de discrétion; et, si son départ pour le couvent ne m'en eût ôté les moyens, je crois que j'aurais poussé la folie jusqu'à lui faire des reproches.

Madame de Mailly, charmée de l'éloigner, la conduisit elle-même dans sa retraite. J'arrivai un moment après qu'elles furent parties. Mademoiselle de Mailly était en larmes : sa douleur lui arracha des plaintes que sa considération pour madame de Mailly lui avait fait étouffer jusque-là. Vous êtes attaché à elle, me dit-elle; que ne lui inspirez-vous des sentimens plus doux ? Quelle barbarie, d'obliger cette malheureuse fille à s'ensevelir toute vive!

Les pleurs de mademoiselle de Mailly coulèrent alors en abondance. Je lui en parus si touché, je l'étais si véritablement, que je n'eus pas de peine à lui persuader qu'elle pouvait compter sur moi. Nous examinâmes ce qu'il convenait de faire; nous conclûmes qu'elle irait le lendemain voir son amie, qu'elle concerterait avec elle la conduite qu'il faudrait tenir, et qu'elle m'en rendrait compte.

Quoique mes soupçons sur Soyecourt subsistassent, je n'en fus pas moins disposé à servir mademoiselle de Roye; elle était trop à plaindre pour lui refuser mon secours, et je le lui aurais donné, quand même elle m'aurait fait une véritable offense. Madame de Mailly me trouva, à son retour, chez elle : elle affecta une tristesse qui cachait une joie maligne, que j'apercevais malgré son art, et qui me donnait la plus grande indignation. Je me contraignis cependant; il fallait plus que jamais ne lui pas déplaire.

Comme elle n'osait contraindre sa belle-fille jusqu'à un certain point, il m'était facile de lui parler. Je ne sais où j'en suis, me dit-elle au retour de la visite dont nous étions convenus, mademoiselle de Roye est absolument changée; la vue d'une cérémonie qui ne l'intéressait que pour lui rappeler peut-être un peu plus vivement qu'il s'en ferait quelque jour une pareille pour elle, la mit dans l'état où vous la vîtes et où vous la secourûtes; et aujourd'hui il semble qu'elle est pressée de hâter un moment qu'elle redoutait si fort; je suis effrayée de sa tranquillité; elle me peint une âme qui n'est au-dessus de son malheur, que parce qu'elle en prévoit la fin. Quelle perspective pour une fille si accomplie, que de n'envisager d'autre changement à sa fortune que la mort!

Ce que me disait mademoiselle de Mailly me faisait frémir; elle en frémissait comme moi.

Hélas! me disait-elle, si les persécutions qu'on me fait pour épouser M. du Boulai ne cessent point, je prendrai bientôt le même parti, et je ne le prendrai pas avec moins de répugnance; car je suis sûre que mademoiselle de Roye pense de même qu'elle a toujours pensé. Ces petits riens qui remplissent la tête de toutes ces filles enfermées ne sauraient trouver place dans la sienne; elle sera malheureuse, faute de pouvoir faire des sacrifices continuels de la raison et du bon sens. Empêchons donc, lui dis-je, mademoiselle, qu'elle ne se mette dans la nécessité de faire ces sacrifices; persuadez-la d'attendre le succès de nos soins, et obtenez d'elle qu'elle ne précipite rien.

Les choses restèrent pendant quelques jours dans cette situation. Madame de Mailly souffrait cependant impatiemment que je parlasse si souvent et si long-temps à mademoiselle de Mailly. Vous allez, me dit-elle, vous laisser séduire aux coquetteries de mademoiselle de Mailly; songez qu'elle a des engagemens avec mon fils, et que vous me manqueriez de plus d'une façon.

Il ne m'eût pas été difficile de la rassurer; je n'étais point amoureux de mademoiselle de Mailly, et la vérité se fait toujours sentir; mais il eût fallu, pour me bien justifier, tenir des propos aussi opposés à mes sentimens qu'à mon caractère. D'ailleurs, la contrainte que je me faisais auprès de cette femme me devenait plus importune, à mesure que je la connaissais mieux ; et, sans les raisons qui me retenaient, j'aurais cessé de la voir.

Soyecourt était resté à Calais ; il venait toujours me conter ses peines. Je le vis entrer un matin dans ma chambre, la douleur et le désespoir peints dans les yeux. Vous m'avez vu, me dit-il, bien misérable ; vous avez vu une fille que j'adore, prête à m'être enlevée par mon oncle, et avec elle toute ma fortune ; cette même fille préférer un cloître, où je la perds pour jamais, à un établissement que je croyais qu'elle ne refusait que par un sentiment de générosité qui me rendait encore sa perte plus sensible et plus douloureuse : ces malheurs sont-ils assez grands, et croyez-vous qu'il fût au pouvoir de la fortune d'en inventer d'autres pour accabler un malheureux ? elle en a trouvé le secret pour moi. Mon oncle, touché de mon désespoir, touché de pitié pour mademoiselle de Roye, a fait céder son amour à des sentimens plus dignes de lui ; il est allé, sans m'en avertir, lui dire qu'il ne consentait pas seulement à notre mariage, mais qu'il lui demandait, comme une grâce, de vouloir bien elle-même y consentir. Le refus que j'ai fait, lui a-t-elle dit, de ce que vous vouliez bien m'offrir, m'a imposé la loi de n'accepter plus rien. D'ailleurs, mon parti est pris; ma résolution ne peut plus changer.

Mon oncle, continua Soyecourt, en m'apprenant ce que je viens de vous dire, n'a pas douté que mes discours n'eussent plus de force que les siens, et que je ne déterminasse mademoiselle de Roye en ma faveur. J'ai couru à son couvent : elle ne m'a vu qu'après des instances réitérées de la supérieure de la maison, que j'avais entretenue, et que mon extrême affliction avait mise dans mes intérêts. Vous voulez donc m'abandonner? lui ai-je dit en me jetant à ses pieds; vous suis-je si odieux, que vous me préfériez l'horreur de cette solitude? Pourquoi voulez-vous ma mort? pourquoi voulez-vous la vôtre? car vous ne soutiendrez pas le genre de vie que vous allez embrasser. Par pitié pour vous-même, prenez des sentimens plus humains. Doit-il tant coûter de se lier avec un homme que vous honorez de quelque estime, et dont vous savez bien que vous êtes adorée?

Oui, je le sais, m'a-t-elle dit en levant sur moi des yeux mouillés de quelques larmes; et c'est la certitude que j'en ai qui m'oblige à vous refuser. Pourriez-vous être content sans la possession de mon cœur? ne seriez-vous pas en droit de me reprocher mon ingratitude? Et, quand vous ne me la reprocheriez jamais, me la reprocherais-je moins, et pourrais-je me la pardonner?

Que ne lui ai-je point dit? poursuivit Soyecourt. Hélas! je ne lui ai que trop dit; c'est la pitié que je lui ai inspirée qui l'a forcée de m'avouer ce que je voudrais, aux dépens de ma vie, ignorer toujours. Elle aime; elle a une inclination secrète, qui fait son malheur aussi-bien que le mien. C'est pour cacher sa faiblesse, c'est pour s'en punir, qu'elle prend presque avec joie le parti du cloître.

Le discours de Soyecourt me donna tout ensemble et beaucoup de curiosité, et beaucoup d'émotion. Je voulais savoir quel était ce rival fortuné; mais Soyecourt n'en était pas instruit, et ne savait lui-même sur qui porter ses soupçons. Mademoiselle de Roye lui avait dit que son funeste secret n'était su de personne, et que celui qui en était l'objet n'en aurait jamais aucune connaissance. En m'ôtant l'espérance, continua Soyecourt, elle augmente encore mon admiration pour elle. Je vais m'éloigner d'un lieu qui ne me présenterait plus que des sujets de tristesse, et attendre du temps et des réflexions un repos que je ne recouvrerai peut-être jamais.

Le dessein qu'il formait me laissait en pleine liberté de suivre mon inclination. Dès que je fus seul, je me mis à repasser tout ce que je venais d'entendre : j'examinais les démarches de mademoiselle de Roye ; je pesais surtout ce que j'avais vu ; je rassemblais mille petits riens, auxquels je n'avais osé donner une interprétation favorable, et qui me faisaient alors naître quelques espérances, et me donnaient un sentiment de joie et de plaisir, que la crainte de me tromper arrêtait aussitôt. Je voulais absolument m'éclaircir ; bien résolu, si j'étais aimé, d'épouser mademoiselle de Roye, et de m'exposer, s'il le fallait, à toute la colère du roi, pour rompre mon engagement avec mademoiselle d'Hamilton.

Je n'imaginai d'abord, pour obtenir cet éclaircissement, aucun moyen où il ne se présentât des monstres de difficultés. Enfin, après avoir bien examiné ce qui pouvait être susceptible de quelque possibilité, je trouvai que je n'avais rien de mieux à faire que de m'introduire dans le couvent. Les difficultés de l'entreprise ne m'arrêtèrent point ; j'étais sûr de les aplanir. Je gagnai effectivement le jardinier et celles à qui la porte était confiée : mais je n'en étais guère plus avancé ; il fallait une occasion ; le hasard me servit.

J'entendis dire, chez madame de Mailly, que l'on devait porter des meubles à mademoiselle de Roye. J'allai aussitôt trouver les amis que je m'étais faits ; nous convînmes qu'ils se chargeraient des meubles, et que, ne pouvant les placer sans secours, j'y serais employé. Nous choisîmes le temps où les religieuses sont retenues au chœur. Nous voilà en marche, le jardinier, les portières, et moi, chacun chargé de notre fardeau. Débarrassés du leur, ils me laissèrent dans la chambre, où j'étais bien occupé à faire un métier que j'entendais mal.

Mademoiselle de Roye entra peu après, sans presque m'apercevoir, sans prendre part à ce que je faisais. Elle se jeta sur une chaise, appuyant sa tête sur une de ses mains, dont elle se couvrait les yeux, et se livra à la rêverie la plus profonde. Mon saisissement était extrême ; je n'avais plus la force de profiter d'un moment si précieux. La démarche que j'avais faite me paraissait le comble de l'extravagance. Je violais l'asyle d'un couvent ; je venais surprendre une fille seule dans sa chambre, pour lui parler d'une passion dont je ne lui avais jamais donné aucune connaissance. Et sur quoi lui en parler? sur une espérance frivole qu'elle était touchée d'inclination pour moi.

Ces réflexions m'auraient retenu, et je serais sorti sans me découvrir; mais mademoiselle de Roye étoit si belle; je la voyais si triste; cette tristesse me peignait si vivement l'état de son âme, et les suites funestes que mademoiselle de Mailly m'avait fait envisager, que, me livrant tout entier au mouvement de mon amour, j'allai me jeter à ses pieds. Son trouble et sa frayeur furent si extrêmes, que j'eusse eu le temps de lui dire, dans ce premier moment, tout ce qui pouvait justifier ou du moins excuser ma démarche; mais la crainte où je la voyais me représentait, m'exagérait même d'une manière si forte le péril où je l'exposais; j'étais moi-même si troublé, que je pus à peine prononcer quelques mots mal articulés, et encore plus mal arrangés.

Mon Dieu! que vous ai-je fait? s'écria-t-elle enfin d'une voix tremblante, et avec un visage où la frayeur était peinte; n'étais-je pas assez malheureuse! Sortez, ajouta-t-elle, ou vous m'allez faire mourir. Ces paroles, et l'air dont elle me parlait, qui semblait me demander grâce, me percèrent le cœur, et ne me laissaient pas la liberté de lui désobéir, quand une de celles qui m'avaient introduit vint avec beaucoup de précipitation nous annoncer l'arrivée de madame de Mailly. Elle était si près d'entrer, qu'il fallut songer à me cacher dans la chambre. Le lieu le plus propre et le seul, était une embrasure de fenêtre, sur laquelle on tira un rideau.

J'y passai l'heure la plus pénible que j'aie passée de ma vie. Madame de Mailly ne faisait pas un mouvement qui ne me fît tressaillir. Mademoiselle de Roye, pâle, interdite, et dans un état peu différent de celui de quelqu'un qui va mourir, me donnait une pitié qui augmentait encore le tendre intérêt que je prenais à elle; j'aurais voulu racheter de mon sang la peine que je lui faisais. Mais quelle fut mon indignation, lorsque j'entendis la manière dure dont madame de Mailly lui parlait, la cruauté avec laquelle elle la pressait de prendre le voile, et tout ce qu'elle ajoutait de piquant et d'humiliant même pour l'y déterminer!

Quelque danger qu'il y eût pour moi d'être découvert dans un lieu si sévèrement interdit aux hommes, je fus près vingt fois de me montrer, de déclarer que j'offrais à mademoiselle de Roye ma main, si elle voulait l'accepter. La seule crainte de mettre un obstacle à mes projets, en les découvrant, me retint. Je craignais aussi de faire un éclat, toujours fâcheux pour mademoiselle de Roye, quel qu'en dût être l'événement.

Elle fut assez de temps sans parler. Enfin, faisant, à ce qu'il me parut, un effort sur sa douleur : J'obéirai, madame, lui dit-elle. Madame de Mailly, contente de cette promesse, sortit. Mademoiselle de Roye l'accompagna, et me fit dire, par ma confidente, qu'elle ne rentrerait point dans sa chambre tant que j'y serais.

Je me soumis sans résistance, et j'allai chez moi lui écrire, non pas une lettre, mais un volume. Le danger où je venais de l'exposer me rendait plus amoureux, et me la rendait mille fois plus chère. Cette voix pleine de charmes était encore à mon oreille, qui me disait d'un ton où la frayeur régnait toute seule : Mon Dieu, que vous ai-je fait ! Je ne puis vous représenter à quel point j'étais attendri, et combien ma passion y gagnait.

Je n'eus aucune réponse, et j'écrivis encore plusieurs fois sans pouvoir en obtenir. Je m'avisai enfin de lui mander que, si elle n'avait la bonté de m'entendre, elle m'exposerait à tenter quelque nouvelle entreprise pareille à la première. Peut-être s'exagéra-t-elle à elle-même le péril où je pouvais l'exposer ; d'ailleurs, la bienséance n'était point blessée, puisque je ne demandais à la voir qu'à la grille; enfin elle y consentit.

Je n'ai jamais passé de temps plus agréable et cependant plus difficile à passer, que celui qui précéda le jour pris pour cette entrevue. Le plaisir de voir mademoiselle de Roye, de la voir de son consentement, l'espérance de la déterminer en ma faveur, les projets que je faisais pour l'avenir, remplissaient mon cœur d'une joie qui se répandait sur toutes mes actions; mais mon impatience était si extrême, elle me donnait tant d'inquiétude, qu'il ne m'était pas possible de me fixer un moment. Je ne pouvais durer nulle part; il semblait qu'à force de changer de place, j'accourcirais le jour.

Celui que j'attendais vint enfin. Quoique je fusse dans une grande agitation, et que le cœur me battît violemment, quand je me trouvai vis-à-vis de mademoiselle de Roye, je n'avais pas le même embarras, ni la même crainte que la première fois. Le peu que j'avais dit alors, les lettres que j'avais écrites depuis, m'avaient enhardi.

Mademoiselle de Roye, au contraire, me paraissait plus timide et plus embarrassée. Que ne lui dis-je point! combien de protestations, de sermens, de larmes même, et de larmes trop sincères pour ne pas faire impression!

Que vous dirai-je? c'était mon cœur qui parlait; il persuada un cœur que ma bonne fortune avait prévenu favorablement pour moi. Après beaucoup de résistance, j'obtins la permission de revenir dans quelques jours. Je ne pus me résoudre à attendre le temps qui m'était marqué; je revins dès le lendemain. Des fautes de cette espèce sont aisément pardonnées; on me gronda, à la vérité, de n'avoir pas obéi; mais on me gronda d'une façon si douce, que c'était presque m'en remercier.

Malgré les ordres de madame de Mailly, nos entrevues devinrent faciles. Sitôt que je n'eus plus à tromper mademoiselle de Roye, je prenais si bien mes mesures, et j'avais si bien mis dans mes intérêts ceux dont j'avais besoin, qu'il n'y avait presque point de jour où je ne passasse au moins quelques momens à cette heureuse grille.

Le caractère de mademoiselle de Roye ne laisse rien à désirer pour assurer le bonheur d'un amant et la tranquillité d'un mari. Ses discours, ses démarches respirent la vérité; elle ne connaît le désir de plaire, que pour ce qu'elle aime, et le seul art qu'elle y emploie, c'est celui d'aimer. Ses pensées, ses sentimens n'avaient d'objet que moi; toujours prête à sacrifier à mes intérêts, son repos, son bonheur et jusqu'au témoignage de sa tendresse même. Jamais personne n'a mieux fait sentir le prix dont on est à ses yeux; les inquiétudes et les jalousies, toujours inséparables de la délicatesse et de la vivacité des sentimens, ne produisent en elle ni plaintes ni reproches; sa tristesse seule m'instruisait de sa peine; si les choses les plus légères la faisaient naître, un mot, un rien suffisait aussi pour lui rendre la joie, et je goûtais à tout moment ce plaisir supérieur à tout autre, de faire, moi seul, la destinée de ce que j'aimais.

Le charme de nos conversations ne peut s'exprimer; nous croyions n'avoir passé que quelques minutes, lorsque nous avions passé plusieurs heures; et, quand il fallait nous séparer, il nous restait tant de choses à nous dire, qu'il nous arrivait presque toujours de nous rappeler, je ne sais combien de fois, comme de concert. La vertu de mademoiselle de Roye mettait, à la vérité, les bornes les plus étroites à mes désirs; mais la satisfaction de la trouver plus estimable et plus digne de mon cœur, me faisait une autre espèce de bonheur, plus sensible pour le véritable amour. J'en étais si occupé, que tout ce qui n'avait point de rapport à elle m'était insupportable. Je pouvais encore moins me contraindre auprès de madame de Mailly. Tous mes soins étaient pour mademoiselle de Mailly. Quoiqu'elle n'eût d'autre part dans notre confidence, que celle de n'en avoir voulu prendre aucune, je savais qu'elle aimait mademoiselle de Roye, et qu'elle en était aimée.

Madame de Mailly, intéressée par les démarches qu'elle avait faites, à me conserver, ne vit ma conduite qu'avec le plus violent dépit. Les motifs qui désunissent ordinairement les femmes, et qui ont un pouvoir si absolu sur celles d'un certain caractère, lui avaient donné une haine pour mademoiselle de Mailly, qui s'était encore augmentée par l'éloignement de mademoiselle de Mailly pour le mariage de M. du Boulai. Mais le désir de la vengeance fit taire sa jalousie. Elle ne m'en marqua aucune; il semblait, au contraire, que c'était par confiance, qu'elle me contait tous les jours mille choses très-capables de me faire impression, si j'avais moins connu mademoiselle de Mailly. Je ne vous dis point les persécutions qu'elle essuya alors, pour conclure son mariage, et l'art avec lequel on me les déguisait.

Je voyais bien que je n'obtiendrais point l'agrément de madame de Mailly, pour épouser mademoiselle de Roye : elle pouvait, au contraire, faire usage de l'autorité qu'elle avait sur elle, et me l'enlever pour jamais. D'ailleurs, comment demander cet agrément à une femme qui m'avait laissé voir que je ne lui étais pas indifférent ? Sans expliquer mes raisons à mademoiselle de Roye, je voulus la résoudre à un mariage secret. Le plus grand obstacle que j'eus à vaincre, était la crainte du tort que je pouvais me faire. Pas la moindre méfiance sur ma parole, ni sur le sort que je lui préparais : être unie à moi était pour elle le souverain bien; le seul qui la touchait aussi. Dès le moment qu'elle m'avait aimé, le cloître avait cessé de lui paraître odieux. Tout ce qui n'était pas vous, me disait-elle, était égal pour moi. La solitude même avait l'avantage de me laisser jouir de mes sentimens, et de m'aider à les cacher.

Mes mesures prises, j'entrai une nuit dans le jardin, à l'aide d'une échelle de corde. Mademoiselle de Roye m'attendait dans ce jardin ; mais elle n'eut plus la force d'en faire davantage. Sans lui donner le temps de délibérer, je la pris entre mes bras ; je remontai le mur en la tenant toujours embrassée, et je la menai à une petite église peu éloignée, où j'avais fait tenir un prêtre. Je la remis dans le jardin de la même façon que je l'en avais fait sortir, et lui fis promettre qu'elle s'y rendrait la nuit suivante. Nous y en passâmes plusieurs autres. Imaginez, s'il vous est possible, quels étaient mes transports ; la tendresse de ma femme, toute légitime qu'elle était, ne se montrait qu'avec beaucoup de timidité; et, lorsque je m'en plaignais : Le besoin que j'ai présentement que vous croyiez que je vous aime, me disait-elle, m'ôte la hardiesse de vous le dire et de vous le marquer.

Il m'aurait été aisé de l'enlever et de l'emmener en Angleterre; mais ce n'était point comme une fugitive que je voulais qu'elle y parût. Je me tenais assuré du consentement de mon père; mais il convenait de prendre des mesures pour faire agréer au roi mon alliance avec une Française, et la rupture du mariage qu'il avait arrêté pour moi avec mademoiselle d'Hamilton. Il fallut me résoudre de quitter une femme que j'adorais, presque dans le moment où je venais d'être heureux, pour nous assurer à l'un et à l'autre la durée de ce bonheur.

Rien ne peut exprimer la tendresse de nos adieux; je la repris vingt fois dans mes bras; elle me baignait le visage de ses larmes; elle me conjurait de ne la point quitter. Hélas! que n'y ai-je consenti! Combien me serais-je épargné de malheurs!

Madame de Mailly fut surprise, et ne fut point fâchée de me voir partir; j'étais un témoin incommode pour le personnage qu'elle jouait; peut-être même craignait-elle de ma part quelque trait d'indiscrétion; car M. du Boulai, qui avait pris les impressions de sa mère, et qui en conséquence était jaloux de moi jusqu'à la fureur, mettait tous les jours ma patience à de nouvelles épreuves.

Mon père était toujours en Écosse; j'allai le joindre sans me montrer à la cour. J'en fus reçu comme je l'avais espéré. Bien loin de désapprouver mon mariage, il ne songea qu'au moyen d'obtenir le consentement du roi. Les services qu'il venait de rendre dans la guerre d'Écosse, dont le succès était dû à sa valeur et à sa conduite, l'autorisaient à compter sur la complaisance du roi; mais ses services lui avaient attiré plus d'envie de la part des courtisans, que de reconnaissance de la part du prince.

Édouard, séduit par leurs artifices, se persuada que mon mariage, qu'il ne croyait pas fait, cachait quelques desseins contraires à ses intérêts; et, sans vouloir rien entendre, il me fit mettre dans une étroite prison. Ceux à qui je fus confié eurent ordre de ne me laisser parler à personne; mon père même n'eut pas la liberté de me voir; et l'on me déclara que je n'en sortirais que lorsque je serais disposé à remplir les engagemens que le roi avait pris pour moi.

Quelque dure que fût ma captivité, je souffrais mille fois plus par la pensée de ce que souffrait ma femme. Hélas! je lui coûterai la vie! m'écriais-je dans ces douloureux momens; voilà le fruit de sa tendresse et de sa confiance!

J'avais déjà passé six mois dans ce triste séjour, quand un soldat de la garnison trouva moyen de me glisser une lettre. Je l'ai lue et relue si souvent, elle a fait une si forte impression sur mon cœur, qu'il ne m'en est pas échappé une syllabe. Voici ce qu'elle contenait.

« Que viens-je d'apprendre! vous êtes pri-
» sonnier! Cette nouvelle, qui a pénétré jusque
» dans ma solitude, a mis le comble à des maux
» que je ne soutenais que parce que je les souf-
» frais seule. Hélas! notre mariage, qui met ma
» vie et mon honneur dans un si grand péril,
» me comblait de joie. La pensée que j'étais à
» vous pour toujours faisait disparaître mes pei-
» nes. Mais c'est pour moi que vous souffrez!
» c'est moi qui vous rends malheureux! Quelque
» cruelle que soit cette circonstance, elle n'a-
» joute cependant rien à ma douleur. Vos maux,
» indépendamment de ce qui les cause, prennent
» toute la sensibilité de mon cœur. Ma grossesse,
» dont il faut que je vous avertisse, va les aug-
» menter encore; je m'en aperçus quelque temps
» après votre départ, et, malgré l'embarras de
» la cacher, j'en conçus de la joie. Je vois pré-
» sentement toute l'horreur de ma situation. A

« qui me confierai-je pour donner le jour à cet
» enfant qui m'est mille fois plus cher, parce
» qu'il est à vous? Comment faire pour vous le
» conserver, et sa malheureuse mère? C'est
» pour vous que je cherche à vivre; c'est pour
» vous que je crains de mourir. Je connais votre
» cœur, comme vous connaissez le mien; vous
» mourriez de ma mort. Voilà le fruit de cette
» tendresse qui devait faire notre bonheur!
» Quelle différence de ces temps heureux où
» nous étions ensemble, où nous nous disions
» cent fois dans un moment que nous nous ai-
» mions, que nous nous aimerions toujours! Ce
» souvenir, que je rappelle sans cesse, augmente
» encore l'abîme où je suis. Je me trouve seule
» dans l'univers : je n'ai que vous; je mettais
» ma félicité à n'avoir que vous, et je vous
» perds! Ne craignez rien de ma part : la honte
» que j'essuierai, plus terrible que la plus affreuse
» mort, ne m'arrachera jamais un secret qu'il
» vous importe de tenir caché, puisque vous ne
» l'avez point découvert. Le ciel, qui connaît mon
» innocence, qui m'a fait une loi du plus doux
» penchant de mon cœur, qui veut que je vous
» aime et que je vous obéisse, aura pitié de
» moi et sauvera ma réputation. Conservez-vous,
» c'est votre Amélie qui vous en prie, baignée
» de ses larmes! Conservez-vous, encore une

» fois ! il ne vous reste que ce moyen de me » marquer que vous m'aimez. »

Il me serait impossible de vous peindre l'état où je me trouvai après la lecture de cette lettre. La pitié et l'honneur auraient suffi seuls pour m'intéresser au sort de madame d'Arondel : jugez ce que l'amour le plus tendre et le mieux mérité me faisait sentir. Je ne comprends pas comment je pus résister à la violence de ma douleur; je crois qu'il n'y en a jamais eu de pareille. Les partis les plus extrêmes se présentèrent à moi; et, si je n'avais été retenu par ce que je devais à ma femme, je m'y serais abandonné.

Je comptais continuellement le temps où elle devait accoucher; ce temps, qui ne pouvait être éloigné, me remplissait de frayeur; les images les plus affreuses se présentaient continuellement à moi; le peu de momens que l'accablement me forçait de donner au sommeil en étaient troublés; je me réveillais hors de moimême, et toujours baigné dans mes larmes; je ne pouvais rien dans ma prison; je ne pouvais même instruire mon père, qui ne nous aurait pas abandonnés.

Je fis plusieurs tentatives pour me sauver; aucune ne réussit : il est vrai que cette occupation était une espèce d'adoucissement à ma peine, et que les heures que j'employais à détacher les pierres du mur, ou à ébranler le fer qui tenait à mes fenêtres, étaient moins difficiles à passer; mais le peu de succès de mon travail me rejetait ensuite dans un nouveau désespoir; je sentais que je ne pouvais plus en supporter la violence, quand les nouvelles d'Écosse qui arrivèrent changèrent la face de mes affaires.

La même politique qui avait fait désirer au roi d'unir les principales familles d'Angleterre et d'Écosse, en avait détourné les Écossais, toujours occupés du dessein de secouer le joug des Anglais. Mademoiselle d'Hamilton, qui m'était destinée, venait d'être mariée à milord Barclay, le plus grand partisan de la liberté écossaise. Mon père saisit cette occasion pour demander ma liberté; il ne l'obtint cependant qu'avec beaucoup de peine, et qu'après s'être engagé que je suivrais le roi en France, où la rupture de la trêve entre les deux couronnes l'obligeait de passer, et qu'il resterait en Angleterre, où il serait gardé lui-même, jusqu'à ce que j'eusse prouvé, par mes actions, que je n'avais aucune liaison contraire au bien de l'état.

Sitôt que je fus libre, mon premier soin fut de faire chercher le soldat qui m'avait rendu la lettre, et qui ne s'était plus montré. Ce soin fut inutile; on me dit qu'il était du nombre des troupes qu'on avait embarquées pour envoyer en France. Édouard s'embarqua bientôt après, et me fit embarquer avec lui. C'est par vos services, me dit-il, que vous pouvez effacer les impressions que l'on m'a données de votre fidélité. N'espérez pas que je vous accorde la permission de prendre une alliance avec mes ennemis : il faut ranger votre maîtresse au nombre de mes sujets; voilà un moyen d'obtenir un consentement que je ne vous accorderai qu'à ce prix.

Nous débarquâmes sur les côtes de la Picardie. J'envoyai un homme à Calais, avec des lettres pour madame d'Arondel; je lui avais donné toutes les instructions nécessaires pour s'introduire dans la place. J'attendais son retour avec la plus extrême impatience. Les nouvelles qu'il devait m'apporter décidaient de plus que de ma vie; mais ces nouvelles, si attendues, et si ardemment désirées, ne vinrent point. J'envoyai successivement plusieurs de mes gens; aucun ne parut, et j'ignore encore quel est leur sort.

Il ne me resta d'espérance que dans les succès de la guerre; je m'y portai avec tant d'ardeur, et, pour avancer nos conquêtes, je fis des actions si téméraires, et où je m'exposais si visiblement, que le roi fut forcé de me rendre sa confiance. Tout mon espoir était de faire le siége de Calais : la victoire que nous avons remportée nous en a ouvert le chemin ; mais le siége peut être long ; M. de Vienne paraît disposé à défendre sa place jusqu'à la dernière extrémité ; et ce que j'ai appris deux jours avant la bataille ne me permet pas d'en attendre l'événement, et m'oblige à vous demander un prompt secours.

Un prisonnier, qui avait été pris par nos gens, se fit conduire dans ma tente ; je le reconnus pour un nommé Saint-Val, principal domestique de madame de Mailly. Je ne puis vous dire le trouble que cette vue excita en moi ; je n'avais pas la force de lui faire des questions ; il les prévint ; et, après m'avoir prié de faire retirer ceux qui l'avaient introduit : On a voulu, seigneur, me dit-il, se servir de moi, pour la plus noire trahison ; je m'y suis prêté, pour être à portée de vous en avertir. Madame de Mailly, instruite que vous voulez vous marier en France, et que c'est pour cela que vous avez résisté à la volonté d'Édouard, n'a pas douté que vous n'ayez pris des engagemens avec mademoiselle de Mailly. Pour empêcher ce mariage, qu'elle ne saurait souffrir, elle m'a donné la commission de m'introduire auprès de vous, sous le prétexte des services que j'ai rendus à mademoiselle de Mailly pour mettre au monde un enfant, dont je dois vous supposer lé père; et le hasard a si bien servi sa malice, qu'elle est en état de produire des preuves, qui, toutes fausses qu'elles sont, peuvent paraître convaincantes contre mademoiselle de Mailly. L'obligation que l'on m'a imposée de garder le secret doit céder à celle de secourir l'innocence qu'on veut opprimer; et je crois que mon honneur et ma conscience me font également un devoir de vous dévoiler ce mystère.

Il y a environ deux ans que mademoiselle de Roye, dont ma mère avait été la gouvernante, me fit dire qu'elle avait à me parler. L'état où je la vis aurait attendri l'âme la plus barbare. Elle répandait des torrens de larmes : je fus long-temps sans pouvoir lui arracher une parole; elle me dit enfin, au travers de mille sanglots, qu'elle remettait sa vie et son honneur entre mes mains, qu'elle était grosse. Sa douleur ne lui permit pas de m'en dire davantage, et j'en avais tant de pitié, que je ne songeai qu'à la plaindre et à la soulager.

Il me paraissait important de connaître le complice de sa faute; mais je ne pus jamais l'obliger à m'en faire l'aveu. Son nom est inutile, me dit-elle, en versant de nouvelles larmes ; je suis la seule coupable. La grâce que je vous demande encore, c'est d'avoir soin de mon enfant. Si je meurs, vous serez instruit, par un billet que je vous laisserai, de celui à qui vous devrez le remettre.

L'attachement que je conservais pour la mémoire de mon ancien maître, dont mademoiselle de Roye était la nièce, l'embarras où je me trouvais, l'opinion que j'avais conçue de la prudence de madame de Mailly, l'intérêt qu'elle avait elle-même de cacher cette triste aventure, me firent penser que je ne pouvais rien faire de mieux que de m'ouvrir à elle.

J'eus lieu de m'applaudir du parti que j'avais pris. Elle convint avec moi que, lorsque le temps des couches serait proche, elle mènerait M. de Mailly et mademoiselle sa fille à une terre qui lui appartenait, et que, pour ne point donner de soupçons dans le couvent, j'irais chercher mademoiselle de Roye de la part de sa tante; que je la conduirais dans la maison de M. de Mailly, où il n'y aurait aucun domestique, que ma femme et moi ; que ma femme, qui est au service de mademoiselle de Mailly, lui demanderait, sous quelque prétexte, la permission de rester quelques jours à Calais. Madame de Mailly me dit encore qu'il fallait que mademoiselle de Roye ensevelit sa honte dans le cloître, et que je devais l'y disposer.

Les choses s'exécutèrent de la façon dont madame de Mailly l'avait réglé. Mademoiselle de Roye fut menée chez M. de Mailly, où elle accoucha dans la chambre de mademoiselle de Mailly même. Le péril où elle était nous parut si grand, et ma femme était si peu propre à lui donner les secours convenables, qu'il fallut qu'elle allât, au milieu de la nuit, chercher une femme du métier.

Depuis que milord d'Arondel avait commencé de parler, M. de Châlons, agité de mille passions, l'aurait interrompu cent fois, si le désir d'être plus pleinement éclairci n'avait retenu son impatience; mais, n'étant plus alors son maître, et embrassant milord d'Arondel, en lui serrant les mains de la manière la plus tendre: Vous me rendez la vie une seconde fois, lui dit-il. Que dis-je! vous me donnez plus que la vie. Quoi! mademoiselle de Roye est votre femme; elle est mère de cet enfant qui m'a rendu si malheureux et si criminel! Oui, j'aurais dû en démentir mes yeux; mes indignes soupçons ne méritent point de grâce, et moi-même je ne me les pardonnerai jamais.

M. de Châlons était si pénétré de son sentiment, il parlait avec tant de passion, qu'il ne pouvait s'apercevoir de la surprise où il jetait milord d'Arondel. Je vous demande pardon, lui dit-il après ce premier transport, de vous avoir interrompu. Achevez, s'il vous plaît, de m'instruire ; et, avant toutes choses, souffrez que j'ordonne que l'on cherche l'enfant et la femme que vous m'envoyâtes. J'espère qu'ils aideront à m'acquitter d'une partie de ce que je vous dois.

Que me faites-vous envisager? s'écria milord d'Arondel. Serait-il possible?.... Non, cela ne peut être. Je conçois trop légèrement des espérances, dont ma mauvaise fortune devrait m'avoir désabusé. Ne craignez point de vous y livrer, répondit M. de Châlons ; et, pendant qu'on exécutera l'ordre que je viens de donner, achevez de me dire ce que vous jugez que je dois savoir.

Je ne suis plus en état de vous parler, répliqua milord d'Arondel ; ayez pitié de mon trouble ; daignez m'éclaircir. Vous le serez dans le moment, dit M. de Châlons, en voyant entrer la femme qu'il avait envoyé chercher. La nature est-elle muette? poursuivit-il en prenant l'enfant des bras de sa nourrice, et en le mettant dans ceux de milord d'Arondel. Ne vous dit-elle rien pour ce fils? Je vous le rends, ajouta-t-il, avec autant et plus de joie que vous n'en avez vous-même de le recevoir. Il lui conta alors comment le hasard l'avait mis en sa puissance. Milord d'Arondel l'écoutait, les yeux toujours attachés sur son fils, qu'il serrait entre ses bras, et qu'il mouillait de quelques larmes que la joie et la tendresse faisaient couler. Je reconnais, disait-il, les traits de sa mère : voilà sa physionomie; voilà cette douceur aimable qui règne sur son visage; voilà ses grâces. Ces discours étaient accompagnés de mille caresses, qu'il ne cessait de prodiguer à ce fils si chéri et si heureusement retrouvé. Il semblait que cet enfant, inspiré par la nature, reconnût aussi son père. Il s'attachait à lui; il ne pouvait plus le quitter; il lui souriait; il voulait lui parler.

M. de Châlons contemplait ce spectacle avec un plaisir que la situation agréable où il était lui-même lui rendait plus sensible. Je vous demanderais pardon de mes faiblesses, lui dit milord d'Arondel; mais vous êtes trop honnête homme pour n'en être pas susceptible aussi. J'éprouve dans ce moment que les sentimens de la nature ne le cèdent pas à ceux de l'amour. Hélas! poursuivit-il en embrassant encore son fils, sa malheureuse mère pleure sa perte! Tandis que mon cœur se livre à la joie, elle est plongée dans le plus affreux désespoir; elle se repent peut-être de m'avoir aimé!

L'attachement que vous avez pour mademoiselle de Mailly, et dont je suis informé, dit-il à M. de Châlons, après avoir fait signe à ceux qui étaient dans la chambre de sortir, demande de vous les mêmes choses que vous demande l'amitié que vous avez pour moi. Voyez mademoiselle de Mailly pour son intérêt, pour celui de madame d'Arondel, et pour le mien. Instruisez-la des artifices de sa belle-mère, et de ce qu'elle doit en craindre; réveillez son amitié pour madame d'Arondel, et ses bontés pour moi; obtenez d'elle qu'elle apprenne à ma femme que son fils est retrouvé, que je n'attends que la fin du siége pour déclarer mon mariage, pour me joindre à elle, et ne m'en séparer jamais. Je tremble que la perte de son fils et la crainte d'être abandonnée ne la déterminent à se lier par des vœux; que sais-je même si, contre sa volonté, elle n'y sera pas forcée par la malice de madame de Mailly? que sais-je enfin ce que produira la douleur dont elle est accablée depuis si long-temps? Je ne puis y penser sans frémir.

Je suis prêt à faire ce que vous voulez, lui dit M. de Châlons, qui vit qu'il n'avait plus la force de parler; mais vous n'êtes pas informé de mes dernières aventures. Je vous avoue, répliqua-t-il, que ce que j'apprenais de madame d'Arondel me touchait trop sensiblement, pour me laisser la liberté de faire des questions étrangères.

M. de Châlons lui conta alors, le plus succinctement qu'il lui fut possible, son combat avec M. du Boulai, et les suites de ce combat. Je crois, ajouta-t-il, qu'il faudrait que je pusse raisonner avec Saint-Val. L'aveu qu'il vous a fait prouve en lui des sentimens de probité et d'honneur, qui nous assurent de sa fidélité. Je le pense comme vous, répondit milord d'Arondel ; je vais vous l'envoyer, et écrire à madame d'Arondel ; pourvu que ma lettre puisse lui être remise, je m'assure qu'elle ne fera rien contre moi.

De retour chez lui, il fit conduire Saint-Val chez M. de Châlons. Milord d'Arondel vous a appris qui je suis, lui dit M. de Châlons, et vous a assuré que vous pouvez prendre une entière confiance en moi. Oui, seigneur, répondit Saint-Val. L'heureuse aventure qui lui a rendu son fils marque la protection particulière du ciel sur mademoiselle de Mailly, dont l'innocence aurait pu vous être toujours suspecte. Ne parlons point d'une chose, répliqua M. de Châlons, qui me cause le plus vif repentir, et dont je vous prie de perdre à jamais le souvenir. Ce repentir serait encore plus grand, dit Saint-Val, si vous étiez instruit de tout ce que mademoiselle de Mailly a fait pour vous. De grâce, mon cher Saint-Val, répliqua M. de Châlons d'une manière affectueuse et presque suppliante, informez-moi de ce qui peut avoir le moindre rapport à elle.

Il faut, seigneur, pour vous satisfaire, répondit Saint-Val, rappeler le temps où M. de Mailly avait pris des engagemens avec vous. Son mariage avec madame du Boulai lui donna d'autres vues; mais, quelque grand que fût le crédit de madame du Boulai sur l'esprit de M. de Mailly, il ne put refuser à mademoiselle de Mailly le temps qu'elle demandait pour tâcher de vous oublier. Le mariage de M. son père se fit tout seul, et mademoiselle de Mailly n'eut, pendant quelque temps, d'autre peine que celle de ne conserver aucun commerce avec vous.

Milord d'Arondel vint à Calais à peu près dans ce temps-là. Ce qu'il a été obligé de m'avouer des sentimens de madame de Mailly pour lui, de la jalousie qu'elle conçut pour sa belle-fille, me donne l'intelligence d'une conduite dont jusqu'ici je n'avais pu comprendre les motifs. Mademoiselle de Mailly eut mille persécutions à essuyer pour épouser M. du Boulai, et elles augmentèrent lorsque vous eûtes enlevé mademoiselle de Liancourt.

Mademoiselle de Mailly ne pouvait plus alors

15*

opposer à la volonté de son père l'inclination qu'elle conservait pour vous. Sa résistance fut mise sur le compte de M. d'Arondel. M. du Boulai, inspiré par sa mère, tourna toute sa jalousie contre lui; et je ne sais s'il ne vous prit point pour quelqu'un qui lui appartenait, quand il vous attaqua, lui troisième, sous les fenêtres de mademoiselle de Mailly. Votre valeur vous délivra de ces indignes assassins. M. du Boulai vous reconnut, lorsque vous lui fîtes rendre son épée, et vécut encore assez pour exciter contre vous et contre mademoiselle de Mailly un violent orage.

Madame de Mailly, à la vue de son fils couvert de sang et de blessures, n'écouta que son désespoir et sa rage. C'est vous, dit-elle à M. de Mailly, qui avez causé mon malheur. Ce sont les promesses que vous m'avez faites, et que vous n'avez pas eu la force de remplir, qui ont allumé la passion de mon malheureux fils; il ne manque plus, pour achever de me percer le cœur, que de voir son meurtrier devenir votre gendre. Oui, vous aurez cette faiblesse : votre fille peut tout sur vous, et je ne puis rien.

M. de Mailly aimait sa femme. L'état où il la voyait animait sa tendresse. Madame de Mailly profita de ce moment pour faire approuver ses desseins. Vous aviez, disait-elle, assassiné son fils; elle en avait toutes les preuves; il fallait en tirer une vengeance éclatante; il fallait vous faire périr d'une mort ignominieuse.

Quel que soit son ascendant sur l'esprit de M. de Mailly, elle ne put l'engager à des projets si odieux. Par complaisance pour lui, elle parut y renoncer, à condition cependant que mademoiselle de Mailly épouserait M. du Boulai, dans l'état où il était. Il faut, disait-elle, qu'elle prenne la qualité de sa femme, pour m'assurer qu'elle ne sera jamais celle de son meurtrier; de plus, M. du Boulai désirait ce mariage avec tant d'ardeur, que ce serait peut-être un moyen de lui sauver la vie.

Séduit par ses caresses et ses artifices, M. de Mailly se détermina à faire à sa fille cette étrange proposition. Elle répondit à son père avec tant de force et de courage, et cependant avec tant de respect et de tendresse, qu'il se vit forcé à lui tout déclarer. Madame de Mailly, lui dit-elle, devrait être rassurée par ce même enlèvement de mademoiselle de Liancourt, dont elle veut se servir contre M. de Châlons. Mais, si cette raison ne lui suffit pas, j'engage ma parole de n'épouser jamais M. de Châlons, et je vous l'engage à vous, mon père, à qui rien dans le monde ne serait assez puissant pour me faire manquer.

Ce n'était pas assez pour madame de Mailly,

qui vous craignait encore moins que milord d'Arondel, et qui voulait acquérir une autorité entière sur mademoiselle de Mailly. Elle renouvelait ses menaces, elle insistait pour le mariage. Mademoiselle de Mailly aurait préféré la mort; mais elle tremblait pour vous; elle connaissait la faiblesse de son père; et je ne sais ce qui en serait arrivé, si M. du Boulai avait vécu encore quelque temps.

Forcée d'abandonner ce projet, madame de Mailly forma celui dont j'ai été chargé. Elle espérait par-là satisfaire également sa haine et sa vengeance; car, seigneur, j'avais ordre de faire tomber sur vous tous les soupçons de milord d'Arondel, de lui inspirer de vous voir l'épée à la main, de l'engager à faire un éclat qui perdit d'honneur mademoiselle de Mailly, et qui vous donnât à vous-même le plus profond mépris pour elle.

Quelle horreur! s'écria M. de Châlons. A quoi mademoiselle de Mailly n'est-elle pas exposée! S'il ne fallait que ma vie, j'irais la sacrifier à la haine de mon ennemie; aussi-bien ne la conserverai-je pas long-temps, s'il faut que je perde toute espérance. Mais madame de Mailly me hait bien moins qu'elle ne hait mademoiselle de Mailly; peut-être même ne me hait-elle que pour avoir le droit de la haïr. Que ferons-nous?

mon cher Saint-Val. Comment apprendre à mademoiselle de Mailly les noirceurs que l'on avait préparées contre elle, et dont il est si important qu'elle soit informée? comment la faire revenir des funestes engagemens qu'elle a pris contre moi? comment remplir auprès de madame d'Arondel les intentions de son mari?

En vérité, seigneur, lui dit Saint-Val, j'y suis bien embarrassé : la façon dont j'ai exécuté les ordres de madame de Mailly ne me permet pas de me montrer chez elle; d'ailleurs, il n'est plus possible de pénétrer dans Calais.

M. de Châlons sentait toutes ces difficultés. Saint-Val n'avait point de motif assez pressant pour entreprendre de les surmonter; il fallait, pour cela, une passion aussi vive que celle dont M. de Châlons était animé. Après avoir examiné tous les moyens, il se détermina d'aller joindre le comte de Canaple, qui cherchait à profiter des circonstances pour ravitailler Calais.

Milord d'Arondel convint avec M. de Châlons, qu'afin qu'il fût plus maître de ses démarches, on laisserait subsister l'opinion où l'on était, qu'il avait péri à la bataille de Crécy, et il les conduisit, lui et Saint-Val, par-delà les lignes du camp, d'où ils allèrent, avec la plus grande diligence possible, à celui des Français.

FIN DE LA TROISIÈME PARTIE.

LE SIÉGE DE CALAIS.

NOUVELLE HISTORIQUE.

QUATRIÈME PARTIE.

Monsieur de Canaple était parti depuis quelques jours, pour l'exécution d'un dessein qu'il n'avait communiqué à personne. Ce contre-temps désespérait M. de Châlons : il tenta plusieurs fois de se jeter dans Calais. L'envie de réussir ne lui laissait consulter que son courage. Il agissait avec si peu de précaution, qu'il pensa plusieurs fois retomber dans les mains des Anglais. Les blessures qu'il reçut le forcèrent à suspendre ses entreprises. Pendant qu'il était retenu, malgré lui, dans son lit, et que ses inquiétudes retardaient encore sa guérison, M. de Canaple exécutait heureusement son projet.

Calais, malgré les soins et les précautions de M. de Vienne, souffrait déjà les horreurs de la plus affreuse famine; tout y manquait, et les gens de la plus haute qualité n'avaient sur cela aucun privilége. Le gouverneur, pour donner des exemples de courage et de patience, ne permettait aucune distinction pour sa maison, et ceux qui la composaient étaient les plus exposés à la calamité publique.

La ville était bloquée du côté de la terre; la flotte anglaise défendait l'entrée du port. Ces difficultés auraient paru insurmontables à tout autre qu'au comte de Canaple; mais le désir de rendre à sa patrie un service signalé et de sauver ce qu'il aimait, lui rendait tout possible.

La voie de la mer, quelque difficile qu'elle fût, était la plus praticable. Il fit chercher, à Abbeville, deux hommes hardis, nommés Marante et Mestriel, qui connaissaient parfaitement la côte, et à qui la vue de la récompense fit disparaître le péril. Les coffres du roi étant épuisés, M. de Canaple fit cette entreprise aux dépens d'une partie de son bien. Il se mit lui-même, avec ces deux hommes, dans une barque, et conduisit des munitions à Calais.

Comme cette manœuvre devait être répétée plusieurs fois, il n'entra pas d'abord dans la ville; mais, en envoyant ces munitions à M. de Vienne, il lui fit dire qu'elles étaient principalement destinées pour lui et pour madame de

Granson. Il le fit prier aussi d'en faire part à mademoiselle de Mailly : l'estime et l'amitié qu'il avait pour elle ne lui permettaient pas de l'oublier.

Ce secours, arrivé dans un temps où les besoins étaient si pressans, fut reçu de M. de Vienne avec autant de joie que de reconnaissance. Il alla porter cette agréable nouvelle à sa fille : elle était toujours plongée dans une profonde mélancolie, à laquelle les calamités publiques n'auraient presque rien ajouté, sans l'intérêt de son père.

L'outrage que le comte de Canaple lui avait fait, les services qu'il lui avait rendus, la tendresse qu'elle ne pouvait s'empêcher d'avoir pour lui, l'amour dont elle le soupçonnait pour mademoiselle de Mailly, toutes ces différentes pensées l'occupaient tour à tour, et ne la laissaient pas un seul moment d'accord avec elle-même. Il n'était cependant pas possible que ce que le comte de Canaple venait de faire ne lui causât un sentiment de plaisir, et qu'elle ne sentît la part qu'elle y avait. Mais ce plaisir fut suivi d'une douleur mêlée de honte, quand elle apprit que mademoiselle de Mailly partageait les secours qu'on lui donnait. Ce serait peu de les partager, disait-elle, c'est à elle que je les dois; et la fortune, qui me persécute avec tant de cruauté, m'expose à cette nouvelle humiliation.

Ces pensées ne la disposaient pas à recevoir favorablement le comte de Canaple. Il crut, après avoir fourni aux nécessités les plus pressantes de la ville, pouvoir s'y arrêter quelques jours. L'état de liberté où madame de Granson était alors, ce qu'il faisait pour elle, lui donnaient une espérance, que la vivacité de sa passion augmentait encore, par le besoin qu'elle lui donnait d'espérer. Tout cela le déterminait à chercher à la voir et à lui parler. M. de Vienne le mena avec empressement dans l'appartement de sa fille.

Aidez-moi, lui dit-il, à m'acquitter envers ce héros. Notre reconnaissance, répliqua-t-elle d'un ton froid, et sans regarder le comte de Canaple, paierait mal monsieur; il attend un prix plus glorieux de ce qu'il a fait. M. de Canaple, que l'accueil de madame de Granson avait glacé, demeurait sans réponse, et, pressé d'un mouvement de dépit, il avait une sorte d'impatience d'être hors d'un lieu où il avait si ardemment désiré de se trouver.

Les députés de la ville, qui demandèrent à le voir, lui fournissaient le prétexte dont il avait besoin pour s'éloigner, si M. de Vienne, persuadé que sa présence et celle de sa fille ajouterait quelque chose de plus flatteur aux honneurs qu'on lui rendait, n'eût ordonné de faire entrer les députés.

Le comte de Canaple les reçut avec un air de satisfaction, qu'il empruntait de son dépit. C'était une vengeance qu'il exerçait contre madame de Granson, à qui la reconnaissance publique reprochait son insensibilité et son ingratitude.

Un gentilhomme de mademoiselle de Mailly, du nombre des députés, avait ordre de remercier en particulier le comte de Canaple. Mademoiselle de Mailly, seigneur, ajouta-t-il, lorsqu'il eut rempli sa commission, vous prie de la voir aujourd'hui, s'il vous est possible. Ce sera tout à l'heure, répondit-il assez haut pour être entendu de madame de Granson; et, s'acquittant tout de suite de ce qu'il devait aux députés, il sortit avec eux. M. de Vienne le laissa en liberté de faire une visite où il croyait que les témoins lui seraient importuns, et alla, suivant sa coutume, visiter les différens quartiers de la ville.

Madame de Granson avait besoin de la solitude où on la laissait; elle ne pouvait plus soutenir la contrainte qu'elle s'était faite. A peine fut-elle seule, qu'elle entra dans un cabinet où elle s'enferma, et, se jetant sur un lit de repos, elle s'abandonna tout entière à sa douleur. Ce qu'elle venait de voir, ce qu'elle venait d'entendre, l'air satisfait que le comte de Canaple avait affecté, ne lui laissaient aucun doute sur la passion dont elle le croyait occupé.

Que ferai-je? disait-elle; m'exposerai-je à le voir revenir avec cette joie qui insulte à ma honte? recevrai-je des soins et des respects qu'il ne me rend que parce qu'il m'a offensée? Plus il cherche à réparer, plus il croit le devoir; plus il m'avertit de ce que je dois penser moi-même! Que sais-je encore, si un sentiment délicat pour ce qu'il aime, si le désir de s'en rendre plus digne, n'est pas le seul motif qui lui fait chercher à être moins coupable avec moi? Peut-être n'ai-je d'autre part à ses démarches, que d'être le jouet de sa fausse vertu, après l'avoir été de son caprice.

Malgré cette pensée, malgré le ressentiment qu'elle lui causait, elle ne pouvait s'empêcher de compter le temps que le comte de Canaple passait avec mademoiselle de Mailly. Son imagination lui représentait la douceur de leur entretien, et lui en faisait une peinture désespérante. Elle le voyait à ses genoux; elle la voyait s'applaudir que la ville dût sa conservation au courage de son amant, et à la tendresse qu'il avait pour elle. Qu'elle est heureuse! disait-elle; elle peut aimer, elle le doit. Et moi je dois haïr;

et je suis assez lâche et assez malheureuse pour avoir peine à le vouloir! S'il était tel que lorsque je l'ai connu! s'il ne m'avait point offensée! s'il n'aimait rien!.. mais il m'a offensée! mais il aime!

Tandis que madame de Granson s'affligeait de la joie et des triomphes de mademoiselle de Mailly, M. de Canaple voyait couler les larmes qu'elle donnait à la mort de M. de Châlons, et n'avait plus la force de lui laisser des espérances qui lui paraissaient alors absolument fausses. Quoi! lui disait-elle, je n'ai plus de ressource! il est donc certain qu'il a péri! hélas! du moins s'il avait pu savoir tout ce qu'il m'a coûté, s'il savait que je ne renonçais à lui que pour lui-même! Nous n'aurions jamais été l'un à l'autre, s'il avait vécu; mais il vivrait, et il aurait vu que je n'aurais jamais été à personne. Vous êtes attendri, dit-elle au comte de Canaple, vous regrettez encore un ami que vous aimiez. Vous vous consolerez, ajouta-t-elle; l'amitié se console, et je ne me consolerai jamais. Mon parti est pris; j'irai m'enfermer dans un lieu où je pleurerai seule, et où je m'assurerai de pleurer éternellement.

L'attachement que vous avez pour monsieur votre père, lui dit le comte de Canaple, mettra obstacle à votre résolution, et me rassure contre cet effet de votre douleur. Hélas! reprit-elle, il a causé tout mon malheur; je ne le lui reproche pas : il a été faible; et ne l'est-on pas toujours quand on aime? Que sais-je moi-même de quoi j'aurais été capable, si j'avais eu un amant moins vertueux? mon cœur était entre ses mains.

M. de Canaple admirait une façon de penser si raisonnable et si peu ordinaire. Il s'affligeait avec mademoiselle de Mailly de la perte qu'elle pensait avoir faite, et s'affligeait aussi de ses propres maux. Croire être haï de ce qu'on aime est une douleur peut-être plus insupportable que d'en pleurer la mort.

Les principaux habitans de Calais, qui l'avaient accompagné, l'attendaient pour le reconduire chez M. de Vienne. Sa marche, qui était une espèce de petit triomphe, fut interrompue par un habitant, nommé Eustache de Saint-Pierre, dont l'état ne paraissait pas au-dessus de celui d'un simple bourgeois, et qui, après avoir percé la foule, vint embrasser le comte de Canaple. Vous m'êtes donc rendu, mon cher fils! lui disait-il; le ciel a été touché de mes larmes; je vous revois, et vous êtes le libérateur de notre patrie! Quel père, après avoir été si misérable, a jamais été si fortuné?

L'étonnement de M. de Canaple, qui ne comprenait rien à cette aventure, donna le temps à ce bon homme, vénérable par ses cheveux blancs, de l'examiner plus à loisir; et, se prosternant presque à ses pieds : Je vous demande pardon, monseigneur, lui dit-il; une assez grande ressemblance a causé le manque de respect où je viens de tomber. Je ne le vois que trop; vous n'êtes point mon fils; je vous prie d'oublier que je vous ai donné un nom si peu digne de vous. Hélas ! ce moment vient de rouvrir mes plaies, que le temps commençait à fermer.

Le comte de Canaple, touché de son affliction, le releva avec bonté, et l'embrassa comme s'il avait été véritablement son père. Ne vous repentez point, lui dit-il, de m'avoir appelé votre fils : je veux à l'avenir vous en tenir lieu; la nature n'aura pas mis en vain cette ressemblance entre nous; et, l'embrassant de nouveau, il le congédia, et alla rejoindre M. de Vienne.

Madame de Granson ne parut point le reste de la journée. Cette continuation de rigueur désespérait le comte de Canaple. Il la trouvait si injuste, les services qu'il rendait si mal payés, qu'il y avait des momens où il se repentait presque de tout ce qu'il avait fait, et où il formait la résolution de fuir madame de Granson pour jamais.

Sans avoir déterminé ce qu'il devait faire, il

partit de Calais. Mais le véritable amour se range toujours du parti de l'objet aimé. M. de Canaple se jugea bientôt coupable de l'injustice dont il accusait madame de Granson ; il trouvait des raisons pour justifier la conduite qu'elle avait alors, si différente de celle qu'elle avait eue à Paris. La présence de son mari l'avait obligée à des ménagemens qui n'étaient plus nécessaires, et elle pouvait, en liberté, se livrer à toute son indignation. Plus la mort de son mari l'avait attendrie pour lui, plus elle devait sentir l'injure qui lui avait été faite.

A mesure que le dépit s'éteignait dans l'âme de M. de Canaple, il reprenait le désir d'approvisionner Calais. Ce qu'il avait déjà fait l'engageait à faire davantage. L'amour de sa propre gloire demandait de lui ce que son amour pour madame de Granson ordonnait.

Les momens étaient précieux : les Anglais pouvaient découvrir la manœuvre, et y mettre obstacle. Les matelots eurent ordre de préparer les petits bâtimens. Une tempête furieuse s'éleva, dans le temps qu'il fallut s'embarquer : les deux matelots représentèrent en vain au comte de Canaple la grandeur du péril ; la tempête, loin de le rebuter, lui donnait au contraire une nouvelle assurance de se dérober à la flotte ennemie.

Pendant vingt-quatre heures, que dura le trajet, ils furent cent fois près d'être submergés; et, lorsque après des peines infinies ils eurent le bonheur d'aborder à Calais, les provisions se trouvèrent presque toutes gâtées par l'eau de la mer; les bâtimens avaient besoin d'être réparés, pour pouvoir être remis à la mer. Pendant qu'on y travaillait, le roi d'Angleterre, averti qu'il était entré des munitions dans la place, fit construire, le long de la côte, plusieurs fortins, qui en défendaient l'entrée et la sortie. Il ne fut plus possible à M. de Canaple de suivre son projet; enfermé dans la ville, hors d'état désormais de secourir madame de Granson, il ne lui resta que l'espérance de mourir du moins en la défendant.

M. de Mailly, dont la maison était voisine de la principale attaque, avait demandé à M. de Vienne de le recevoir dans le château, et M. de Canaple se trouva logé avec mademoiselle de Mailly. Malgré l'éloignement que madame de Granson avait pour elle, il était impossible qu'elles ne se vissent souvent. La tristesse où mademoiselle de Mailly était plongée convenait au sentiment que madame de Granson lui supposait, et la confirmait dans son opinion.

Mais cette tristesse était toujours la même: la présence de M. de Canaple laissait mademoiselle de Mailly comme elle l'avait trouvée ; nul changement en elle, nul empressement de la part de l'un ni de l'autre de se voir et de se chercher; enfin, rien de tout ce qui marque l'amour, et le fait si sûrement reconnaître. Madame de Granson faisait toutes ces remarques, et, sans le vouloir, elle en traitait moins mal M. de Canaple; elle l'évitait pourtant toujours avec le même soin, mais non pas tout-à-fait avec la même disposition.

Cependant le découragement était général dans Calais ; les plus braves n'avaient plus la force de faire usage d'une bravoure qui ne pouvait que reculer de quelques jours leur perte : il ne restait d'espérance que dans les efforts que Philippe se disposait à faire pour attaquer le camp des Anglais. Édouard, averti de ses desseins, ajoutait de nouvelles fortifications à son camp.

Milord d'Arondel eut ordre de marcher vers Hesdin, pour observer l'armée de Philippe. Il fallut obéir, quelque peine qu'il eût de s'éloigner, sans être instruit du sort de madame d'Arondel, dont M. de Châlons, qu'il croyait dans Calais, pouvait à tous momens lui donner des nouvelles. Son fils, encore entre les mains des femmes, n'était pas en état de le suivre, et il sentait vivement cette privation. Les soins qu'il prenait de cet enfant satisfaisaient en quelque sorte sa tendresse pour la mère. C'était à elle que s'adressaient les caresses qu'il lui faisait, et il croyait en recevoir de la mère quand il en recevait de son enfant. Seulement il se reprochait quelquefois de goûter des douceurs qu'il ne partageait pas avec elle.

Après avoir mis auprès de ce fils ceux de ses domestiques en qui il avait le plus de confiance, il marcha à la tête d'un corps de quatre mille hommes. Philippe était parti d'Amiens où il avait assemblé son armée, et s'était avancé jusqu'à Sangate; il envoya de là les maréchaux de Saint-Venant et de Beaujeu reconnaître le camp des Anglais; et, sur leur rapport, l'ayant jugé inattaquable, il fit offrir la bataille au roi d'Angleterre qui la refusa. N'ayant plus aucun moyen de secourir Calais, il se vit forcé de se retirer.

Milord d'Arondel donna avec sa petite troupe sur l'arrière-garde de l'armée française, enleva une partie du bagage, et fit plusieurs prisonniers. Cette expédition finie, il reprit le chemin du camp d'Édouard.

Un jour qu'il avait campé dans une plaine à l'entrée d'un bois, on vint l'avertir que quelques soldats, tentés par le butin, avaient entrepris de forcer une maison religieuse située au milieu de ce bois. Il y accourut aussitôt. Sa présence fit cesser le désordre, presque dans le moment qu'il avait commencé; mais il fallut plus de temps pour rassurer des filles que l'habitude de vivre dans la solitude et dans la retraite rendait encore plus susceptibles de frayeur.

La porte de la maison, qui avait été forcée, donnait à milord d'Arondel la liberté d'y entrer. Les religieuses, empressées de lui marquer leur reconnaissance, le menèrent dans un très-grand enclos qui fournissait à leur nourriture et qui servait à leur promenade.

En passant sur un petit pont rustique, pour traverser un ruisseau, il vit, du côté où il allait, une personne assise sur une pierre, dont la rêverie était si profonde, qu'elle ne s'aperçut que l'on venait à elle, que lorsqu'on en fut proche. Sans regarder ceux qui s'avançaient, elle se leva pour s'éloigner. Mais milord d'Arondel l'avait assez vue pour aller à elle, et la prendre entre ses bras avec les plus vifs transports de l'amour.

Reconnaissez-moi, ma chère Amélie, lui disait-il; voyez celui que vous fuyez; c'est moi, c'est un mari qui vous adore, que votre perte faisait mourir de douleur. La surprise, le trouble et la joie de madame d'Arondel faillirent à lui coûter la vie : elle resta sans connaissance dans les bras de son mari.

A la vue de cet accident, milord d'Arondel,

saisi de crainte, hors de lui-même, demandait du secours à tout ce qui l'environnait. Il mit sa femme au bord du ruisseau, il lui en jetait de l'eau sur le visage, il la priait dans les termes les plus tendres de lui répondre; mais tous ses soins étaient inutiles : elle ne revenait point.

On la porta dans une petite maison du jardinier, qui était proche. Après avoir employé tous les remèdes dont on put s'aviser, elle donna quelque marque de sentiment; ses yeux s'ouvrirent quelque temps après, et cherchèrent milord d'Arondel. Il était à genoux auprès d'elle, la bouche collée sur une de ses mains. Madame d'Arondel le regarda quelque temps, et, lui jetant au cou le bras qui lui restait libre, demeura dans cette situation.

Le saisissement où ils étaient l'un et l'autre, ne leur permit pas sitôt de parler; leurs regards se confondaient et se disaient tout ce qu'ils ne pouvaient se dire. Madame d'Arondel prenait les mains de son mari, qu'elle baisait à son tour. A ces premiers momens succédèrent mille questions, toujours interrompues par de nouveaux témoignages de tendresse.

Il fallut songer à mettre madame d'Arondel dans un lieu où elle pût passer la nuit avec moins d'incommodité : elle aurait pu entrer dans le couvent; mais milord d'Arondel ne pouvait pas l'y suivre : et le moyen de la quitter ! Il fit venir en diligence un chariot pour la mener à un bourg voisin. Pendant toute la route, occupé de mille soins dont elle était l'objet, il marcha toujours au côté du chariot.

Madame d'Arondel, qu'on avait mise au lit en arrivant, parut mieux d'abord; mais la fièvre lui prit la même nuit, et redoubla les jours suivans. Le désir de la secourir soutenait milord d'Arondel, et l'empêchait de succomber à l'excès de sa douleur : toujours les yeux attachés sur elle, toujours dans la plus vive émotion de crainte et d'espérance, il ne quittait pas le chevet de son lit. La fièvre augmenta considérablement, et la malade ne laissait aucun espoir de guérison.

Son état ne pouvait être caché à milord d'Arondel; plus mort que vif, suffoqué par des larmes et des sanglots qu'il tâchait de retenir, il voulut, pour soulager le mal que madame d'Arondel souffrait à la tête, y porter la main; elle prit cette main, la baisa, et la remit sur son front.

Quelques momens après, s'étant aperçue que milord d'Arondel pleurait, et voulait se cacher : Laissez-moi voir vos pleurs, lui dit-elle en se levant un peu sur son séant, et en le regardant avec des yeux qui, tout mourans qu'ils étaient, conservaient leur beauté, laissez-moi jouir du plaisir d'être si parfaitement aimée. Hélas! je crains de n'avoir plus que quelques momens à en jouir; la mort va peut-être nous séparer. Mes larmes coulent aussi-bien que les vôtres, continua-t-elle. La vie est bien chère, quand on y tient par les plus forts liens de l'amour. Non, s'écria milord d'Arondel, le ciel aura pitié de moi : vous ne mourrez point, ou je mourrai avec vous.

Si je pouvais, reprit madame d'Arondel, remettre entre vos bras un fils que nous avions, je mourrais avec moins de regret; mais, malgré mes soins et mes prières, il m'a été enlevé, et nous l'avons perdu pour toujours. Non, ma chère Amélie, il n'est point perdu; vous l'auriez déjà auprès de vous, si je n'avais craint de vous donner une trop grande émotion. Vous ne savez pas, lui dit-elle en le regardant de la manière la plus tendre, combien vous êtes aimé; mon fils, sans vous, serait tout pour moi; avec vous, il n'est que mon fils. S'il est possible, donnez-moi la consolation de l'embrasser.

Milord d'Arondel, qui avait eu soin de faire venir son fils aussitôt qu'il avait retrouvé madame d'Arondel, ordonna qu'on allât le chercher. Elle se trouva, en le voyant, plus sensible qu'elle n'avait pensé. Elle voulut l'avoir auprès d'elle; elle ne cessait de lui faire des caresses. Tu m'as causé bien des malheurs, lui disait-elle en l'embrassant ; mais je ne t'en aime pas moins. Comment ne l'aimerais-je pas! ajoutait-elle en s'adressant à milord d'Arondel, c'est notre fils, c'est un lien de plus qui nous unit.

Soit que la joie fit une prompte révolution sur madame d'Arondel, soit que sa maladie fût à son dernier période, elle se trouva considérablement mieux dès la même nuit : la fièvre la quitta peu de jours après. Ce ne fut qu'alors que M. d'Arondel lui conta ce qu'il avait appris de Saint-Val, et la façon presque miraculeuse dont leur fils avait été retrouvé. Mais, ajouta-t-il, quels moyens a-t-on employés pour vous dérober si entièrement la connaissance de tout ce qui se passait dans votre patrie?

Vous savez, lui répondit-elle, que je fus remise dans le couvent aussitôt après que je fus accouchée. Tout commerce me fut interdit. Saint-Val, chargé par madame de Mailly de m'ordonner de prendre le voile, fut le seul à qui j'eus la liberté de parler. Ma santé était si mauvaise, que les religieuses elles-mêmes déclarèrent qu'elles ne me recevraient que lorsque je serais rétablie. Je vécus de cette sorte, soutenue par la seule confiance que j'avais en vous, quand madame de Mailly, dont depuis long-temps je n'avais eu aucune nouvelle, entra dans ma chambre.

Un chariot, me dit-elle d'un ton aigre et menaçant, vous attend à la porte, et a ordre de vous conduire dans une maison que je vous ai choisie. Partez tout à l'heure, et rendez-moi grâce de vous ôter d'un lieu où votre honte ne serait pas toujours cachée. Vous connaissez ma timidité, poursuivit madame d'Arondel; d'ailleurs, qu'aurais-je fait pour me défendre? je ne sus qu'obéir.

On m'ôta généralement tout ce que j'avais, dans la crainte que j'en pusse tirer quelque secours. Par bonheur, vos lettres et votre portrait, que je tenais toujours cachés sur moi, me demeurèrent, et ont fait, dans ma solitude, mon unique consolation.

Une femme et un homme que je ne connaissais point m'attendaient dans le chariot. Je fus menée et observée pendant la route, avec autant d'attention que si j'avais été prisonnière d'état. Ma douceur et ma complaisance ne purent rien gagner sur l'esprit de mes conducteurs; ils me traitaient avec tant d'inhumanité, que ce fut une espèce de soulagement pour moi quand je me trouvai dans la maison où vous m'avez vue. Mais, lorsque je fus instruite de la règle qui s'y observait, que je sus qu'on y vivait dans un entier oubli du monde, que je n'entendrais jamais parler de personne, et que personne n'entendrait jamais parler de moi, je crus être dans le tombeau.

La mort même des parens de ces bonnes filles ne leur est annoncée qu'en général. Combien de larmes ces sortes de nouvelles m'ont-elles fait répandre, quoiqu'elles ne pussent point vous regarder ! Elles me remplissaient l'esprit des idées les plus funestes. L'ignorance où j'étais, et où je devais toujours être de votre sort, me causait des alarmes continuelles.

Je n'envisageais d'autre fin à mes peines que celle de ma vie, et je ne voulais point cependant m'engager : c'eût été cesser d'être à vous, c'eût été m'ôter le nom de votre femme. Ce nom, quoique je susse seule qu'il m'était dû, me consolait.

J'allais presque tous les jours rêver dans l'endroit où vous me trouvâtes. La solitude et le silence augmentaient ma mélancolie ; je m'en remplissais le cœur ; je relisais vos lettres ; je regardais votre portrait et je pleurais. Ma santé, qui s'affaiblissait tous les jours, me donnait l'espérance d'une mort prochaine.

Madame d'Arondel, attendrie par des souvenirs si douloureux, n'eut pas la force d'en dire davantage. Milord d'Arondel, pénétré jusqu'au fond du cœur, lui répétait ce qu'il lui avait dit mille fois, que son sang, sa vie ne paieraient pas la moindre des peines qu'elle avait souffertes pour lui.

Il ne pouvait se résoudre à la quitter. Mais toujours occupée de l'intérêt et de l'honneur de son mari, elle l'obligea de retourner au siége de Calais, où il avait renvoyé les troupes sous la conduite du comte de Northampton. Que ne lui dit-il point en la quittant! combien de précautions pour être informé de ses nouvelles! il eût voulu en avoir à tous les instans.

Le roi d'Angleterre le chargea à son arrivée d'aller, avec M. de Mauny, parler à M. de Vienne qui, du haut des murailles, avait fait signe qu'il avait quelque chose à dire. La retraite de Philippe ne laissant plus d'espérance de secours à ce brave capitaine, il n'avait pu refuser aux habitans de la ville et à la garnison de demander à capituler.

Messeigneurs, dit-il à milord Arondel et à M. de Mauny, le roi mon maître m'avait confié cette place : il y a près d'un an que vous m'y assiégez; j'ai fait mon devoir aussi-bien que ceux qui y sont renfermés avec moi; la disette et le manque de secours nous contraignent de nous rendre; mais nous nous ensevelirons sous les ruines de ces murailles, si on ne nous accorde pas des conditions qui mettent nos vies, nos libertés et notre honneur en sûreté.

M. de Mauny, instruit des intentions d'Édouard, et plus disposé par son caractère que milord d'Arondel, à s'acquitter de la commission dont il les avait chargés, déclara que le roi ne les recevrait à aucune composition, qu'il voulait être maître de leur faire éprouver tel châtiment qu'il jugerait à propos. M. de Vienne répondit avec beaucoup de fermeté que les habitans et lui sauraient mourir les armes à la main; mais qu'il croyait le roi d'Angleterre trop prudent et trop généreux pour réduire de braves gens au désespoir.

De retour au camp, milord d'Arondel et M. de Mauny mirent tout en usage pour fléchir la colère de leur maître; ils lui représentèrent avec force que la sévérité dont il voulait user envers les assiégés pourrait être d'une dangereuse conséquence, et donner droit à Philippe de l'imiter. Je veux bien, leur dit Édouard, après avoir rêvé quelque temps, accorder au gouverneur la grâce qu'il demande, à condition que six bourgeois, natifs de Calais, me seront livrés la corde au cou pour périr par la main du bourreau. Il faut que leur supplice effraie les villes qui, à l'exemple de celle-ci, voudraient me résister. Milord d'Arondel et M. de Mauny furent contraints de porter cette terrible réponse à M. de Vienne.

Avant que d'assembler le peuple, il alla dans l'appartement de madame de Granson, suivi du comte de Canaple, qu'il avait prié de l'accompagner. Il faut, ma chère fille, lui dit-il en l'embrassant, nous séparer; je vais exposer au peuple la réponse d'Édouard, et, au défaut de six victimes qu'il demande, et que je ne pourrai lui donner, j'irai lui porter ma tête; peut-être se laissera-t-il fléchir; peut-être préviendrai-je le malheur de cette ville et le vôtre; ma mort me sauvera du moins de la honte et de la douleur d'en être témoin. Si je suis écouté, votre retraite est libre; et, si je péris sans vous sauver, je demande à M. de Canaple, dont je connais la valeur, de mettre tout en usage pour vous garantir de la fureur du vainqueur. J'espère qu'à la faveur du tumulte et du désordre, il ne vous sera pas impossible de vous échapper dans une barque de pêcheur.

Quoi! mon père, s'écria madame de Granson en le serrant entre ses bras et en le mouillant de ses larmes, vous voulez mourir, et vous prenez des précautions pour conserver ma vie! Croyez-vous donc que je veuille, et que je puisse vous survivre? Le moment où vous sortirez de cette malheureuse ville sera le moment de ma mort.

Le comte de Canaple, aussi pénétré que M. de Vienne et madame de Granson, les regardait l'un et l'autre, et gardait le silence, lorsque madame de Granson, levant sur lui des yeux grossis par les pleurs : Songez à vous, monsieur, lui dit-elle; je n'ai besoin d'aucun autre secours que de mon désespoir. Non, madame, lui dit-il, vous n'aurez point recours à un si affreux remède; et, si M. de Vienne veut différer l'assemblée jusqu'à demain, j'espère beaucoup d'un projet que je viens de former.

M. de Vienne, quoique très-persuadé du courage et de la capacité de M. de Canaple, ne s'en promettait cependant aucun succès. Madame de Granson, au contraire, se laissait aller à quelque espérance.

M. de Canaple alla, après les avoir quittés, chez Eustache de Saint-Pierre, le même qui l'avait pris pour son fils. Je viens vous demander, lui dit-il, de m'avouer pour ce fils avec lequel vous m'avez trouvé une si grande ressemblance. J'ai besoin de son nom, pour être accepté par les députés d'Édouard, qui veut que six citoyens de Calais lui soient abandonnés, et qui ne pardonne au reste de la ville qu'à ce prix.

Eustache avait une fermeté d'âme, une élévation d'esprit et de sentimens bien au-dessus de sa naissance, et rares même dans les conditions les plus élevées. L'honneur que vous me faites, seigneur, dit-il au comte de Canaple, m'instruit de ce que je dois faire moi-même. Je me montrerai, si je puis, digne d'avoir un fils tel que vous; nous irons ensemble nous offrir pour premières victimes.

Le lendemain, le peuple fut assemblé par M. de Vienne; on n'entendait que cris, que soupirs, que gémissemens dans toute cette multitude consternée; la certitude de la mort inévitable, quelque parti qu'ils prissent, ne donnait à personne le courage de mourir du moins utilement pour sa patrie.

Quoi! dit alors Eustache de Saint-Pierre, en se montrant à l'assemblée! cette mort, que nous affrontons depuis un an, est-elle devenue plus redoutable aujourd'hui? Quel est donc notre espoir? Échapperons-nous à la barbarie du vainqueur? Non. Nous mourrons, et nous mourrons honteusement, après avoir vu nos femmes et nos enfans livrés à la mort ou à la dernière des ignominies.

L'horreur qui régnait dans l'assemblée, redoubla encore à cette affreuse peinture. Eustache, interrompu par de nouveaux cris et de nouveaux gémissemens, poursuivit enfin : mais pourquoi de vains discours, quand il faut des exemples? Je donne, pour le salut de mes concitoyens, ma vie et celle de mon fils. Quoiqu'il ne paraisse pas avec moi, il nous joindra à la porte de la ville.

Quelque admiration que la vertu d'Eustache fît naître, il semblait que le ciel, pour le récompenser, voulait que sa famille fournît seule des exemples de courage. Jean d'Aire, Jacques de Wuisant, et Pierre, son frère, tous proches parens d'Eustache, se présentèrent.

Le nombre n'était pas encore complet. M. de Vienne employa, pour y être reçu, les mêmes soins et la même industrie que d'autres auraient mis en œuvre pour s'en exempter. Mais les députés, pleins de respect et de vénération pour une vertu si héroïque, loin de l'écouter, s'appuyèrent sur les ordres d'Édouard, et déclarèrent qu'ils ne pouvaient les changer.

Madame de Granson, instruite de tout ce qui se passait, ne voyait que des abîmes. Ce n'était qu'en exécutant les conditions imposées que la vie de ce père si cher pouvait être en sûreté; ce n'était qu'à ce prix qu'elle pouvait elle-même se sauver de la fureur du soldat victorieux. Que faisait M. de Canaple? qu'étaient devenues les espérances qu'il avait données? pourquoi ne paraissait-il point? avait-il cessé d'être généreux? Ce malheur me manquait! disait-elle; il faut, pour mettre le comble à ma honte, qu'il soit même indigne de l'estime que j'avais pour lui, de cette estime que je me reprochais, et que j'étais pourtant bien aise de lui devoir!

Mademoiselle de Mailly qui, depuis qu'elle logeait dans le château, était dans l'habitude de voir madame de Granson, vint s'affliger avec elle. La mort n'était point ce qu'elle craignait; depuis qu'elle avait perdu M. de Châlons, elle la regardait comme un bien; des malheurs mille fois plus grands que la mort faisaient couler ses larmes.

Un grand bruit qu'elles entendirent, interrompit cette triste occupation. Comme tout était à craindre dans la situation où étaient les choses, elles s'avancèrent l'une et l'autre avec précipitation à une fenêtre qui donnait sur la place; elles ne virent d'abord que beaucoup de monde assemblé, et n'entendirent qu'un bruit confus. Mais, à mesure que les objets s'approchaient, elles distinguèrent cinq hommes qui avaient la corde au cou; la multitude les suivait; tous voulaient les voir; tous voulaient leur dire un dernier adieu; tout retentissait de leurs louanges, et tout était en pleurs. Madame de Granson et mademoiselle de Mailly étaient pénétrées d'un spectacle si touchant : la pitié que leur inspiraient ces malheureux augmentait encore par la fermeté avec laquelle ils allaient à la mort.

Un d'entre eux, malgré le triste équipage où il était, se faisait distinguer par sa bonne mine, par une démarche plus fière et plus assurée, et attirait sur lui tous les regards. Mademoiselle de Mailly eut à peine jeté les yeux sur lui, que, poussant un grand cri, elle tomba évanouie.

Madame de Granson, étonnée et surprise de cet accident qu'elle ne savait à quoi attribuer, appela du secours. On porta mademoiselle de Mailly dans son lit, où elle fut encore long-temps sans reprendre connaissance; elle ouvrit enfin les yeux, et, repoussant ceux qui voulaient la secourir : Laissez-moi, disait-elle, laissez-moi mourir : c'est prolonger mon supplice, que de prolonger ma vie. Dieu! ajoutait-elle, que viens-je de voir? Il vit, et sa vie rend ma douleur plus amère; elle ne lui est donc rendue, que pour la perdre sous la main d'un bourreau.

Je vous demande pardon, mon père, dit-elle à M. de Mailly qui était accouru au bruit de son accident, je vous demande pardon de mon désespoir; mais pourriez-vous le condamner? Ce Châlons que vous m'aviez permis d'aimer, que vous m'aviez destiné, que vous m'avez ôté, va périr pour vous et pour moi. Je l'ai reconnu; il est déjà, dans cet affreux moment, au pouvoir de ce barbare ! Que ne peut-il savoir que ma mort suivra la sienne ? Ne me regrettez point, mon père ; laissez-moi mourir sans vous avoir offensé ; que sais-je où me conduirait l'excès de ma douleur ! Un second évanouissement qui la reprit alors, beaucoup plus long que le premier, fit craindre qu'elle n'eût expiré. M. de Mailly tenait sa fille entre ses bras, et il semblait que lui-même allait expirer aussi.

Madame de Granson, dont les soupçons étaient déjà fort diminués, pleinement éclaircie par ce qu'elle entendait, sentait, à mesure que la jalousie s'éteignait dans son cœur, renaître son amitié pour mademoiselle de Mailly ; et, malgré le pitoyable état où elle la voyait, elle ne laissait pas de lui porter envie. Elle est aimée, disait-elle, elle a osé aimer, elle reçoit de ce qu'elle aime la plus grande marque d'amour qu'on puisse recevoir ; et moi, je n'ai reçu que des outrages ; voilà le prix de ma faiblesse.

M. de Vienne, qui ne paraissait point, donna encore à madame de Granson une autre douleur. Elle sortait de chez mademoiselle de Mailly pour aller chercher son père ; quand elle apprit, par un homme à lui, qu'il était en otage entre les mains de milord Montaigu, et qu'il ne serait libre, que lorsque les citoyens sur lesquels Édouard voulait exercer sa vengeance auraient subi le supplice auquel ils étaient condamnés.

Un écuyer du comte de Canaple lui remit en même temps une lettre dont il était chargé. La consternation où il paraissait la jeta elle-même dans le plus grand trouble. Elle prit et ouvrit cette lettre d'une main tremblante, et lut ce qui suit avec un saisissement qui augmentait à chaque ligne.

« Ce n'est que dans ce moment où je vais à
» la mort, que j'ose vous dire pour la pre-
» mière fois que je vous aime. Vous ne l'avez
» pas ignoré, madame; vos rigueurs me l'ont
» appris depuis long-temps ; mais avez-vous
» bien connu quelle est cette passion que vous
» m'avez inspirée? avez-vous cru que mon
» cœur ne demandait, ne voulait que le vôtre;
» que vous pouviez d'un mot, d'un regard,
» faire mon bonheur? Voilà, madame, cet
» homme que vous avez accablé de tant de
» haine. Je ne me suis jamais permis de vous
» parler; je me suis imposé des lois aussi sé-
» vères que celles que vous m'auriez imposées
» vous-même; je me suis rendu aussi malheu-
» reux que vous vouliez que je le fusse. J'avais
» espéré qu'une conduite si soumise vous ap-
» prendrait enfin que la fortune seule avait pu

» me rendre criminel. Je vous l'avouerai en-
» core, madame, je me suis flatté quelquefois
» que la bienséance et le devoir étaient plus
» contre moi que vous-même. Vous m'avez en-
» levé cette illusion qui m'était si chère, qui
» soutenait ma vie. Le changement de votre
» condition a rendu la mienne encore plus mi-
» sérable. Vous m'avez fui ; vous avez rejeté
» mes soins avec une nouvelle rigueur ; nulle
» espérance ne me reste : il faut mettre fin à
» tant de peines ; il faut cesser de vous être
» odieux, en cessant de vivre. J'emporterai du
» moins la consolation de vous avoir donné,
» jusqu'au dernier moment, des marques du
» respect extrême qui a toujours accompagné
» mon amour. C'est sous un nom supposé que
» je me présente à la mort. Vous seule serez
» instruite de ma destinée ; vous seule, ma-
» dame, dans le monde, saurez que je meurs
» pour vous. »

Quel sentiment, quelle tendresse la lecture
de cette lettre ne produisit-elle point ! Cet
homme pour lequel madame de Granson avait
eu dès le premier moment une inclination si
naturelle, dont elle n'avait point cru être aimée, donnait sa vie pour la sauver ; cet homme
avait la passion la plus véritable et la plus flatteuse. La joie d'être si parfaitement aimée se

faisait sentir dans son cœur à travers la douleur et la pitié. Plus M. de Canaple croyait être haï, plus il lui semblait digne de sa tendresse. Tout lui parut possible, tout lui parut légitime pour l'arracher à la mort.

Allez, je vous prie, allez, dit-elle à celui qui lui avait rendu cette lettre, me chercher un habit d'homme, et préparez-vous à me suivre au camp : le salut de votre maître dépend peut-être de votre diligence. Pendant le peu de temps qui s'écoula jusqu'au retour de cet homme, M. de Canaple, expirant sous les coups d'un bourreau, se présentait sans cesse aux yeux de madame de Granson, et la faisait presque mourir à tous les instans.

La détention de M. de Vienne lui donnait la liberté de sortir de la ville sans obstacle. Malgré sa délicatesse naturelle, elle marchait avec tant de vitesse, qu'elle laissait bien loin derrière elle celui qu'elle avait pris pour la conduire : mais ce n'était point encore assez au gré de son impatience ; elle se reprochait son défaut de force ; elle tremblait de n'arriver pas assez promptement.

Lorsqu'elle eut atteint les premières gardes, un soldat, trompé par ses habits, la prit pour un homme, et voulut l'arrêter ; mais un officier, touché de sa physionomie, l'arracha des mains du soldat, et la conduisit à la tente du roi, à qui elle assurait qu'elle avait un secret important à révéler.

Seigneur, lui dit-elle en se prosternant à ses pieds, je viens vous demander la mort; je viens vous apporter une tête coupable, et sauver une tête innocente. J'étais du nombre des citoyens qui doivent périr pour le salut de tous; un étranger, par une pitié injurieuse pour moi, veut m'enlever cette gloire, et a pris mon nom.

Édouard, avec toutes les qualités qui font les héros, n'était pas exempt des faiblesses de l'orgueil. La démarche de madame de Granson, en lui rappelant la cruauté où il s'était abandonné, l'irritait encore; et, la regardant avec des yeux pleins de colère: Avez-vous cru, lui dit-il, désarmer ma vengeance, en venant la braver? Vous mourrez, puisque vous voulez mourir, et cet audacieux, qui a osé me tromper, mourra avec vous.

Ah! seigneur, s'écria madame de Granson, ordonnez du moins que je meure le premier! et, se traînant aux genoux de la reine qui entrait dans ce moment dans la tente du roi: Ah! madame! ayez pitié de moi! obtenez cette faible grâce. Suis-je assez coupable pour être condamné au plus cruel supplice, pour voir mourir celui qui ne meurt que pour me sauver!

Sa fermeté l'abandonna en prononçant ces paroles; elle ne put retenir quelques larmes. La reine, déjà touchée du sort de ces malheureux, et qui venait dans le dessein d'obtenir leur pardon, fut attendrie encore par le discours et par l'action de madame de Granson, et se déclara tout-à-fait en leur faveur. La gloire qu'elle avait acquise par le gain de plusieurs batailles, et par la prise [1] du roi d'Écosse, la mettait en droit de tout demander; mais Édouard, toujours inflexible, ne répondit qu'en ordonnant à un officier de ses gardes de faire hâter le supplice des prisonniers.

Cet ordre, qui ne laissait plus d'espérance à madame de Granson, rappela tout son courage. Se relevant des genoux de la reine où elle était encore, et regardant Édouard avec une fierté mêlée d'indignation : Hâtez-vous donc aussi, dit-elle, de me tenir parole, et faites-moi conduire à la mort : mais sachez que vous allez verser un sang assez illustre pour trouver des vengeurs.

La grandeur d'âme a des droits sur le cœur

---

[1] Bruce, roi d'Écosse, avait fait une irruption en Angleterre pendant qu'Édouard était en France. Il fut défait et pris par la reine d'Angleterre, qui se mit à la tête des troupes qu'elle avait rassemblées à la hâte.

des héros qu'elle ne perd jamais. Édouard, malgré sa colère, ne put refuser son admiration à madame de Granson. Plus touché de la fermeté avec laquelle elle continuait de demander la mort, qu'il ne l'avait été de sa douleur, et les dernières paroles qu'elle venait de lui dire lui faisant soupçonner quelque chose d'extraordinaire dans cette aventure qui méritait d'être éclairci, il fit signe à ceux qui étaient dans sa tente de se retirer. Votre vie, lui dit-il alors, et celle de vos concitoyens vont dépendre de votre sincérité. Quel motif assez puissant vous a déterminé à l'action que vous venez de faire?

La vie, sire, me coûterait moins à perdre, répondit-elle, que l'aveu que votre majesté exige; mais l'intérêt d'une vie bien plus chère que la mienne triomphe de ma répugnance. Vous voyez à vos pieds une femme qui a été assez faible pour aimer, et qui a eu assez de force pour cacher qu'elle aimait. Mon amant, persuadé qu'il était haï, a eu cependant assez de générosité et de passion pour sacrifier sa vie à la conservation de la mienne. Une action si tendre, si généreuse, a fait sur mon cœur toute son impression. J'ai cru, à mon tour, lui devoir le même sacrifice; et ma reconnaissance et ma tendresse m'ont conduite ici.

Mais, dit la reine, pourquoi tant de contrainte?

Car je suppose que vous êtes libre, et que votre inclination est permise. Je n'ai pas toujours été libre, madame, répondit madame de Granson; et, depuis que je le suis, il fallait une action aussi extraordinaire pour m'arracher l'aveu de ma faiblesse.

Quel est donc cet homme, reprit Édouard, qui a tant fait pour vous? et qui êtes-vous vous-même? Ma démarche, sire, répondit-elle, avec une contenance qui marquait sa confusion, devrait me faire cacher à jamais mon nom. J'avoue, cependant, qu'il m'en coûte moins de dire à votre majesté que je suis la fille du gouverneur de Calais, que de nommer M. de Canaple.

Édouard ne put tenir davantage. Pressé par ses propres sentimens, et déterminé par les instances de la reine, il ordonna à milord d'Arondel et à M. de Mauny, qu'il fit appeler, d'aller chercher les prisonniers, et de les lui amener. Ces deux seigneurs se hâtèrent d'exécuter un ordre qu'ils recevaient avec tant de plaisir.

Deux des six, déjà sur l'échafaud, voyaient sans aucune altération les apprêts de leur supplice; et, quoiqu'ils s'embrassassent tendrement, c'était sans faiblesse. Milord d'Arondel, qui les vit de loin, cria : Grâce! grâce! alla à eux avec promptitude, et reconnut avec la plus grande surprise M. de Châlons.

En croirai-je mes yeux? lui dit-il en l'embrassant. Est-ce vous que je vois? est-ce M. de Châlons que je viens d'arracher des mains d'un bourreau? Par quelle étrange aventure un homme tel que vous se trouve-t-il ici? Je n'y suis pas seul, répondit M. de Châlons; M. de Canaple, que vous voyez, a fait ce que j'ai fait, et ce que vous auriez fait vous-même dans les circonstances où nous nous sommes trouvés.

Milord d'Arondel, au nom de M. de Canaple, le salua avec toutes sortes de marques de considération. Éloignons-nous promptement, leur dit-il, d'un lieu où je rougis pour ma nation que vous ayez pu être conduits, et venez chez le roi, où nous avons ordre de vous mener.

M. de Châlons lui conta, en y allant, que ce n'était que depuis deux jours qu'il avait pu entrer dans Calais. Pardonnez-moi, milord, de n'avoir pas rempli vos intentions, et de n'avoir songé, dans ce moment, qu'à sauver mademoiselle de Mailly. Je n'ai plus rien à demander à votre amitié, répliqua milord d'Arondel : je suis réuni à madame d'Arondel ; il ne me reste de souhaits à faire que pour votre bonheur ; et, se tournant vers M. de Canaple : Je n'aurais guère moins d'empressement, lui dit-il, de contribuer au vôtre. M. de Châlons voudra bien vous assurer que vous pouvez compter sur moi.

Ils se trouvèrent alors si près de la tente du roi, que M. de Canaple n'eut presque pas le temps de répondre à des offres si obligeantes. Milord d'Arondel entra pour informer le roi du nom des prisonniers.

Madame de Granson n'eut pas plus tôt entendu nommer M. de Canaple, que se mettant de nouveau aux genoux de la reine : Ah! madame, lui dit-elle, accordez-moi la grâce de me retirer; je ne puis soutenir la honte qui m'accable, et l'indécence de l'habit que je porte. Vous craignez, répondit la reine qui avait remarqué son trouble au nom de M. de Canaple, la vue d'un homme pour qui vous avez voulu mourir!

Le sacrifice de la vie, madame, répondit madame de Granson, n'est pas toujours le plus difficile. Vos sentimens sont si honnêtes, dit la reine, qu'ils m'inspirent autant d'estime pour vous, que vous m'avez d'abord inspiré de pitié; je veux que vous soyez heureuse, et je vous promets d'y travailler. Allez, suivez madame de Warwick, elle aura soin de vous donner les choses qui vous sont nécessaires.

J'ose encore, madame, demander une grâce à votre majesté, répliqua madame de Granson : mon père pleure ceux que votre bonté a sauvés; daignez ordonner qu'on aille sécher ses larmes.

Vous serez satisfaite, lui dit la reine en la congédiant.

M. de Canaple et M. de Châlons furent ensuite introduits. Je ne croyais pas, leur dit le roi, avoir sauvé la vie à des ennemis si dangereux. Je sais que le courage de l'un et de l'autre a retardé plus d'une fois mes victoires. Daignez, sire, répondit M. de Canaple, ne pas rappeler des choses dont les bontés de votre majesté nous feraient repentir, s'il était possible de se repentir d'avoir fait son devoir. Peut-être, lui dit Édouard en souriant, pourrais-je mettre votre vertu à des épreuves plus dangereuses. Allez, sous la conduite de milord d'Arondel, chez M. de Warwick faire vos remercîmens à la personne à qui vous devez véritablement la vie.

Le comte de Canaple, à qui il n'était pas permis de questionner le roi, ne fut pas plus tôt hors de sa présence, qu'il demanda à milord d'Arondel, avec un empressement et un trouble dont il ne démêlait pas la cause, l'éclaircissement de ce que ce prince venait de dire. Je sais, lui dit milord d'Arondel, qu'un jeune homme, d'une extrême beauté, que je viens de voir aux pieds de la reine, est venu demander au roi de mourir pour vous. Ah! milord, s'écria le comte de Canaple, qui n'osait croire ce qui lui venait dans l'esprit, je mourrai si vous n'avez la bonté de satisfaire mon impatience. Vous n'aurez pas long-temps à attendre, lui dit milord d'Arondel, nous voici chez madame de Warwick, où j'ai ordre de vous mener, et où je vous laisse.

Madame de Granson était seule avec une femme que madame de Warwick lui avait donnée pour la servir, lorsque M. de Canaple entra. Quoi! madame, s'écria-t-il en allant à elle avec beaucoup de précipitation, et en se jetant à ses pieds, c'est vous! c'est vous, madame! l'univers entier serait-il digne de ce que vous avez fait.

Madame de Granson, mille fois plus interdite et plus embarrassée qu'elle ne l'avait encore été, baissait les yeux, gardait le silence, et tâchait de se dérober aux empressemens du comte de Canaple. Daignez me regarder un moment, madame, lui dit-il; pourquoi me sauver la vie, si vous voulez que je sois toujours misérable?

Puisqu'il fallait mourir pour sauver mon père, lui dit-elle enfin, c'était à moi de mourir. Ah! madame, répondit-il pénétré de douleur, que me faites-vous envisager? ce n'est donc que le devoir qui vous a conduite ici? et comment ai-je pu penser un moment le contraire? il vous en coûtait donc moins de renoncer à la vie, que de devoir quelque chose à ma mémoire! Vous ne le croyez pas, lui dit madame de Granson, en le regardant avec des yeux pleins de douceur; et peut-être aurais-je besoin de me justifier auprès de vous de ce que je fais pour vous!

Vous justifier, vous, madame, répliqua M. de Canaple avec beaucoup de vivacité! De grâce, finissons cette conversation, lui dit-elle; vos plaintes seraient injustes, et votre reconnaissance me donne trop de confusion. Quelle contrainte m'imposez-vous, madame! répliqua M. de Canaple. Lisez du moins dans mon cœur, lisez ce que vous ne voulez pas entendre, et que je vous dirais avec tant de plaisir.

M. de Châlons, empressé de voir madame de Granson pour savoir des nouvelles de mademoiselle de Mailly, entra dans la chambre dans ce même temps avec M. d'Arondel qu'il avait ramené. Le premier mouvement de madame de Granson fut de se lever pour sortir. Elle ne pouvait s'accoutumer à ce qu'elle avait fait; et aurait voulu se dérober à tous les yeux; mais M. de Châlons la pria avec tant d'instance de rester, qu'elle fut forcée d'y consentir. Pour excuser peut-être la démarche qu'elle avait faite, elle se mit à lui raconter la douleur de mademoiselle de Mailly, lorsqu'elle l'avait reconnu.

Le plaisir d'être aimé, quelque sensible qu'il soit, ne l'emporte pas sur l'intérêt de ce qu'on aime. M. de Châlons ne vit, ne sentit que la peine de mademoiselle de Mailly. Il priait madame de Granson de ne pas différer un moment son retour à Calais. Elle se serait rendue avec joie à ce qu'il désirait; mais il fallait la permission de la reine. Milord d'Arondel, sûr des bontés de cette princesse, se chargea de l'obtenir.

Tandis qu'il était allé la lui demander, M. de Châlons rendait compte à madame de Granson de ce qui le regardait, et lui apprenait les raisons qui avaient engagé M. de Canaple de voir mademoiselle de Mailly avec tant d'assiduité. Il ne devait rester aucun doute à madame de Granson; mais on n'a jamais trop de sûreté sur ce qui intéresse vivement le cœur; aussi l'écoutait-elle avec beaucoup d'attention et de plaisir. Pour M. de Canaple, uniquement occupé de la voir, de l'entendre, de l'admirer, il ne prenait que peu de part à la conversation.

La présence de M. de Vienne, que milord d'Arondel avait trouvé chez la reine, et qui parut alors, vint le tirer de cet état heureux, et lui donner une inquiétude et un trouble comparables au plus grand qu'il eût jamais éprouvé. Ce moment allait décider de son sort.

Madame de Granson, dès qu'elle aperçut son père, alla se jeter à ses genoux, si pleine de crainte et de confusion, qu'il ne lui fut pas possible de prononcer une parole; mais les larmes qu'elle répandait sur les mains de M. de Vienne parlaient pour elle.

Je ne vous fais aucun reproche, ma chère fille, lui dit-il en l'embrassant; le succès de votre entreprise l'a justifiée. Je me plains seulement de M. de Canaple, qui voulait me dérober, et à toute la terre, la connaissance d'une action aussi généreuse que la sienne, et qui m'a laissé ignorer des sentimens que je lui ai souhaités plus d'une fois. Il eût fallu, monsieur, pour prendre la liberté de vous parler, répliqua M. de Canaple, en être avoué, et je n'oserais même parler aujourd'hui.

Je crois pourtant, dit M. de Vienne, que je ne ferais pas un usage tyrannique de mon pouvoir, en ordonnant à ma fille de vous regarder comme un homme qui sera dans peu son mari. Ah! monsieur, s'écria M. de Canaple, quelle reconnaissance pourra jamais m'acquitter envers vous! Consentirez-vous à mon bonheur, madame, dit-il à madame de Granson en s'approchant d'elle de la façon la plus soumise? Dites un mot, un seul mot; mais songez qu'il va décider de ma vie. La démarche que j'ai faite, lui dit-elle, vous a dit ce mot que vous me demandez.

M. de Canaple, pénétré de la joie la plus vive, l'exprimait bien moins par ses discours que par ses transports. Madame de Granson, honteuse de tant d'amour, se hâta de profiter de la permission d'aller à Calais, que milord d'Arondel vint lui apporter. M. de Canaple, M. de Châlons, et M. de Vienne, y allèrent avec elle. M. de Châlons attendit dans une maison de la ville les nouvelles que M. de Canaple devait lui apporter.

Mademoiselle de Mailly, en proie successivement et presque dans le même temps à la plus grande douleur et à la plus grande joie, avait pensé mourir d'une agitation si violente. Madame de Granson et elle s'embrassèrent à plusieurs reprises, et se firent à la fois mille questions. Mademoiselle de Mailly, naturellement éloignée de toute sorte de dissimulation, enhardie encore par la vertu solide dont elle se rendait témoignage, ne contraignit point ses sentimens. Elle parla de M. de Châlons avec toute la tendresse et la reconnaissance qu'exigeait ce qu'il venait de faire pour elle.

Voulez-vous le récompenser? lui dit le comte de Canaple, donnez-lui la permission de vous voir. C'est mon père, répondit-elle, et non ma façon de penser, qui doit régler ma conduite. J'espère qu'il vous ordonnera ce que je vous demande, lui dit le comte de Canaple : milord d'Arondel s'est assuré de la protection de la reine d'Angleterre pour M. de Châlons, et votre mariage est le prix de la liberté de M. de Mailly. Ah! dit encore mademoiselle de Mailly, il ne faut point que ce consentement lui soit arraché; tout bonheur cesserait d'être bonheur pour moi, si je l'obtenais contre sa volonté.

M. de Mailly, préparé par M. de Vienne à ce que l'on demandait de lui, entendit en entrant dans la chambre de sa fille, ces dernières paroles; et, allant à elle les bras ouverts : Non, ma chère fille, lui dit-il, ce ne sera point contre ma volonté que vous serez heureuse; j'ai souffert, autant que vous, des peines que je vous ai faites. Oubliez-les; c'est un père qui vous aime, qui vous a toujours aimée, qui vous le demande; et joignez-vous à moi pour les faire oublier à M. de Châlons, que je vais vous amener. Le malheureux état où madame de Mailly est réduite ne permet plus de ressentiment contre elle, et ne peut que vous laisser de la pitié.

Madame de Mailly était effectivement menacée d'une mort prochaine. Le chagrin dont elle était dévorée depuis long-temps, et que le peu de succès de ses artifices redoublait encore, l'avait jetée dans une maladie de langueur qui augmentait tous les jours.

Madame de Granson, pour laisser à mademoiselle de Mailly la liberté de recevoir M. de Châlons, la quitta, et M. de Canaple la suivit. M. de Mailly, accompagné de M. de Châlons, parut un moment après; et, le présentant à sa fille : Je vous avais séparés malgré moi, mes chers enfans, leur dit-il; c'est de tout mon cœur que je vous rejoins.

La joie de ces deux personnes, après une si longue absence, après s'être donné l'un et l'autre tant de marques de tendresse, ne saurait s'exprimer. Mademoiselle de Mailly, autorisée par la présence de son père, disait à M. de Châlons des choses plus flatteuses qu'elle n'eût osé lui dire s'ils avaient été sans témoin. Pour lui, enivré de son bonheur, il ne lui tenait que des discours sans suite et sans liaison. Mais, après ses premiers transports, et lorsque l'absence de M. de Mailly lui eut laissé plus de liberté, il se trouva pressé de lui avouer les soupçons qu'il avait eus contre elle. Quoiqu'ils n'eussent produit d'autre effet que de le rendre malheureux, quoiqu'elle eût pu les ignorer toujours, il fallait, pour avoir la paix avec lui-même, qu'il lui en demandât pardon.

Vous me demandez pardon, lui dit-elle, vous

à qui j'ai causé tant de différentes peines, vous qui avez voulu donner votre vie pour moi, vous enfin qui m'avez aimée dans le temps que vous auriez dû me haïr!

Cette conversation, si pleine de charmes, fut interrompue par madame de Granson. Elle venait apprendre à mademoiselle de Mailly que le roi et la reine d'Angleterre feraient le lendemain leur entrée dans Calais, et qu'il fallait qu'elle se disposât à être présentée à la reine.

La mort de madame de Mailly, qui arriva la même nuit, loin de dispenser mademoiselle de Mailly de ce devoir, lui en faisait au contraire une nécessité. Il fallait éloigner M. de Mailly d'un lieu qui lui présentait des objets si affligeans, et en obtenir la liberté de la reine. Je ne vous accorde cette grâce, lui dit cette princesse, lorsque mademoiselle de Mailly lui fut présentée, qu'à la condition que M. de Mailly consentira à votre mariage avec M. de Châlons. Je veux qu'il se fasse dans le même temps que celui de madame de Granson et de M. de Canaple, et avant que vous partiez de Calais.

La situation de mon père et la mienne, madame, répondit mademoiselle de Mailly, exigent que nous demandions à votre majesté de vouloir bien nous accorder quelque temps pour exécuter les ordres qu'elle daigne nous donner. Je devrais, lui dit la reine que milord d'Arondel avait instruite, pour vous récompenser de la prière que vous me faites, vous la refuser. Mademoiselle de Mailly baissa les yeux en rougissant.

La reine, après avoir donné des louanges à sa modestie, ordonna à M. de Vienne de dire à M. de Mailly, de la part du roi, que lui et sa fille avaient la liberté de se retirer où ils jugeraient à propos, pourvu que M. de Châlons reçût de nouveau sa parole, et qu'il les accompagnât au lieu qu'ils auraient choisi.

M. de Mailly, qui souhaitait avec passion ce que l'on demandait, rendit au roi et à la reine de très-humbles actions de grâces, et partit le même jour pour ses terres de Flandre, où le mariage de M. de Châlons et de mademoiselle de Mailly fut célébré peu de mois après.

Celui de madame de Granson se fit dès le lendemain, et M. de Canaple jouit enfin d'un bonheur qui lui fut donné par les mains de l'amour. Ils allèrent en Bourgogne attendre M. de Vienne, qui fut obligé de conduire les habitans de Calais au roi Philippe.

Ces pauvres gens, forcés d'abandonner leur patrie, venaient en demander une nouvelle. Leur fidélité parlait en leur faveur; on leur donna des terres où ils allèrent s'établir, et où ils n'eurent point à regretter les pertes qu'ils avaient faites. Eustache de Saint-Pierre et sa famille restèrent attachés au comte de Canaple, et en reçurent un traitement digne de leur vertu.

Comme la reine se trouva grosse, et qu'Édouard, pour affermir sa conquête, voulut passer l'hiver à Calais, milord d'Arondel demanda et obtint la permission d'y faire venir madame d'Arondel. M. de Mauny avait déjà obtenu de M. de Liancourt, à force de services et d'amitié, le pardon de madame de Mauny et le sien.

FIN DU SIÉGE DE CALAIS ET DU TOME QUATRIÈME.

TABLE
DES MATIÈRES

CONTENUES DANS CE VOLUME.

                                                      Pag.

Mémoires du comte de Comminge.   1
Le siége de Calais.
Épître dédicatoire.   87
  Première partie du Siége de Calais.   89
  Seconde partie. 131
  Troisième partie. 183
  Quatrième partie. 233

FIN DE LA TABLE DU TOME QUATRIÈME.

www.ingramcontent.com/pod-product-compliance
Lightning Source LLC
Chambersburg PA
CBHW060610170426
43201CB00009B/971